〈옥추경〉을 통해 본

민속사상과 민족종교

〈옥추경〉을 통해 본

민속 사상과 민족 종교

玉樞經

아포리아 학술총서 01

이정재 지음

경희대학교 출판문화원

서언

세계사에 명멸하는 종교는 당대 민중의 사상적 바탕 위에서 가능했고, 그것은 언제나 혁신을 향한 것이었다. 사상과 철학도 이와 비슷하다. 민중의 사상적 바탕이란 결국 민속사상과 같은 것이다. 그러나 오늘날 한국의 민속과 사상은 전근대적이고 뭔가 한참 모자란 잔부스러기 정도로 인식되고 있다. 서구의 민속은 대단하고 외지의 그것은 하찮은 것으로 보았던 우매가 여전히 유효하기 때문이다. 어느 지역이나 민속은 원래 대단한 역할을 하였으나, 그 발전과 발돋움의 역학관계를 온전히 기술한 책은 아직 없는 것으로 알고 있다.

한국에도 '한국철학사'가 있다. 그러나 여기에는 여타의 민속사상에 관한 것이 없다. 한 예로 한국의 산신사상, 수목사상 혹은 무속사상 같은 것은 철학사의 대상에서 빠져 있다. 그것은 필자의 다른 책에서도 언급했던바, 학문의 근원적 결격 조건에서 비롯된다고도 하였다. 서구 학문은 타 지역과 그들의 분야가 아닌 것에 빗장을 걸어두었기 때문이다. 좀 더 엄밀히 말하면 서구의 것을 받아들인 한국의 후발주자들이 자기 것은 통째로 버리고, 저들의 것만을 수용하였기 때문이다. 그것도 모자라 서구 학문이 옳고 그름의 척도로도 작동하고 있다. 그렇게 해서 비롯된 전통의 단절과 계승의 쟁점은 오늘도 여전히 풀어지지 않았다. 그리스를 기점으로 세계철학사와 사상사를 논한 책은 수도 없다. 기실 이들도 그 지역 민중들의 생각에 뿌리를 둔 민속적인 것들이나 근대나 현대는 이에 무지하다. 앞선 자세를 그대로 이어온 결과이기도 하다.

세계의 어디든 민속사상의 바탕 위에 철학이나 종교가 가능했다. 그것은 시간의 조만과 무관하다. 그러나 우리는 그들의 민속사상으로 자기들의 민속사상을 밀어내는 우를 범했으므로 이제 그것에 제자리를 찾아주어야 한다. 그러고 보면 우리는 그동안 진정한 학문의 의미를 몰랐던 것인지도 모른다. 이런 증세는 백 년이 넘어가는 지금도 크게 달라진 것이 없다. 그래서 뭐든 시작이 중요하고, 과정에서 열린 혁신이 필요하다.

민속문화와 사상에 바탕하여 기술한 서구에서도 어떤 과정을 거쳐 신화에서 철학으로 즉, 미토스(Mythos)에서 로고스(Logos)

로 전환되었는지 그 지점을 온전히 밝혀내지 못하고 있다. 전 세계적으로 철학적 축의 시대가 있었다는 정도를 넘지 못한다. 인류의 정신사적 전개에 집중하여 연구한 조지프 캠벨의 경우도 크게 다르지 않다. 호머가 쓴 일리아드 · 오디세이적 신화시기에서 고대철학에 이어 소크라테스가 등장한 수백 년 이상의 기간에 경제 사회적 격동이 있었다는 정도의 기술로는 충분하지 않다. 그 전환 과정은 모호하나 내용적 계승은 분명히 있었을 것이고, 둘을 잇는 기준이 없지는 않았을 것이기 때문이다.

신인합일의 최초 사건과 경험은 인류문명사를 견인한 핵심 동력이다. 신화는 그러한 사정을 말과 의례로 표출하였다. 구석기 이후로 지속되던 이런 전통은 신석기의 여신, 달, 뱀, 황소, 왕살해, 인신공희, 권력, 왕권, 신성숭배 등으로 상징화되다가 고대국가 시기에 이르러 신인 분리가 가속화하는 형국을 맞이한다.

이 분리는 다양한 양상으로 전개되다가 크게는 그리스로마문명–유럽과 레반트문명–중동으로 나뉘었다. 태양신 마즈다를 숭배한 조로아스터교, 신지학과 영지주의(그노시스), 오디세이 주신의례 등이 그 다양한 양상의 흔적들이다. 아리안과 인도대륙 원주민 문화의 연장에서 태동한 인도의 브라만교는 훗날 우파니샤드를 거쳐 불교에 이르고, 둘은 서로 영향을 주며 기독교와 불교의 대승사상(관음사상)으로 발전하기도 한다.

중국의 노장과 공맹 사상도 당대 축의 시대를 장식하는 특별한 위치에 있다. 이들 모두는 신화시기를 지나 로고스의 시대를 활짝 열었다. 다만 중국의 경우 남겨진 신화적 전통이 미흡하여 그 철학의 근원이 어디에 있는지 가늠하기 애매한 구석이 없지 않다. 혹자는 수메르와 이집트의 사상적 영향을 상정하지만, 근간에 밝혀지고 있는 신석기 홍산문화와의 상관성은 그 근접도는 물론 고도의 문명적 성취를 비교할 때 상관성을 주장하는 데 부담감을 덜어준다. 서경에 전하는 상(은)대의 정치철학인 홍범구주에 대한 기록과 도가계 기록들이 그 단적인 증거다.[1]

전통 계승의 관점에서 볼 때 신화에 근거한 철학적 도약은 자연스러운 것이다. 이미 언급되는 사회경제적 외적 요인은 있지만, 그것만으로는 설명이 부족하다. 다른 전후 요인이 더 필요하다. 변화의 양상을 외적인 것으로만 보는 자세는 오늘날 일방적인 환원주의적 유물론의 입장이라는 비판에서 벗어나기 어렵다. 근현대를 호령한 뉴턴식 과학은 논리와 증명이란 학문의 울타리 안에서 그 위세를 떨쳤으나, 과학철학(토머스 쿤)과 후기모더니즘의 등장 이후 그 위상도 점차 해체의 국면으로 전환되고 있다.

---

1 근래에 영국의 세계적인 학술지 『네이처』에 관련된 유의미한 논문이 발표되어 미래의 역사와 철학계의 커다란 지각 변동이 예견된다. Martine Robbeets, Remco Bouckaert etc., "Triangulation supports agricultural spread of the Transeurasian languages," *nature* 10, vol. 599, 2021, pp. 616-621; 상기 논문은 요하-홍산문명 지역이 유라시아 문명과 언어의 발원지이자 중심지였음을 밝혔다. 특히 한반도는 그 중심 영향권에 해당하는 반면 황허문명과의 연관성을 부정하고 있어 주목된다. 이를 위해 대대적이고 거시적인 접근을 하였는데 특히 농경문화, 언어학, 유전공학, 고고학 등의 방법을 사용하여 학문적 신뢰도가 매우 높다.

따라서 신화와 철학의 관계에 인문학적 관점을 참여시킬 필요가 있다. 그것은 포스트모더니즘에서도 뜨거운 감자가 된 문자와 언어의 상관성 문제와 연결된다. 언어와 달리 문자의 등장은 역사가 매우 짧다(약 6천 년). 철학이 등장하던 시기도 거의 대부분 민속과 구전전승의 전통 위에 존재했다. 이때까지 문자를 독점했던 층은 지배층과 이를 호위하는 사제층이었다. 특히 사제층은 문자로 제의를 통해 주술적 마술을 부리기도 하였다. 마하반야바라밀다심경이나 기타 다양한 진언과 독경문 등이 그 연장선에 위치한다.

신화와 철학이 보여주는 가장 큰 차이는 전승과 기록이란 차이다. 구전전승의 열린 학습 방식에서 기록의 도제적 학습 방식으로의 이동은 너무도 많은 것을 바꾸어놓았다. 가장 중요한 변혁은 사고방식에 있었다. 이는 종합적 사유와 전체성의 구비전승에서 체계적 사유와 조밀한 정확도로의 전환이다. 구체적인 것은 여기서 논하지 못하나 중요한 것은 지식과 지혜의 상관성에 대한 격차에 있었다. 구술문화와 문자문화의 상관성을 쓴 월터 옹도 이 점은 간과하였던 것 같다.

문자와 구전은 인간의 사유 방식에 큰 영향을 끼쳤다. 신화에서 철학으로 간 과정의 원인은 이 정보 축적의 방식이 달라졌던 데에 있다. 단적인 예로 구전전승은 앞서 논한 신인합일의 전 과정을 지식과 함께 지혜로 확장하는 것이 가능했지만, 문자 전승은 이것이 원활하지 못하거나 제한되었다. 그 이유 중 하나에는 공동체성의 유무가 관여한다. 축의 철학은 지식과 정보의 이해 과정을 풀어놓으려 시도하던 과정에서 출현했다고 생각된다. 그러나 언급하였듯이 제한이 있었고, 그 결과는 크건 작건 오늘날의 문명사적 혼란을 야기한 원인이 되기도 한다. 지혜가 동반되지 않은 지식은 사상누각이 되기 쉽고 어느 단계에 이르면 자체 붕괴의 파국을 맞이할 수도 있기 때문이다. 즉, 일원론적 미분의 세계관에서 이원론적 분리의 세계관으로 변질된 결과이다(요즘 들어 이에 대한 토론이 빈번하나 아직 주류를 형성하지는 못했다. 김상일, 「한국의 고대사상과 동학」, 『동학학보』 5권, 2003).

좀 다른 이야기지만, 오늘날 인터넷, 시각정보, 유튜브 등을 통한 정보축적 방식은 이전과 많이 달라지고 있다. 멀티미디어적 효과는 이전 구술 공동체의 모습을 닮았으나, 그 규모와 역량은 비교도 할 수 없을 정도의 확장성을 가져 정보전달의 막강한 파괴력을 보여준다. 이전 지식과 지혜의 효과를 순식간에 거둘 가능성이 열린 것이다. 초기 과정에서 야기되는 갈등 양상은 피할 수 없다. 그러나 필자는 선도 악도 아닌 판단과 해석이 가능해지는 단계에 이르러야 새로운 지식 정보 습득 환경이 진정한 성공에 이른 것이라 생각된다. 즉, 진정한 구전전승적 혁신이 야기되는 것이다.

문자기록의 역사 과정도 비슷한 일들로 점철되었다. 단적인 예로 역사 기록이 승자의 전리품이란 말이 있다. 이 문제로 반세기가 넘게 벌인 논쟁의 비효율은 전 학문 영역에 만연해 있다. 당연히 어떤 결론도 얻지 못하고 있고, 또 결론에 이르기도 어렵다. 결론이 없는 논쟁과 학문을 이어가고 있을 뿐이다. 앞서 언급한 자체 붕괴의 전조 증상이 아닐 수 없다. 무엇이 문제인가? 구전전승은 고정되지 않아 지혜적 유동성이 보장되지만, 기록은 고정적이라서 변화된 환경에서 왜곡될 수 있다는 지적이 우선 가능하다(중동의 지독한 문자주의가 그 단적인 증거다).

역사적 기술이란 보다 많은, 그리고 보다 넓은 공동체의 유지를 위한 지혜를 전제한 것이어야 한다. 구전은 그것이 용이한데 기록은 그렇지 못하다는 태생적 구조의 차이가 있기 때문이다. 빠른 소통과 유연성을 통해 지혜가 승리할 수 있는 구전전통과 그럴 수 없는 기록의 태생적 구조의 문제인 것이다. 기록을 먼저 시작한 곳에서는 외관상 발전으로 기세를 떨쳤으나, 이내 자체 모순에 직면하곤 하였다(문명사의 부침; 오리엔탈리즘, 서구의 몰락). 여러 조건으로 인해 늦게 시작된 기록문화는 이들이 상실한 지혜를 간직했다가 다시 펼쳐내기 시작하여 선진과 후진의 역전을 연이어 허용하게 한다. 한반도의 경우 동학, 증산, 대종교, 원불교가 그 마지막 역전 현상이 아닌가 한다.

한국의 민속사상은 아직도 많은 것이 신화의 미분성을 간직하고 있다. 단적으로 문자적 철학적 왜곡이 적었다. 이런 환경에서 만들어진 민속종교와 신흥종교의 모습은 역설적으로 그 원형성과 정통성을 확인받기 쉽다. 본 서에서는 그 실제 사례를 들어 증명하는 여정을 밟으려 하였다. 또한 전통사상의 효용은 몇몇 교리적 천재들에 의해 만들어지고 마는 것이 아님도 강조될 것이다. 민중은 비록 문자로 일목요연하게 정리해내지는 못하지만, 신화적 구전력으로 진실을 직시하고 지켜나갈 수 있다는 장점이 있음도 확인할 것이다. 사회유기체적 관점과 구조주의적 혹은 심리학적 원형의 관점들은 이런 민중의 신화적 사유구조를 염두에 둔 서술이라는 점도 미리 언급하고자 한다. 모든 것은 서로 유기적 관계가 있고 같은 수준과 차원의 결을 따라가고 있다. 이를 기술할 수 있는 능력의 여부가 있을 뿐이다. 역사와 문명은 기술할 수 있는 자들의 역사가 되기 십상이지만, 사실은 그렇지 않고 민속의 역사임도 같이 증명하는 단초로 삼을 수도 있겠다.

정리를 한다는 것은 문자나 말로 정리할 수 있는 능력을 의미한다. 거기에다 지혜의 여부도 점검되어야 한다. 이는 체험과 실천이 진행되었는가 아닌가에 달려 있다. 실천은 최종적이고 궁극적인 선택이고 우주의 변화를 야기하는 행위다. 정리하고 기술할 수 없던 대다수 민중은 선택하며 우주를 운영한다. 우주는 이들의 선택에 반응한다. 이것을 구조적 틀이라 할 수 있다. 정리한다는 것은 인식한다는 것이고, 자신의 위치와 상태를 객관적으로 기술할 수 있는 것을 말한다. 그러나 그는 동시에 선택해야 한다. 자신이 자신을 인식하면서 자신의 선택도 인식하는 것이다. 인식과 선택은 이미 둘이 아니다. 이런 지경이 되어야 올바른 정보 전달이 될 것이며 체험적 지혜로 발화된다.

민중은 지혜에 강하고 서술자는 지식에 강하다. 마찬가지로 구전력은 지혜가, 문자력은 지식이 강세를 보여준다. 미분성과 이분법의 차이와도 같다. 지혜력이 약화된 문자세계를 맞이하여 전개된 플라톤 이후의 철학은 오늘날 길을 잃고 헤매고 있다. 니체나 쇼펜하우어가 신화적 글쓰기를 하는 이유가 여기 있으나 다른 이들과 상대적일 뿐 온전하다 할 수는 없을 것이다. 여기에 적절한 표현을 한 비트겐슈타인의 '침묵'이나 후설의 '괄호 묶기', '판단중지' 혹은 노자의 '도가도 비상도…'를 떠올리게 된다.

먼저 본 서는 〈옥추경〉이라는 민속서와 '불법연구회(원불교의 전신)'라는 민족종교의 상호 관계성을 탐구하는 여정이다. 즉, 민속사상과 문화의 발전과 계승에 관한 것이다. 여기서 〈옥추경〉은 반도의 민중이 그 진가를 알아보고 지켜낸 진리서여서 신화로 승격된다. 새판을 짜는 과정에서 미분화된 신화적 접근은 필연적이었다. 그러나 〈옥추경〉은 신화집이 아니다. 신화를 낳은 경책이다. 무속인들에게는 둘도 없는 필수 경문이었고 민중들에게는 수지독송하던 필수 도통서였으며 신화적 독경문이었다. 그

점에서 〈옥추경〉은 신화가 되기도 한다. 정작 그것이 만들어진 중국과 대만이나 다른 중화문명권에서는 홀대받았으나, 진정한 가치를 발견하고 지켜온 민족공동체에서는 새판을 짜는 지점에 와서 신화적 인물을 만나 부활한다.

다음으로 본 서는 21세기에도 신화에서 철학으로 전화하는 과정이 존재했음을 간접적으로 제시하는 의미도 가진다. 〈옥추경〉의 민중전승이 구전의 전통을 이었고, 이를 바탕으로 하여 불법연구회의 철학적 체계화로 이어졌기 때문이다. 조선의 민중에게 전승되던 민속사상은 소태산(박중빈, 원불교의 창시자)의 『정전』이란 체계로 온전히 정리된다. 성현의 구전을 후진들이 받아 적어 훗날의 철학이 되던 과정을 불법연구회에서 되풀이하였다. 이 『정전』이 신화시대의 종교였던 샤머니즘의 구조를 그대로 이었다는 점도 앞선 논의의 방증이 된다. 그러나 불법연구회는 이런 과정을 완전히 똑같이 밟지는 않았다. 제자들이 구전으로 전하던 것을 외워 적어놓던 방식을 피하고, 성현 격인 소태산 자신이 직접 신화에서 철학으로 바꾸었다. 이론의 여지를 원천 차단하고자 한 것이었다. 옛날에는 구전에서 기록으로의 변화가 시간이 걸리는 일이었고 한계를 가지고 있었다. 100여 년 전의 불법연구회는 직접 기록하여 훗날의 혼란을 피하는 적극적인 자세를 취하였다.

하지만 이 또한 기록일진대 또 다른 현실적 왜곡이 없지 않을까 당연히 저어된다. 『정전』이 참으로 영악한 것은 기록 수정의 여지를 남겼다는 데 있다. 즉, 불변의 기록이 아니라 상황에 따라 변할 수 있는 기록이다. 이에 대한 논의는 원불교 교학의 문제이므로 이 정도로 마무리한다. 다만 진리가 어찌 변할 수 있느냐 하는 비판이 있을 수 있어, 그러한 부분을 불변 처리하였다는 점도 지적해둔다. 지극히 일부에 한한 유동성 여지를 두었다.

마지막으로 본 서는 신화⇒철학, 민속사상⇒민족종교의 과정을 또 다른 차원으로 추적한 여정이다. 논지의 전개에서 일부 중복된 내용이 있을 수 있다. 이 방면의 너무도 일천한 학문적 성과에 기인한 이유이기도 하며 역량 부족의 요소도 있다. 여전히 미처 논의를 심도 있게 다루지 못한 부분이 없지 않다. 예를 들어 사상성의 비교, 〈교리도〉와 〈옥추령부〉와의 상관성, 『상밀주해 옥추보경』 저자와의 관계, 단조직의 본래 면목 등이다. 이에 대해서는 필자는 물론 후진들의 관심이 더해지기를 바란다.

『민속사상과 민족종교』는 이런 연구들을 모은 책이다. 가능한 제목을 그대로 두어 기 발표한 논문들과 일치되도록 하였다. 개별 논문과는 다르게 단행본으로 출간하는 과정에서 전체 통일성을 위해 몇몇 구절을 수정하기도 하였고, 때로 문장을 다듬고 내용을 첨삭하기도 하였다. 그러나 필자가 논하고자 한 대략을 훼손하지는 않았다. 오히려 내용을 살리고 나아가 가독성을 위해 취한 조치였음을 확인할 수 있을 것이다.

글을 적어 세상에 내놓는 작업에는 여러 의미가 있겠지만 그 중 하나를 뽑자면 후진들의 연구로 계승되기를 바라는 마음이 제일 크다고 하겠다. 이 글들이 이루어지기까지 가까이에 있어 준 가족들에게 늘 감사하고, 가까이 혹은 멀리에 있는 학문적 수행적 도반들에게도 감사를 올린다. 어려운 조건에서 출판을 기꺼이 허하여주신 출판문화원에도 심심한 감사의 인사를 드린다.

목
차

일러두기

1. '옥추경'은 그 존재 양태가 다양하다. 어느 한 권의 책으로만 볼 수 없기에 〈옥추경〉으로 표기한다. 많은 이본과 목판본, 활자본, 필사본 등 여러 형식으로 공존하며, 작금에도 한문과 한글본 등으로 출판되어 있다. 또한 무당들이 사용하는 경문으로도 다양한 명칭과 양식으로 전해진다. 그러나 모두 〈옥추경〉으로 지칭했다. 단행본으로의 옥추경은 당연히 『옥추경』 혹은 『옥추보경』 등으로 표기하였다.

2. 인용은 원문을 원래대로 옮기도록 노력했다. 띄어쓰기나 줄바꿈 등의 첨삭을 절제하였고, 원문에 충실하고자 페이지별 구분을(괄호 쪽수) 가했다.

3. 밑줄을 그은 부분은 필자가 강조하기 위해 표시한 것이다.

I

신화, 사상, 민속문화

1

영웅의 일화: 민속과 사상

문학은 인간의 존재 문제를 언어로 다룬 예술 장르다. 역사와 정치, 경제, 사회 그리고 사상을 두루 다루어 시대별 문화 총체를 배태하고 있다. 그러나 이를 이끌어가는 추동적 역할은 사상이 한다. 그러므로 사상을 먼저 이해하는 것이 문학을 이해하는 첩경이 된다 할 수 있다. 본래 언어는 태생적으로 사상과 분리될 수 없는 짝이다. 언어와 사상이 처음 만나 만든 작업이 신화다. 그리고 이는 제의라는 연행(演行)이 전제되어, 역시 신화와 제의는 또 다른 짝을 이룬다. 이것이 다른 환경(기록화)을 만나 추동된 결과가 오늘이라는 불안한 모습의 현대문화를 낳게 되었다. 언어는 세계의 개념화인데, 개념이 된 순간 더 이상 실제가 아니다(名可名 非常名). 이런 박제화는 문자 시대에 이르러 점차 가속화하여 운신의 폭을 더욱 좁게 하였다. 우리가 그 폐해를 인지하기도 전에 우주는 실제 세계의 붕괴를 목전에 불안하게 가져다 놓고 있다.

필자의 책 『소태산 일화와 민속문화』(국학자료원, 2021)의 일화(逸話) 분석은 언어와 사상의 상관관계를 민속이라는 범주에서 다룬 것이다. 본 서의 〈옥추경〉 분석은 문화의 골자를 이루는 사상성의 실체를 파악하는 것으로, 역시 민속사상과 연결했다. 즉, 문학과 민속, 사상과 민속이라는 상관성을 총체적으로 다루고자 한 것이다. 인간 존재의 문제를 추적하는 과정에서 어느 하나만으로는 부족하다. 그렇다고 모두를 다룰 수도 없어, 핵심적인 것을 골라 조망하는 방식을 취해야 한다. 그런데 사상적인 것은 고대로부터 현재까지, 원시 신화에서부터 신종교에 이르기까지, 그 폭이 넓어질 수밖에 없다.

일화는 대체로 역사적 사실에 근거하나 픽션을 더하거나 과장 혹은 극대화하여 새로운 의미를 창출한다. 일화는 부분적 혹은 전면적인 증폭을 거쳐 극적 효과를 자아내는 것이 기본 생리다. 픽션을 통해 조성된 의미란 작은 것을 크게 한다든지 사실을 비틀어 재해석의 도약을 마련하는 것이다. 그런데 그 만들어진 것이 사실로 간주되거나 인식되는 순간 또 다른 차원의 의미 증폭을 맞이한다. 그것이 영웅만들기와 관련이 된다면 더욱 그렇다. 종교 혹은 사회 조직과 이데올로기 등으로 연결된다면 영웅은 단순한 허구가 아니라 실재하게 된다. 숭배의 대상을 넘어 절대화까지 가능하다. 심한 경우 공동체를 혼돈스러운 질곡에 빠뜨리는 모습을 우리는 세계사에서 줄곧 보아왔다. 이는 제거되고 극복되어야 할 역사와 권위를 지닌 극장의 우상(베이컨의 『신기관』)이다. 이런 곡해를 바로잡는 일을 위해서도 민속문화와 문학의 만남, 그 사상적 교집합에 대한 검토가 필요하다고 하였다.

어떤 사실에 주어지는 픽션의 정도에 따라, 혹은 픽션이 만든 사실성의 정도에 따라 문학에서 다양한 장르가 가능해진다. 야담이나 장편 서사시, 나아가 가전체나 역사 기록의 전류는 물론 고소설의 '○○전' 등이 두루 해당된다. 픽션과 사실성의 정도에 따라 달리 전개되는 사상적 레토릭이 되는 셈이다. 예를 들어 『박태보전』과 『조웅전』을 비교할 때, 두 가지 요소의 변주가 얼마나 극명하게 대조적으로 드러나는지 알 수 있다. 하나는 사실성에, 다른 하나는 픽션의 화려함에 집중하고 있기 때문이다. 그러나 둘은 모두 영웅의 면모를 여실히 드러낸다.

민속문화는 문학 이전의 근원적인 속성을 지닌다. 그 안에는 분리 이전의 많은 것이 들어 있다. 그런데 이 서로 다른 요소들을 한데 묶을 수 있는 공통분모가 바로 사상적인 것이라는 점을 앞서 지적한 바 있다.

역사는 사상사의 현장이며, 신화와 각종 예술은 그 현장성의 연행 흔적이다. 그리고 사상은 스스로가 스스로를 규정하며 작동한다. 사상이 적응하는 방식은 음양오행의 통합적 메커니즘이라 할 수 있다. 한 예를 들자면 형식과 내용의 관계 같은 것이다. 내용은 형식과 불가분의 관계를 지닌다. 둘은 상보적이라서 서로 만나야 완전하다. 어느 한쪽으로 치우칠 때 그 불균형은 사상성의 역할을 깨뜨린다. 문학에 등장하는 영웅은 이때 역할을 해야 한다. 즉, 그는 사상적 균형추다. 물론 이는 유동적이다.

사상성은 한편 다양한 장르로 표출된다. 예술과 놀이, 하물며 인간 언행에도 관여한다. 문학의 경우 시나 가사, 민요, 혹은 판소리와 무가 등으로도 스며든다. 새로운 장르 즉, 고소설이나 인형극 같은 민속놀이 등과도 관여되어 수용층을 자극하고 감동케 한다. 한 시대의 모든 사람은 공동의 사상적 장을 형성시키며 나아간다. 어떠한 종류의 도약은 이런 분위기에서 이루어진다. 아무 근거 없는 비약이나 고차원으로의 상승이 단박에 이루어질 수는 없다. 한 영웅은 이런 문화적 다장르를 수용하고 응용하는 과정에서 탄생한다. 다양한 장르를 접하면서 그 안에 녹아 있는 사상에 젖어가다가 어떤 환경의 변화로 인해 음양의 균형이 기울어지면 이를 바로잡을 대안이 제시되기에 이른다. 예를 들어 변화에 따라 조성된 왜곡과 질곡이 극한 지점에 다다르면, 새로운 도약의 발판을 마련하여 안정적 균형을 도모한다(조동일의 '생극론'). 근대시기 동남아의 여러 나라가 그랬듯이 한반도 신종교의 예도 여기에 해당된다. 그런데 신종교의 영웅만들기 일화는 문학이면서 그 이상의 효과를 노린다.

2

신화에서 사상과 종교로

새로 마련된 도약은 다양한 장르의 표출로 이어질 수밖에 없다. 그것은 사상적 흐름의 자연스러운 과정이다. 특별한 경우 새로운 형식의 장르를 만들어내기도 한다. 가사의 등장과 경기체가의 명멸이 대표적인 예다. 민요, 향가, 시조, 가사 등 국문학사상의 전 장르가 이런 과정의 결과물이면서 연속물이다. 신화는 그 사상성의 가장 긴 축적물이다. 그래서 영원한 인류의 보고가 된다. 그러나 오랫동안 퇴적물이 쌓이다 보니 그 층을 일일이 연결하는 데 어려움이 따른다. 신화가 문학으로 이어졌고 신앙도 비슷한 여정을 거쳤다. 그런데 신화에서 철학으로 이어진 흐름에서는 사상적으로 무엇이 어떻게 달라진 것일까.

민족적 학문은 그 시초를 그리스철학으로 설정하기를 주저하지 않는다. 일부 레반트의 철학을 언급하지만, 그 실증성을 내세워 탈레스를 비롯한 고대 그리스철학은 단연 철학사의 맨 앞 장을 차지하며 인류문명사의 시초를 장식한다. 그 이전에는 철학이나 사상 같은 것이 없었을까? 당연히 그렇지 않다. 다만 실증적 엄밀성이 부족할 뿐이다. 그러나 이는 점점 도식적 매너리즘의 형태로 비판받기에 이른다.

일부 인류학자들은 '원시인의 철학'이라는 제목의 책도 써서 그 사상성을 드러내곤 하였다. 그리고 원주민에게서 사상의 근거를 찾아낸 구조주의는 철학사의 판을 흔들어놓기까지 하였다. 그러나 이들에 대한 구체적인 서술은 찾을 수 없다. 기껏 고대사상에 애니미즘, 토테미즘, 샤머니즘 등의 언급이 있지만 진지하지 못하다. 이들의 관계를 기술하려면 신화시대에서 로고스의 세계로 넘어간 여정을 여실히 그려낼 수 있어야 하나 그러지를 못하고 있다.

실제로 신화시대와 철학의 시대를 구분하고 그 과정을 온전히 설명해내는 결과물은 찾기 어렵다. 이런 점에 관심을 가지고 접근했던 조지프 캠벨도 이 부분을 구체화하지 못하고 있다. 그러나 사실은 그리 어렵지 않게 추정할 수 있다. 신화시대 샤먼들은 사상가였고 동시에 철학자였다. 그러니 어떤 시점을 기준으로 분명히 나눌 수 있는 것은 아니다. 이런 사정은 다른 지역에서도 나타난다. 변변한 신화가 없는 중국의 경우 노자 앞 시대 사정을 잘 알 수 없지만, 인도는 베다신화와 우파니샤드 신화철학의 과도기시대를 거쳐 상카라철학에서 자이나교와 불교 사상에까지 일목요연한 흐름을 보여준다. 그러므로 그리스철학을 시발점으로 한다는 가설은 당연히 수정되어야 하며, 한 방향이 아닌 두 방향의 접근이 동시에 필요하다. 자료에 근거한 역사적 접근뿐만 아니라, 2차 자료적 접근도 필요하다는 것이다. 민속적인 것을 근대 과학의 개념으로 접근하고 재단한 오류를 수정해야 하는 것과 다르지 않다.

신화에서 철학으로의 이동은 구술문화에서 문자문화로의 이동과 밀접한 상관성을 가진다고 한 바 있다. 그리고 여기에는 지식과 정보를 다루는 방식인 지혜의 문제가 관여되어 있다고도 언급하였다. 이런 절차에서 아리스토텔레스의 작업이 상기된다. 신화는 모든 것이었으나 급격한 사회 형식의 변동은 내용을 분리하기 시작하였다. 천문학, 수학, 논리학, 각종 과학, 철학, 각종 예술 장르 등 이 모두를 묶었던 사상적 흐름은 신화와 제의에 남아 있었다. 그 관습과 풍속은 주변과 변두리의 옷을 입고 민속문화라는 형태로 계속 유지되었다.

한국의 경우 두 문명의 만남이 타 지역과 다른 양상으로 이루어졌다. 그것이 표층으로 두드러지게 드러난 때가 근대기다. 예를 들어 자연신앙이던 칠성신앙과 부뚜막신앙이 한얼님 주문(동학)으로 정착하고, 유가적 허례를 거부한 고대 무속적 조상숭배 의례가 부활(증산교)한다든지, 유불선의 시원 풍류도의 또 다른 형식적 부활(원불교) 같은 것이 그러하다. 이들은 모두 신화의 로고스적 변환이었다. 김상일은 이것을 반도의 고유한 기층문화 선(仙)층의 부활이라 설파한 바 있다. 이들 신사상은 이제 막 출발하여 아직도 그 변주는 진행 초기이다. 그간 드러난 일화이든지, 가사, 소설 혹은 굿이나 기도, 제의라는 연행 등의 형식은 민중과 함께 적절한 형태를 양산해가는 중이다. 우리가 알고 있는 각종 요가나 외단 혹은 도인법, 하물며 선이나 기도 명상 등도 사실은 이런 새로운 장르와 형식의 부류에 속했던 것들이다.

새로운 사상의 다장르적 표출 양상은 『소태산 일화와 민속 문화』에서 살펴본 바 있다. 삼밭재의 산신과 산신기도, 탈이섬 구렁이 여인의 출몰과 조선대 뱀설화의 양상, 만덕산 산제당과 무당 그리고 신종교의 영웅적 횡포 혹은 융화, 부처상에의 도발과 암자와 백학명의 상관성, 법사의 내림굿과 영웅적 반전의 양상 등이다. 이들은 각각 기존의 신앙적 질서와 사상적 틀에 대한 도발이다. 새로운 신앙과 사상은 기존의 것을 뛰어넘어야 하기 때문이다. 앞서 든 예들은 일화적 장르를 활용하여 이를 효과적으로 표출하고자 하였던 과정이다. 여기에 등장한 암자와 부처상, 독경이나 구렁이 천도 등 역시 개선되어야 하는 장르적 대상에 속한다.

어떤 일화가 가상의 영웅을 만들어낼 때, 그 문화적 진정성의 진위를 가리는 기준을 무엇으로 할 수 있을까. 그 시대의 사상이다. 일화를 굳이 나누자면 일반 일화와 종교 일화로 나뉜다. 둘 다 초월성을 드러내 사회정치적 결속을 다지는 점에서는 동일하지만, 그 지속성과 불변성에서는 차이를 보인다. 종교가 가지는 완결성 때문이다. 사회와 현실은 불완전할 수 있지만, 신앙과 종교는 완벽해야 한다는 강박증이 전제되어 있기 때문이다. 형이상학적이다 보니 견고함을 더욱 요구한 결과다. 그러나 완벽한 것은 그 어디에도 없다. 이 결벽증이 형이하의 세계와 만날 경우 그 위력과 왜곡은 상상을 넘어선다. 그 진위를 가릴 수 있는 장치는 문화와 사상적 궤적이다.

인간은 정치사회적 존재일 수밖에 없다. 여기서 말하는 존재란 형이하의 현실적인 것과 형이상의 정신적인 것을 모두 포함한다. 자기의 존재성을 인정받기 위해 인간은 정치사회적 조직을 요구한다. 그 내부에 동참했을 때 주는 안도감과 소속감이 주는 위안은 무시할 수 없고 인간의 근원적 결핍을 채워주기 때문이다. 이런 전 과정에 문학과 예술이 관여되어 있다. 우리가 다루고 있는 일화의 경우 그 상관성이 두드러지게 드러난다. 일화가 만들어낸 종교적 영웅은 기실 인간의 사회정치적 요구로 만들어진 것이다. 어떤 조직을 건사하고 위용을 갖추어 다수를 이끌고 가고자 할 때, 어떤 영웅의 도래만큼 효과적인 것은 없다. 어떤 교조가 죽은 자와 병든 자를 살리고 일으켜 세우는 영웅 이야기만큼 파격적인 것은 없다.

그러나 이도 또한 그 운을 다해간다. 디지털화의 물결이 그렇게 유도하기 때문이다. 즉, 외적 형식보다 내실에 더 관심을 기울이는 경향성 때문이다. 제2의 구술문화 도래는 통합성과 전체성을 조망하기 쉽다. 문자문화로 인해 비롯된 철학과 종교의 경직된 조직력은 위험한 권력화를 여지없이 보여주었다. 새로운 구술문화는 이전의 것보다 강력한 도구들을 갖추고 있다. 확장성과 쌍방향성, 거기에 문자가 가졌던 기록성과 정확성도 같이 갖추었다. 실체의 파악과 판단에 오류를 범하기 쉽지 않게 되었다. 이제 사상과 종교가 살아남기 위해서는 내실 있게 하는 수밖에 없다. 조직력을 최소화하고 내용을 최대화해야 한다. 조직과 그로 인한 권력과 권위로 호령하던 방식은 그 진정성을 심각하게 회의하게 한다. 예를 들어 후손들과 관계된 제사의 권위와도 비슷하다. 그것이 주는 의미가 무엇인지 알려주는 인문학적 분석과 제시, 유도가 필요하지 강제동원은 불가한 것이 되어간다. 관습 자체가 구태의연한 것이라면 어떤 제도나 장치로서 사회 내에 존속하기는 어려울 것이다. 우리가 논의하는 사상성도 마찬가지다. 이전에 그랬듯이 그의 위용을 내세워 뭔가를 도모하려는 것은 시대착오적이다. 어떤 실용적 이득을 정신적으로 현실적으로 줄 수 있느냐 없느냐의 문제에 달려 있다. 그에 대한 필요성을 연구하여 제시하는 인문학은 그래서 필요하다.

이제 인터넷과 SNS, 빅데이터와 인공지능 그리고 사물인터넷과 VR, AR, AI, 나아가 양자컴퓨터의 출현은 서둘러 새로운 장르를 산출하도록 압박하고 있다. SNS만 해도 다양한 네트워크 형식, 문자와 음성은 물론 동영상의 확산 등 엄청난 새로운 세상을 직면케 한다. 앞으로 이는 다른 기술과 접목되어 차원이 다른 정보와 커뮤니케이션의 지평을 열어갈 것이다. 새로운 장르의 준비와 설정은 피할 수 없는 항목이고, 필자는 여기서 중요한 대목 하나만을 지적하고자 한다. 바로 형식의 문제다.

아날로그 시대와 달라진 것 중에 현저히 눈에 띄는 것은 형식적 변화이다. 많은 것들이 오프라인이 아닌 온라인에서 작동된다. 만남과 모임의 형식이 바뀌고 있다. 이것을 조직적 역학관계의 변화라 할 수 있다. 한때는 형식이 내용을 결정하는 추세가 있었다. 즉, 규모와 위세가 대중을 몰아갈 수 있었다. 이제는 정반대의 상황이 되어간다. 단박에 되지는 않겠지만 지각변동은 이미 시작되었다. 물건을 사려고 어느 장소에 가지 않아도 되는 것처럼, 어떤 일을 할 때 외형적 규모가 점점 불필요해진다.

한 가지 예를 들어보자. 명절 제사를 이제는 온라인으로 지내기도 한다. 모든 친지가 규모적 형식을 따를 필요가 없다. 종교적 의식과 사회적 의식도 마찬가지가 되어간다. 이런 현상은 비단 외형적 변화만을 뜻하는 것이 아니다. 문중이 모두 모이는 규모의 위엄과 위용이, 어떤 조직적 원리가 되어 끌어가던 관습이 바뀌고 있다. 조직의 논리는 더 이상 큰 힘을 발휘하기 어렵다. 이보다는 내용과 실용성에 초점을 둔다. 이들의 관심은 조직과 규모가 아니다. 설령 후손들이 온라인에서 제사를 이어간다고 하더라도, 그 행위가 주는 의미가 무엇인지에 따라 존폐를 결정할 것이다.

사상과 종교도 마찬가지다. 조직의 외형적 규모와 위용이 아니라, 내용적 의미의 연관성이 더 큰 작용을 한다. 원불교의 창시자인 소태산은 '물질이 개벽하니 정신을 개벽하자'라고 해서 외면보다 내실 있게 하자고 들고나왔다. 외적 형식이 변하고 있으니 그에 상응하는 내적 자세를 더욱 도모하자는 뜻이다. 도올(김용옥)은 물질의 개벽이 아니라 타락이라 규정하였는데 동의하기 어렵다. 현대철학과 양자역학은 주객의 구분조차 허용치 않고 있다. 영과 육은 이제 다른 종류와 다른 메커니즘의 기(에너지)일 뿐이다. 이를 영점장 혹은 고차원계라 칭하기도 한다. 정신과 물질은 서로 구분되지 않아 타락과 개벽을 동시에 하게 되어 있고, 그 주체는 그 모두에 충만해 있는 순수한 의식일 뿐이다. 의식의 일어남으로 주객이 갈리고 명가명이 된다. 그래서 주객은 둘이 아니다. 의식의 양면성일 뿐이다. 신화적 미분성을 의미하고, 공적영지(空寂靈智)와 진공묘유(眞空妙有)를 의미한다.

〈옥추경〉은 그러한 상황에 잘 들어맞는 형식과 내용을 갖추고 있다. 근대의 종교 천재들이 〈옥추경〉에 관심을 가지게 된 내력이 앞서 밝힌 새판짜기와 무관하지 않다. 신종교의 창시자들이 〈옥추경〉에 관심을 가지게 된 데는, 역사적 내력 외에도 필연의 변수가 더 숨겨져 있다. 바로 민중들의 선택이란 변수다. 누천년에 걸쳐 거론되었던 수많은 경전과 지침서 중에 하필 〈옥추경〉이 선택된 것은 우연이 아니다. 그 구체적인 실례를 들고 살펴봄은 유의미한 일이 될 것이다.

3

전통사상의 응용과 재편

민속사상의 계승과 〈옥추경〉

역사적으로 불교는 무속을 누르고 들어섰고, 유교는 불교를 그보다 더 강하게 천대하였다. 그러던 성리학은 구한말 서학 앞에서 천덕꾸러기로 전락하는 지경에 이르렀다. 자존감과 진정성을 저버리고 서학을 선택하느냐 마느냐의 기로에서 최수운은 동학을 만들었다. 한얼님의 소리를 먼저 듣고, 사람들에게 그 소리를 들으라며 기존의 교학적 방식이 아닌 민속적 방식으로 민중을 인도하였다. 『동경대전』에는 그런 고민이 절절히 토로되어 있다. 여기서 한얼님이란 칠성단에서 빌며 외던 '비나이다 비나이다 칠성님께 비나이다…'라는 민속적 주문의 새로운 신화적 방식이었다. 수운은 이 방식을 통해 한얼님의 목소리를 들었고, 그에 대해 확신하고 비법을 펼쳤다. 이때 그가 내린 결론은 '서학은 틀렸다'는 것이었다.

수운이 생각한 서학이 하지 못한 틀린 것은 간단하지만 핵심이었다. '내면의 본성과 신성을 찾아 듣고, 그가 시키는 그대로 해야 한다'는 지극히 간단한 방식이었다. 그러나 주로 문자를 통해 지식과 철학으로 전하다가 참지혜와 신화적 일원성을 상실한 상태의 서학에게는 이미 도달할 수 없는 차원의 문제였다. 이런 방식을 통해 구원받은 민중은 그야말로 구름떼처럼 모여들었다. 이들은 그 흐름을 후천 세계의 도래로 개념화하고 방어와 공격의 양면을 사용하였으나 단박에 성사되지는 못했다. 지혜나 한울님이 아니라 땅님과 세속의 결산이라는 성급한 관심사가 부추겨졌기 때문이었다. 그 대결은 거대할 수밖에 없어 참혹한 수십만 순교의 희생을 피할 수 없었다.

강증산은 동학혁명으로 다 죽고 흩어진 잔류를 모아 다시 참동학을 열었다. 내면에서 울리는 한얼님의 목소리만으로는 온전하지 않아 천지공사를 단행하여 실제 일판을 벌여갔다. 그리고 그 방식은 정성을 모으던 가장 효과적이며 강력한 과거의 신화 · 무속적인 것을 활용하여 기록된 사상에 도발하였다. 동학의 참혹한 광경을 목격한 그는 더 이상의 실패를 기득권층과 일제의 총칼에 용인할 수 없었기 때문에, 그가 할 수 있는 만큼의 공사를 하며 후진을 양성하고자 했고 미래상을 그려갔다.

강증산의 비호를 받으며 성장한 사람 중 하나가 소태산이다. 기록에는 전해지지 않으나 소태산이 강증산의 가르침과 주의를 잘 경청하였다는 충분하고 합리적인 추정과 간접 자료가 있다. 당시 그의 경고를 무시했던 보천교와 차천자의 자멸적 행적은 그래서 눈여겨봐야 할 대목이다. 일제의 삼엄한 감시와 억압에도 불구하고 보천교의 위세는 대단하였다. 결국 강증산의 예감대로 일제의 철퇴로 보천교는 해체되었지만, 이런 보천교 등의 득세는 결국 소태산의 후천 세상 기초 다지기에 가림막 역할을 하였다. 강증산이 그것까지 내다보고 있었던 것은 아닐까 하는 추정이 불가능하지만은 않다.

소태산은 구한말 격동의 행적만으로는 후천의 준비에 미흡함이 있음을 알게 된다. 신성한 본성이 결여된 자리를 하나님이라는 인격신으로 대체된 서학에 대항하여, 동학은 인내천이라는 강수를 들고나와 민중의 심성과 독자성을 한껏 살려내어 드높였다. 참자아와 본성을 적실히 확인시켜준 것이다. 그러나 이들은 아직 세상에 대응할 준비를 하지 못했다. 준비 없는 도전은 엄청난 희생을 치렀다. 이렇게 해서 해체된 신성한 본성의 확인 과정은 다시 결집하여 차기 대업 완성의 터 다지기에 들어갔다. 천지공사는 다음에 올 대선생이 활동할 무대여서, 이에 대한 부정굿을 전국을 다니며 온전히 진행해놓아야 했다.

확실히 증산은 강력한 예지력을 가지고 넓게 판을 짰다. 그리고 인물을 물색하여 키워냈다. 혹시 일제의 감시망에라도 포착될까 저어하며 쥐도 새도 모르게 후천 세계의 주인공을 점지하였다. 그는 일제의 시선을 흐트러트릴 묘안이 필요했음을 충분히 알고 있었을 것이고 그렇게 하였다. 그리하여 이 혁명과 일제 탄압 과정이 장기간에 걸친 문명사적 격변기를 도맡아 치른 엄청난 수의 순교로 이어진 것은 아닌가 하는 생각마저 든다. 희생의 양상은 판의 크기에 비례하는 것이 아닌지도 재고할 필요가 있다 싶다. 그냥 넘기기에는 미심쩍은 게 너무 많기 때문이다. 소태산의 등장은 이런 상황 속 문화라는 민속의 자장 안에서 가능했던 것이지, 고독한 섬에서 홀로 대과업을 완수하고자 들고 일어난 것은 아니었다. 구전의 전통과 신화적 전통에 따른 더 많은 공동체를 위한 필연적 인류사적 진통 과정이었다.

소태산은 앞서 『소태산 일화와 민속 문화』(국학자료원, 2021)에서 살폈듯이 일련의 민속적 토양 위에서 구도를 이어갔고, 그 여정에서 〈옥추경〉을 만난 것은 필연의 민속사적 곡절이 있었기에 가능했다. 이것이 법사의 내림굿으로 이어진 데에는 전후 사정의 필연적 흐름이 있었다. 강증산과 〈옥추경〉의 만남, 소태산과 〈옥추경〉의 만남이라는 교집합은 결코 우연이라 할 수 없다. 이런 필연의 요소에는 다른 것이 더 숨겨져 있다. 그것은 민중의 혜안이라는 변수다. 천재성은 이들과 연동되어 있었고 그렇게 드러났다.

〈옥추경〉의 존재와 등장의 흐름이 절묘했던 것엔 어떤 곡절이 숨겨져 있을까. 우연이 아닐 수밖에 없는 것은 이미 수백 년간의 민중의 검증이 있었다는 사실이다. 그렇기에 후임자가 어렵지 않게 접근할 수 있었다. 어찌 보면 선택의 여지가 없었다. 그런데 그 진가를 알아보고 다시 응용하는 능력은 또 다른 의미다. 그와 주변의 문화가 발휘한 순전한 그들의 힘이다.

〈옥추경〉은 민중이 가꾸어왔다. 특히 무속 즉, 독경무의 혜안이 작용하였다. 한반도의 민중은 어떤 것이 진실이고, 어떤 것이 진실을 말하고 있는 핵심경인지 알고 있었다. 당시는 유가의 광기에 휩쓸려 다른 것은 취급조차 하기 어려운 실정이 아니었던가. 그 살벌한 곤란을 뚫고 꿋꿋이 고독하게 계승을 이은 것은 미천한 민중이었다. 그들은 진리에 대한 확신이 서 있었다. 그렇지 않고는 어떤 설명도 불가능하다. 그렇기에 이 땅의 지혜와 혜안은 민중을 통해서 면면히 이어져왔음을 알아야 한다. 이런 차원의 민속과 무속에 대한 재평가는 그래서 반드시 이루어져야 하고 구술과 문자의 교차 지역에서 가능했던 정황도 고려되어야 한다. 그러나 〈옥추경〉에 대한 새로운 연구는 너무도 열악하였다. 원불교학에서는 아예 언급조차 되지 않았다. 그 곡절이 어디에 있는지 차차 밝혀지겠지만, 이를 통해 우리는 종교와 사상의 허와 실이 어떠한 것인지도 확인할 수 있어야 한다.

기록은 장점과 함께 치명적인 단점이 있다 했다. 체험성의 단절이 그것이다. 기록이 아닌 구전도 정보의 전달이란 점에서는 같지만, 기록과는 다르다. 멀티미디어적 감동의 정도 차가 그 이상의 효과를 가져오기 때문이다. 기록의 정확성은 구전이 따라갈 수 없지만, 현장성과 그에 따른 유연성과 통합성이 떨어지는 치명타는 피할 수 없다. 기록은 시간이 갈수록 많은 왜곡을 양산할 수밖에 없다. 여기서 이와 관련된 심도 있는 논의를 전개하지 못한 아쉬움이 있으나 다음을 참고할 수 있다. 월터 옹이 저술한 『구술문화와 문자문화』(임명진 옮김, 문예출판사, 2018)에서는 두 문화의 전반적인 차이를 특히 현실적으로 적절히 접근하고 있다. 이를 바탕으로 이런 심화된 논의가 가능한 점은 하나의 위안이다.

구전전승자들은 그들의 전승을 말로만 하지 않고, 연행으로 이끌어 경험과 체험을 동반시킨다. 즉, 머리로 듣고 몸으로 체득하는 과정을 종합한다. 철학의 시대는 이 둘이 분리되기 시작한다. 머리로 안 것과 몸으로 실천하는 것이 동시에 이루어지지 못하는 조건이 된다. 그래도 이를 적실하게 확인할 수 없다. 신화적 제의의 긴 전통은 이런 종합의 장점을 알고 있기 때문이기도 했다. 힌두교와 일본의 신도(神道) 그리고 무속과 각종 민족학적 제의와 같은 것이다. 민속은 바로 그 지점에 위치하기에 이런 논의에 매우 유용하다.

〈옥추경〉은 이 아우르는 종합을 기본으로 한다. 신화와 제의의 미분리처럼 진리 내용과 그의 실천이 미분리되어 드러난다. 불법연구회의 『정전』은 그 형식을 그대로 따랐다. 둘의 특징은 예를 들어 다른 것과 비교하면 더 잘 드러난다. 동학과 증산의 주문수행과 제의공사를 들어도 그렇고, 성리학과 기독교의 교리와 그 도그마 위주의 가르침과 유도가 그것이다. 물론 불법연구회도 의례를 진행하지만, 이는 미분리가 아니라 도그마로의 유도이자 끌려감이다. 둘은 어느 한 쪽으로 치우침 없이 동등한 조화를 이루어야 한다. 불교와 도교도 제의 중심적 성향인 것은 마찬가지다. 도그마를 만들어놓고 그로 흡인하는 절차로서의 제의가 주를 이룬다. 신화적 제의는 진리의 내용이 제의를 통해 확인되는 일종의 요가가 되어야 한다. 그 긴장도의 정도에 따라 전달되는 효과는 다르겠으나, 원리는 위파사나에 근거한 요가적인 것과도 동일하다. 즉, 일심과 신인합일이고, 정중동 동중정, 중용 그리고 무위자연인 상태가 되어야 한다. 인간의 언행과 일체의 행위에 고스란히 드러나는 것을 일컫는다. 〈옥추경〉은 실제로 신화적 진실, 즉, 이론과 형식과 실천을 두루 겸비케 하였던 경책이었다. 동학과 증산이 깨우고 펼쳐 선동하고 준비하였다면, 소태산은 이들을 다시 추슬러 실천에 돌입하였는데 이 모두의 근간에 〈옥추경〉이 자리하고 있었다.

〈옥추경〉의 위상과 활용

앞선 연구들을 종합하여 볼 때 소태산은 〈옥추경〉을 단순히 읽어 본 것이 아니라 아예 이를 토대로 새판을 짜내었다 해도 과언이 아닐 정도다. 내용은 물론 형식의 일치를 어느 측면으로도 부인할 수 없기 때문이다. 〈옥추경〉의 성립에 대한 논의는 너무 복잡하게 전개되어 여기서 모두 다룰 수 없다. 근래 구중회의 『옥추경 연구』(동문선, 2006)라는 책이 출간되면서 그간 진행되었던 혼란이 상당 수준 정리가 되었지만 모두 해소된 것은 아니다. 〈옥추경〉이 한국에서는 중요한 경전으로 취급되는 것과 달리 중국에서는 이미 그 명성을 상실했다. 도교 연구에 조예가 깊은 『중국 도교사』(예문서원, 2015)를 기술한 모종감도 이 경에 대한 언급을 아예 하지 않았다는 점이 대표적인 예다. 〈옥추경〉을 일개 신장 정도로 소개하고 있는 책도 있을 정도이니, 중국에서는 아예 잊힌 경에 불과하다. 같은 책을 놓고 한국과 중국에서 이처럼 극명하게 갈린 호불호의 경향은 과연 어디에서 오는 것일까? 그 전모를 밝히는 일은 〈옥추경〉 연구에 혼선을 더하여 더욱 알기 어려운 미로에 빠져들게 한다.

기존의 연구 결과에 따르면 〈옥추경〉 저술은 원나라 시기인 1333년경 정일도(원나라 당시 전진교와 함께 양대 도교 분파 중 하나)의 39대 천사(天師) 장사성에 의해서 이루어진 것으로 되어 있다. 앞서 언급했듯이 저자에 대해서는 여러 이론이 있으나 지금까지는 구중회의 연구가 받아들여지는 추세이므로 이를 기반으로 서술하기로 한다.

중국의 도교는 역사 이래 중국 황실과 긴밀한 관계를 맺어온 종교 중 하나이다. 그래서 도교는 통치자로부터 많은 지원을 받기도 하고, 천사와 도사들이 정치에 협조하기도 했다. 그러나 때로는 왕권을 전복시키는 역할도 했다. 원대의 경우도 마찬가지였다. 원의 경우는 이 모두가 적용되는 경우가 된다. 칭기즈칸은 천사의 도움을 얻어 결국 남송을 굴복시켰으나 원의 말기에는 도교도의 반발로 인해 멸망을 초래했기 때문이다. 아이러니하게도 원은 도교로 인해 흥했고 도교로 인해 망한 결과를 초래한 셈이다.

한 왕조에서 정치적으로 긴밀한 관계가 있는 종교의 수장이 새로운 경을 내는 것은 예삿일이 아니다. 종교 사상과 왕조의 통치 이념 및 시대 정세가 모두 고려되어 나와야 하는 것이다. 특히 도교의 경우 경을 편찬하는 일은 더욱 그랬다. 도장경에 수록된 많은 경들이 이런 과정을 거쳐 생성된 것이며 이념에 맞지 않아 소각되는 일이 빈번했다. 이런 소각 사건은 원대에도 있었다(모종감, 『중국 도교사』). 도교와 불교간의 정파적 불화로 인해 야기된 문제였지만 〈옥추경〉의 출현도 이와 무관치 않다.

원의 지도부는 전 세계를 경영해야 했기 때문에 모든 종교에 대해 관대했다. 그렇기도 했지만 원래 몽골에는 무속의 전통과 사상이 있어 이런 세계 종교에 대한 포용의 자세는 자연스러운 것이었다. 이들에게 관용과 포용은 팍스몽골리카라고 불릴 정도로 종교뿐만 아니라 인종과 문화, 경제 및 사상까지 두루 미치지 아니한 곳이 없었다.[1] 그러나 포용과 융합이 아무런 규칙 없이 진행된 것은 아니었다. 철저한 원(元)대 지도부의 철학과 사상에 기반한 것이었다. 즉, 〈옥추경〉은 원대의 통치 이념에서 벗어나지 않으며 도교의 사상에도 부합했고, 시류에도 부응하는 책이었다.

당시의 시류를 재구성하기란 여간 번다한 작업이 아닐 수 없다. 사상적 분위기를 추적해 살펴보는 정도로 해야 할 것이다. 남송의 시기 눈에 띄는 사상적 변화 중 하나는 삼교통합론이다. 불 · 도의 교섭

1 김호동, 『몽골제국과 세계사의 탄생』, 돌베개, 2010. 강톨가, 『몽골의 역사』, 동북아역사재단, 2009. 데이비드 모건, 『몽골족의 역사』, 모노그래프, 2012.

관계 관점에서 기술한 불교와 도교의 교섭사를 혼동기, 경쟁기 및 공존 · 융합기 셋으로 나누기도 한다. 남북조 이전 도불의 혼돈기, 당대까지의 대립과 경쟁기, 송대 이후의 융합 · 공존기가 그것이다. 원대에 들어서도 크고 작은 대립이 지속되다 명대에 들어는 친불교적 추세로 기울어지게 되었다. 당(唐)대에는 앞서 혼동기라 했던 바대로 서로 대등한 관계를 유지하며 병존했으나 불교의 약진을 예상할 수 있다. 송대에 유학이 약진하면서 삼교는 서로 영향을 주고받으며 힘의 균형을 유지하는 데 노력을 기울인다. 송대에 들어서면서 이루어진 성리학도 기존의 선진유학을 불교와 도교의 이론을 수용하여 마련한 사상적 재정립이었던 점은 이미 알려진 연구 결과이다.

한편으로는 이들 삼교를 통합하려는 움직임이 나타나게 된다. 여진족과 몽골족이 침입, 금의 화북 점령 등의 당대의 혼란한 정세와 함께 유 · 불 · 선에 대한 각각의 제도와 조직의 한계를 지적하고 이를 극복하려는 움직임이 나타난다. 이런 사정에 빠르게 대처한 종교는 도교였고, 그 시발점을 두광정(850–933)에 이은 남송의 왕철(1112–1170, 호 중양자)로 보는 시점에 무게가 실린다.

송대 이후에는 삼대종교 합일론이 중국 종교계의 주된 화두로 등장한다. 삼교 간의 빈번한 토론과 삼교의 연합 연희가 이루어지며 삼교를 통합한 삼교당이 세워지는 추세가 확인되고 있기 때문이다. 이 시기 이런 종교적 추세를 이론적으로 정리한 사람이 왕중양이다. 그는 삼교합일론을 내세우며 서로 통합이 되어야 한다고 주장했으며 각 종교에서 뽑은 경전을 재편집해 『중양입교십오론(重陽立敎十五論)』 같은 책을 만들어 신도들에게 배포하는 운동을 실천하였다. 이런 운동을 했던 이는 전진교의 왕중양 이외에도 태일교를 세운 숙포진이나 진대도교를 세운 유덕인도 같았다. 일인학자 구보는 이를 두고 유럽의 종교혁명 같은 의미를 지닌다고 주장하기도 했다. 왕중양이 주장하는 바는 유 · 불 · 도가 서로 통하고 같은 계통이며, 특히 도교와 불교는 원래 한 집안이라는 가르침이 중심이다. 그러나 불로장생의 신선술을 완전히 떨치지는 못해 도교적 교리를 떠나지는 못한 한계가 보인다.

이미 송대 이후 사상계는 점점 삼교일치 경향이 짙어진다. 특히 민중사상에는 일찍부터 삼교의 가르침이 혼합되어 받아들여졌다. … 도탄에 빠진 민중구제를 결의한 왕중양이 삼교일치의 새로운 구제이념을 내놓았다. 이것이 전진교 출현의 가장 큰 역사적 의의라고 일인학자는 평가하고 있다. 그런데 이런 사상적 변화는 한편으로는 도교가 칭기즈칸을 만날 수 있고 원의 지원을 받을 수 있는 틀을 만들었다. 이런 불세출의 경은 거대한 변곡점을 유도하는 21세기 또 다른 변혁을 예견했던 것은 아닌가 한다.

이미 한반도에는 풍류도에 관한 전통이 자리를 잡고 있었고 그것은 최치원이 요약하였듯이 유불선 삼교의 통합적인 모습이었다. 그런데 여기서 선은 중국 도가와는 결이 다르고 훨씬 무속 쪽의 경향을 띤 사상이라 해야 할 것이다. 중국의 도교도 그 태생은 무속이었지만 제도화가 한참 진행된 뒤였기 때문이다. 이것이 몽골의 구전전통을 만나 〈옥추경〉으로 탄생한 것이 구전과 기록이 만나 이룬 마지막 작업이 된 셈이다. 아직 구전의 전통을 간직한 풍류도의 정신은 이를 자연스레 받아들일 수밖에 없었다. 고려와 조선대를 거쳐 상층이 아닌 민중과 무속층에서 주로 수용된 점은 이를 증명하는 현상이다. 불교와 성리학의 기록화와 제도화의 도그마적 중세를 지나면서도 스러지지 않았던 무속과 구전의 전통은 구한말 혼란기에 새로운 기회를 만나게 된 것이다.

미분적 신화의 거시적 재편

미분적 모습이었던 신화와 제의는 미분적 사상의 본 모습을 지키는 듯하다가 이내 이분법적 과학, 사상, 예술, 논리, 역사 등으로 분화되어 결국 종교적 도그마 속으로 재편되고, 이내 신과 진리라는 개념의 포로가 되었고 노예가 되어갔다. 이에 저항하여 인간의 이성과 심리가 주인 역할을 하려 하였으나, 이도 결국은 과학이라는 온전치 않은 도그마로 세상을 다시 재편하기에 이르렀다(루퍼트 셸드레이크, 『과학의 망상』). 이성, 논리, 감성, 몸 등의 지극히 인간 중심적인 사유 방식은 또 다른 우주적 문제를 야기하기에 이르렀다. 이제 인간은 이전의 미분적 사유를 복기하고 있다. 그래야만 하는 이유는 지식과 지혜의 부조화로 인해 비롯된 위협이 도를 넘어서고 있기 때문이다.

근세에 들어 〈옥추경〉은 이런 부조화를 바로잡을 수 있는 균형추 역할을 하고자 하였다. 지식만의 리그인 권모술수에 올바른 지식의 쓰임 방법을 제시하고 있기 때문이다. 〈옥추경〉의 출발은 다분히 신화적인 분위기에서 시작한다. 그러나 반드시 알아야 할 진리이자 사실인 원리에 대한 것은 지극히 간략하게 〈천경(天經)〉에서 표현하였다. 간략하지만 그 신성성의 무게감은 충분히 동반되었다. 삶은 앎에 바탕한 실천에 있다. 지혜는 이 지식을 실천으로 옮기는 데 또 다른 나침판 역할을 한다. 이 지혜를 함유한 실천 강령이 〈옥추경〉의 〈지경(地經)〉 부분이다. 이런 전반적인 조화로운 가르침이 〈옥추경〉이었음을 알아차린 한국의 민중과 민속은 가벼이 인지되거나 경솔하게 간과될 것이 아닌 문화적 실제임이 밝혀졌다.

도교 출신의 〈옥추경〉은 한국의 미분적 무속에 들어와서는 도교적 〈천경〉과 〈지경〉에 더해 〈인경(人經)〉을 추가하였다. 홍산의 요하문명으로부터 유래한 완벽한 3수 체계의 사상을 실현하고자 하였던 것이다. 정도령의 사상과 세기말적 위기감이 만연하던 조선 후기에 이어 계룡산 일대에는 전국의 도꾼들이 모여들었다. '계룡산본 〈옥추경〉'은 천지인의 새로운 체제를 갖춘 경으로 거듭나고 1920년경 최병두는 이를 바탕으로 '〈옥추경〉 신앙'을 제도화하고자 하였다. 그의 책 서두에 제시되고 있는 '옥추령부'가 그 신앙의 대상이 되고 있다. 이 부전은 〈천경〉, 〈지경〉, 〈인경〉의 3중 체계를 고스란히 담고 있다. 오랫동안 불교와 성리학의 위세에 밀려 저층의 백성들에게서나 구전되던 신화적 지혜가 비로소 때를 얻게 된 것이다. 이미 조동일 교수가 제시했던 생극론의 실체를 목도하는 순간이다. 논리와 위세와 힘을 갖춘 글문화에서 밀린 신화적 말문화는 글이 그 진실을 상실하자 대체 문화로 등장하게 된 것이다.

소태산은 〈옥추경〉의 진면목을 발견하였다. 그의 수행은 물론 공동의 산상기도식, 제자들의 수행지침서, 교리의 사상적 골격과 교리도의 확정에 이르기까지, 〈옥추경〉은 소태산의 원불교 각성과 판짜기에 지대한 역할을 하였다. 이렇게 민속적 진리를 지켜낸 민중의 지혜가 밑거름되었다. 어떤 영웅의 출현은 그 문화적 토대 위에서 시대적 부름에 부응하고 민중의 동참을 이끌어내 한 일가를 이루었다. 민속과 문화, 문학과 예술, 이를 모두 아우르는 사상성의 중요성이 다시금 새롭게 다가온다.

아무리 전통 사상이 훌륭하다고 해도 이를 살려 재편하지 않으면 무용하다. 단조직 결성과 신앙과 수행의 병진은 미분적 속살을 고스란히 드러낸 전통의 재편이다. 진리가 이분화된 이후 교리와 문자에 치우친 지식 홍수의 문명사를 정리하고, 미분적 진리의 속성을 살려 둘을 각각 인정하되 분리가 아닌 하나로 묶어낸 신화적 미분화작업은 〈옥추경〉과 민속이 제시한 가장 획기적인 발상이었다. 신앙과 수행, 일과 사업이 둘이 아니고 하나이듯이 나와 너, 나와 세계, 나와 우주가 둘이 아닌 하나로의 병진 관계임을 알라는 가르침이다.

이런 진실을 극명하게 드러낸 것이 『정전』의 〈교리도〉다. 즉, 〈교리도〉는 우주의 진리를 형상화하여 놓은 완벽한 체계틀이다.

이 〈교리도〉의 원형은 어디서 유래한 것일까. 필자는 그것도 〈옥추경〉과 무관하지 않다고 보았다. 앞서 〈옥추경〉 신앙을 시도했던 최병두는 그 신앙의 대상을 부전으로 하였다. 즉, '옥추령부'가 그것이다. 이 부전은 〈천경〉과 〈지경〉, 〈인경〉의 3수사상과 음양오행 사상을 온전하게 드러낸 철학적 내용을 내포하고 있다. 원래 부전은 신성의 뜻에 따라 그려지는 것이기에 어떤 해석을 가하기 어렵다. 최소한의 상징적 풀이를 다시 해보면 다음과 같다.

도안적으로 볼 때 둘은 무극-음양-오행-만물-교시의 5단계를 가진다. 그리고 중앙과 좌우의 대칭 구조를 가진 점도 일치한다. 이는 음양을 기준으로 하지만 3수의 체계를 함유하고 있다. 크게 볼 때 다른 점도 없지 않다. 4대강령(지은보은, 무아봉공, 정각정행, 불법활용)을 대표적으로 들 수 있겠다. 그러나 이 부분도 부전에서 이미 작은 동그라미로 좌우상하에 표시를 한 바 있어 크게 다르지는 않다. 그리고 상징과 문자 표기라는 점도 다르나 이는 부전과 교리도안이라는 차이에서 비롯된 필연적 차이다.

[그림 Ⅰ-3-2] 〈옥추령부〉의 맨 위에 있는 삼각형은 삼태극을 함유한 무극의 뜻을 가진다. 그것은 우선 좌와 우의 음양으로 나누어지고 이는 다시 오행의 운행을 거친다. 이는 주렴계나 이황이 그린 태극도설과도 일치한다. 다음 단계는 그 결과로 우주와 세상은 제모습을 드러내며 전개된다. 그런데 그 드러남은 평정과 광대함을 원칙으로 한다는 글자를 새겼다. 평정은 참자아를 의미하고, 동시에 〈천경〉의 핵심 내용이다. 광대함은 〈지경〉과 〈인경〉을 융합한 것으로 세상은 공명정대하게 상생적 광대함을 이룬다는 뜻이다.

이를 다시 풀어보면 하나의 점(공, 진공, 무극, 태초, 삼태극, 한얼님, 우주만유의 본원, 인간의 본래 성품…)에서 음양으로 나뉘고 그 연합작용인 오행으로 운용되어(진공묘유) 만물과 인간이 생기는 내력을 밝힌 것이다. 그런데 그 결말의 운용은 평안과 공존의 광대함이다. 인간은 우주의 정칙인 이 뜻에 따라 살아가야 한다는 의미를 제시하는 것이라 할 수 있다.

이를 〈교리도〉와 비교하면 다음과 같다.

맨 위에 있는 삼태극의 삼각형(△)은 일원상(○)과 같다. 좌, 중앙, 우는 신앙문, 일원상 설명문, 수행문의 3구분으로 〈옥추령부〉의 그것과 일치한다. 중앙의 설명은 게송으로 이어지고 좌우의 신앙과 수행은 음양오행적 변화를 거친다. 즉, 신앙과 수행의 음양적 구체적 운용방안이다. 그것을 부전은 상하 두 가지 형태의 음양오행 그림으로 표시하였고 〈교리도〉는 사은사요와 삼학팔조의 구체안으로 제시하였다. 그렇게 하기 위해서는 사사불공과 처처불상, 무시선과 무처선의 방책을 써야 하는데 이것이 부전의 밑부분에 적은 광대와 평정이다.

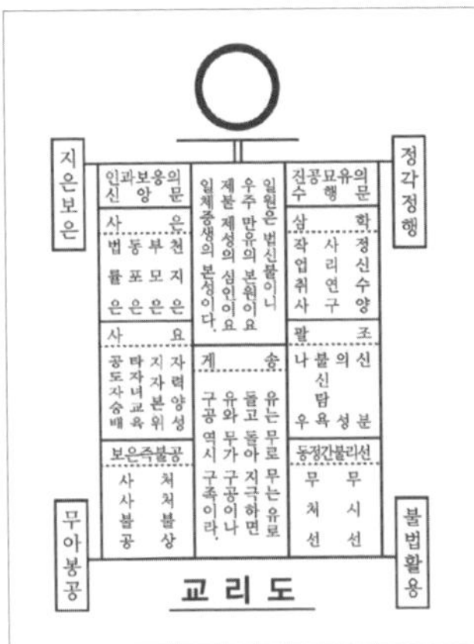

[그림 Ⅰ-3-1]
불법연구회『정전』<교리도>

[그림 Ⅰ-3-2]
『상밀주해 옥추보경』<옥추령부>

이 둘은 모양과 구조가 거의 동일하다. 다만 하나는 도안과 문자를 사용한 것이고, 다른 하나는 상징과 그림을 주로 사용하였다는 점이 다르다. 좌우의 모습이 대칭이지만 읽기는 〈교리도〉와 반대로 읽어야 한다. 이는 당시 전통적 글쓰기의 변화에 의한 것이다.

〈교리도〉가 이 〈옥추령부〉에서 그 틀을 착안하였다는 점은 교리도의 형성사를 살펴보면 알 수 있다. 이전의 『보경육대요령』(1932)에 등장하는 교리도는 매우 평면적이었고 평범하였으나 불법연구회가 최병두의 『상밀주해 옥추보경』을 구입해 본 이후에는[2] 완전한 변화를 거치게 되어 『정전』(1943)에서는 위와 같은 거북 모양의 교리도로 정착된다. 어떤 착안이 있지 않고는 등장하기 어려운 도안이다.

앎과 실천은 다른 문제라고 거듭 말했다. 앎은 방향성이다. 그 방향에 맞게 마음의 결정과 행을 하는 것이 실천이다. 그런데 행해진 혹은 행해지면서, 실천은 앎의 방향성을 더욱 견고하게 한다. 그 정확도도 높여간다. 둘은 서로 상보적이고 분리된 것이 아니다. 수행이 방향이고 지혜의 부분이라면, 신앙은 준비된 지식을 엮어 실천하는 결단이다. 결국 활불의 행은 방향성을 잃지 않은 정확한 실천에 있고, 또 결국에는 무위자재의 자연과 같은 운용과 상태를 의미한다. 이런 곡절을 〈옥추령부〉와 〈교리도〉는 같이 제시하고 있다.

여기서 논의된 신앙은 문자와 조직시대의 신앙이 아니라, 새로운 구술과 실용시대의 신앙이 되어야 한다. 일방적인 믿음이 아니라 사실적 체험에 바탕한 일종의 신뢰이자 신념이며 자기의 신앙이 되는 것이다. 권위와 권력과 힘이 필요 없고 진실된 실질과 활용의 신앙을

2 이 부분에 대해서는 뒤의 글에서 구체적으로 논의하겠다.

의미한다. 이를 달리 표현하면 수직적이 아닌 수평적 신앙이라 할 수 있다. 이런 상태의 신앙이란 무조건적인 것이 아니라, 충분히 이해 가능하고 설명이 가능한 신뢰와 앎의 내용을 기반으로 함을 의미한다. 원래 신앙의 신(信)은 '진실되고 성실하다'는 뜻을 가진다. 앙(仰)은 이런 가치를 '따른다'는 것이다. 수평적 신앙이란 '진실됨을 따라 간다'는 데에 있다. 정확한 방향성을 강조한 의미다. 활불의 언행이 신앙의 사표가 되는 것이고, 그 과정 자체가 또한 수행의 여정이기도 한 것이다. 이것이 진정한 영육쌍전(靈肉雙全)과 이사병행(理事竝行)의 자세가 되는 것이다. 그래서 구태적 용어인 신앙보다는 올곧은 신념이란 표현이 더 부합할지 모르겠다.

깨침은 병진과 쌍전, 시간에 따라, 일의 규모와 사정에 따라, 또 자신의 수행적 성숙 정도에 비례해 맞물려 돌아가는 것이다. 어느 시점에 이르러 단박에 완성되는 것이 아닌 영생의 문제인 것이다. 이런 꾸준하고 성실한 자세에 대한 교훈과 경각심은 민속문화가 이미 갖추어 놨고, 〈옥추경〉으로 정리되었고, 불법연구회를 통해 거시적이고 확실하게 재편되었다.

Ⅱ
전통적 독경문화와 불법연구회 구인기도

1. 불법연구회 구인기도 기도문 연구
2. 전통적 독경방식에 따른 불법연구회의 『옥추경』 기도' 연구

1

불법연구회 구인기도 기도문 연구

〈옥추경(玉樞經)〉과 비교

법인절[1]을 가능하게 했던 '구인기도'는 구인의 제자가 일정한 목표를 가지고 일사불란한 결속력을 보여준 것으로 한국 신종교사에서 유래를 찾기 어려운 특징을 가진다. 10인이 집단을 이루어 개인이나 작은 집단을 위한 것이 아닌, 창생제도를 위한 개인의 희생을 불사한 기도였다는 점이 특히 그렇다.

소태산을 중심으로 한 구인의 기도식이 성공적으로 진행된 데는 여러 절차가 있었다. 10인 일단의 단조직 결성, 중앙을 위시한 팔방

1 원불교는 이를 '법인기도'라 칭하고 있다. 법인기도란 "원불교 창립 당시 구인제자들이 소태산 대종사의 지시에 따라 새회상 창립의 정신적 기초를 다지기 위해 천지신명에게 기도를 올린바 백지혈인이 나타난 것을 법계의 인증을 받은 성스러운 일이라 하여 법인성사라고도 한다." 그 의의는 인류와 세계를 위해 죽어도 여한이 없는 대서원과 결단력을 보여준 사무여한 정신과 법계에 다시 태어난 공인으로서의 전무출신의 정신을 보여준 것으로 원불교는 이날 8월 21일(음 7.26)을 법인절이라 하여 4대 명절의 하나로 그 뜻을 기린다.

기도와 산상기도, 단도의 준비와 자결의 투지와 백지혈인, 음부공사의 판결 등이 그것이다. 이외에도 기도의 형식, 절차, 시간, 방식 등이 어떤 순서에 따라 진행되었는지 하는 요소가 있었을 것이다. 몇 시에 어떤 방위의 산상에서 어떤 준비물을 가지고 어떤 기도를 구체적으로 했으며 그 기간과 과정의 곡절은 없었는지 등은 앞서 지적한 일사불란한 기도 성공을 위해 필요한 절차로 기도성사와 깊은 연관성을 가지는 것이나 연구가 미흡하다.

여기서는 그중 중요한 역할을 하였을 것으로 보이는 '기도문'에 대한 것을 살펴보기로 한다. 기도문은 기도의 목적과 절차 및 방식과 매우 깊은 상관이 있어서 전체 기도의 정황과 순서에 따라 입체적 설명이 되어야 하는 것이나 아직 연구가 충분하지 않다. 그러므로 이 글은 이를 위한 시론적 의미를 지닌다.

기도문 연구는 기도의 성격을 살피고 절차를 가늠하는 데 중요한 기능을 담당한다. 구인기도 전체의 성격을 규명하고 그 속에 담긴 정신과 사상을 밝혀내는 데 초석이 되는 것이기에 살펴야 하는 우선순위가 된다. 구인기도 시 활용된 기도문은 크게 두 가지 기록으로 전한다. 그에 대한 진위 여부를 가리고 그에 따른 기도의 특성을 순차로 살피는 과정으로 전개하기로 한다.

박용덕의 구인기도 기도문과 단조직

1) 초기 단조직의 형성과 활용

기도문을 살피기 전에 구인기도의 근간이 되었던 '단조직'에 대해 알아볼 필요가 있다. 뒤에서 다루게 될 〈옥추경〉 기도법과 상관이 있기 때문이다.

단조직에 대해서는 교사를 비롯하여 「불법연구회 창건사」에 비교적 상세히 기록되어 있으나 박용덕이 쓴 초기교단사에 미치지 못한다. 단조직의 형성과 그 배경 및 교단이념적 서술의 상대적 부재 등이 주요하다고 보았기 때문이다.

원불교의 초기교단사를 상세히 기록한 박용덕은 구인기도에 대해서도 구체적으로 기록하고 있다.[2] 그는 구인기도가 후천개벽을 상징하는 혁신적인 기도 절차였음을 부각했다.

"박중빈(소태산)은 조단 방법을 강구하였다. 1916년 겨울 여덟 제자를 예선할 때 벌써 10인 1단 법을 구상하였다. 1917년 9월 12일(음력 칠월 스무엿샛날), 박중빈은 장차 시방세계 모든 사람을 통치 교화할 단조직법을 제정하고…."[3]

1917년 9월이면 각 후 1년 반이나 지난 시점이고 저축 조합을 만들었던 시점이다. 단구성은 이 조합과 밀접한 관련이 있다. 단구성 및 조합 설립의 기간까지는 일정한 절차가 있었다. 단조직과 그 기도

2 박용덕, 『원불교 초기교단사 1-소태산의 대각 방언조합운동의 전개』, 원광대학교출판국, 1997, 272-274쪽.

3 같은 곳.

식의 중요성은 『대종경』「서품」에 나와 있듯이 초기교단 형성의 중요 요소로 강조하고 있음을 알 수 있다. 그러나 이런 구성이 가능하기까지는 일정한 절차가 필요했다. 1916년 봄에 대각을 하였으나 사람들이 이를 잘 알아주지 않자, 방편을 썼다고 되어 있다.[4] 즉, 그해 여름에 증산교식 천제를 지낸 뒤 개안통령이 되어 하늘로부터의 능력을 인정받게 되는 절차다. 그러자 많은 수의 제자가 몰려들고(약 40여 명), 그중 상수제자를 선별하여 비로소 단조직을 하게 된다.

조직의 구성은 10인을 1단으로 하고, 그중의 1인은 단장이 되어 9인 단원의 공부와 사업을 지도 감독하게 한다. 단원 10명은 시방세계를 뜻한다. 시방(十方)이란 사방(四方), 사우(四隅), 상하(上下)를 통틀어 일컫는 말이다. 이 방위가 의미하는 바는 이 세상의 모든 사람을 빠짐없이 통괄한다는 상징성을 가지면서도 실제로 단계적 절차를 밟으면 물리적으로도 가능한 조직임을 의미한다. 각 조직의 1인은 윗단의 한 단원임과 동시에 아랫단을 솔선하는 단장이 되어 아홉을 통솔할 수 있는 조직체계다. 각자 상통 하달의 핵심적 임무가 부여된 것이다.

초기 단조직은 교화만을 목적으로 하지는 않았다.[5] 조합결성 과정의 핵심 조합원 성격과, 결속을 위한 동지의 개념이 더 강했다. 교화를 위한 기능은 이후 단계에서 이루어진 것이다.[6] 이런 초기 결속의 기능은 구인기도회에서도 발휘된다.

---

4 박용덕, 앞의 책.

5 방길튼, 「불법연구회 시대의 단회에 대한 고찰」, 원광대학교 학위논문, 1994. 장진수, 「불법연구회 교화단사-단조직의 변천 과정을 중심으로」, 『정신개벽』 17.

6 본격적인 단조직은 불법연구회 창립(1924년) 이후의 일이며, '교화단'이란 명칭이 사용된 것도 1942년에서야 「불법연구회회규」에 등장한다(장진수, 「불법연구회 교화단사-단조직의 변천 과정을 중심으로」, 『정신개벽』 17).

단조직은 원래 기도를 목적으로 한 것은 아니었지만 핵심제자들의 수행공부를 전문화하기 위한 공동체이기도 했다. 단조직에 따른 방위 설정과 함께 『성계명시독』의 도입은 매우 중요한 구인기도의 요소이다.

> 음력으로 매달 열흘날, 스무날, 그믐날에 모여 공부하였고 이 약속을 어긴 자는 상당한 벌이 있게 하였으며, 또 "마땅히 지켜야 할 계명을 주어 시시로 살피게 하는 『성계명시독(誠誡明示讀)』[7]이라는 일종의 양심 고백장을 두어, 단원들에게 열흘 동안 지낸 마음과 행동을 일일이 조사하였는데 제일가는 것은 청, 그다음은 홍, 가장 못한 것은 흑점으로 표시하게 하여 그 신성의 진퇴와 행실의 시비를 대조토록 하였다.
> 이 중에서 혹 사실을 속이고 거짓으로 기재하는 자가 있으면 박중빈은 본 듯이 그 잘못됨을 지적하여 엄하게 꾸짖었다.

여기서 언급한 『성계명시독』이 어떤 내용으로 이루어진 수행서인지는 알려져 있지 않다. 수행의 과정에서 필요한 항목을 정해 이를 지키게 했고 그에 따른 평가를 했던 것으로 보인다. 주어진 지침에 따라 실천의 정도를 고하고 그에 따른 훈계와 처방 혹은 엄중한 검열과 징계를 받은 것이 아니었던가 한다.[8] 그 수행 항목은 원불교 교전

---

7 『성계명시독』: 「창건사」에는 誠誡名時讀, 교사 선외록에는 誠誡明示讀이라 표기하고 있다. 마땅히 지켜야 할 계명에 대해 정성심으로 조심하고 삼가한 것을 양심 고백장에 청, 황, 흑으로 명시토록 하였다는 뜻으로 보자면 '誠誡明示讀'이라 표기한 것이 훨씬 설득력이 있다. 여기서는 일단 사료적으로 가장 고전인 「창건사」 표기를 택한다. 그러나 「창건사」에도 교정과 정상의 오류가 있을 수 있다는 점을 배제할 수 없다.

8 태상감응편의 수행방법과 유사하나 이에 대한 연구 역시 없다. 태상감응편은 소태산이 읽어본 책으로 기록되고 있고 조선 후기 도교적 수행서 중 하나로 대중화되었던 책이다. 이를 기초로 한 수행 항목을 재편집해 활용한 지침서가 아니었던가 하는 추정을 해본다.

내 계문의 일정 부분이 되었을 것이다. 검열 형식은 오늘의 감각감상(感覺感想) 및 경전의 뜻을 설명하여 가르치는 경강(經講)의 형식이 되지 않았을까 추정해볼 수 있겠다. 그러나 이런 방법으로 큰 효과를 보기는 어려웠을 것이다. 뭔가 특단의 조치가 필요했다. 박중빈은 더구나 제생의세의 큰 포부를 실천하고자 하였으니 그 판도를 짜기 위해서는 수행 정도 이외의 강한 결속력이 필요했을 것이다. 제자들의 훈련 과정에서 이미 스승과 제자 간의 위계가 상당한 수준에 달했을 텐데 이런 분위기가 기도식에 들어가서는 보다 진지한 책임감과 강한 정신무장을 가능하게 하였다. 이런 분위기를 다음의 인용구가 잘 나타낸다.

> "그대가 나를 속이는 것은 곧 자신을 속이는 것이요 법계를 속이는 것이다. 그대가 계속하여 법계를 속인다면 그대는 영원한 재앙에 떨어질 것이니 각별히 조심하라."
>
> 천제의 호령처럼 추상같은 엄격한 대조에 단원들은 일변 두려워하고, 또 잘하는 사람에게는 무수히 칭찬하여 마지않으니 일변 기뻐하고, 그 심리의 결합됨과 신성의 철저함이 말로 다 할 수 없었다.[9]

위에 서술한 과정은 대각 후 천제기도 통령과 그 연장선에서의 천제기도 및 『성계명시독』의 수행과정 그리고 이를 기반으로 한 방언공사(전남 길룡리 앞의 해안 갯벌을 막아 농토를 만든 공사) 기간의 일

9 박용덕, 앞의 책, 277-279쪽.

이다. 구인기도는 이 방언공사가 마무리된 시점에서 시작된다. 방언공사 마무리까지의 짧은 시간에 사실은 많은 변화와 숨 가쁜 과정이 진행된다. 방언조합 결성과 조합금 모금, 숯장사, 방언계획, 이와 함께 병진된 『성계명시독』 수행공부와 후천개벽 사상의 주입 등이 이 시기를 장식한다. 만 3년간에 걸친 여정이다. 그중 방언공사는 약 1년간에 걸친 사업으로 이 기간에 박중빈은 주경야독이란 강훈련을 시행한다. 이에 대한 일화가 『대종경』「서품」 5장에서 14장까지 10개 장에 걸쳐 소개된다. 서품 총 19장 중 반 이상을 할애하고 있어 다시 그 중요성을 엿보게 한다.

방언공사는 이춘풍이 말한바 '자본 마련'과 '합력 성공'의 의미 외에 뭉쳐진 강한 의지와 그로 인한 일과 사업의 성공과 다시 그로 인한 복록의 근원에 대한 것들의 일깨움의 가르침이 더 있었다고 소태산은 말한다(『대종경』「서품」 10장).

방언 일이 준공되니 단원들이 서로 말하기를 "처음 시작할 때는 평지에 태산을 쌓을 것 같이 어려운 생각이 들더니 이제 이만큼 되고 보니 방언은 오히려 쉬운 일이나 앞으로도 이룰 일은 얼마나 어려울고 하는지라…"(『대종경』, 「서품」 11장)에서 알 수 있듯이 신앙적인 배경이 전제되어 있었다. 그러나 당시는 뚜렷한 교리나 사상적 체계가 서기 전이다. 경제적 공동체성과 어떤 상관을 가진 신앙성을 상상할 수 있을 뿐이다.

방언을 해서 생긴 엄청난 땅(2만 3천 평)은 단원들에게 큰 희망이 되었다. 이제 이들 조합원은 하나의 공동체가 되었다. 단적으로 말하자면 일종의 경제적 신앙공동체가 된 것이다. 생활, 경제적인 것이 하나로 묶여 있는 상태에서 점점 혁신적 신앙의 방향으로 전환되었다. 단원들은 모두 너 나 할 것 없이 주인이 되어 앞길을 꾸려가야 하는 공동운명체가 된 것이다.

이런 상황 속에서 박중빈의 큰 포부를 실천하려면 좀 더 강력한 결속과 수행의 긴장도와 정신무장이 필요했다. 비교 강세에 있던 경제적 측면은 점점 강(强)신앙적 상황으로 전환하기 위한 특단의 조치이기도 했다. 그리하여 마련한 것이 구인기도회다. 공동체의 목표가 애초에 경제적 성공만이 아니었기 때문이다. 공동운명체가 된 마당에 또 당초의 목표였던 창생을 위해 기도하고 너와 나를 포함한 모두를 위해 기도하자는 당위성에 반기를 들기는 어려웠을 것이다. 이미 통령을 한 박중빈의 위력과 카리스마와 역량은 검증이 되었고 미래적 희망의 방언답까지 든든하게 마련되어 있어서 이런 공중을 위한 기도식은 정해진 수순이었다. 일부 인원은 이에 대해 의혹을 품거나 시험을 했던 경우도 있었다.[10] 그러나 이런 사건은 오히려 단원들의 결속력을 다지는 계기로 전화위복이 된다.

방언이라는 희망 변수는 한편으로 구성원들을 묶는 현실적 구속력으로 작용했음을 부인할 수 없다. 단원들은 이미 상당액의 출자를 하였고 공동작업으로 그 몇 배의 득이 마련되었던 상태다. 처음 결성되었던 저축조합은 공동의 이익을 위해 출발했던 것이었으나 이후 방언을 위한 방언조합으로 바뀌고, 구인기도식 이후에는 '불법연구회 기성조합'으로 변신하게 되어 개인적 희망에서 점차 공공의 희망으로 변한 과정을 보여주고 있다. 방언사업을 하기 전에 단원들은 이런 공공의 기도식을 예상하지도 못하였을 것이나, 박중빈은 저축조합 설립 시부터 이미 계획하고 있었는지도 모른다. 일의

10 불법연구회 교무부, 「고 삼산 김기천선생 역사선」, 『회보』 20, 1936, 282-283쪽.

진행에 있어 진정한 방편이 무엇인지 보여준 사례라 할 것이다. 결국 진정한 구인제자 확정은 구인기도회를 통해 이루어진 것이고, 이전은 그 준비 단계였다. 저축조합, 방언조합, 구인기도의 핵심에는 단조직이 있었다.

여기서 또 한 가지 생각할 점은 신앙과 경제의 일원화 정도에 대한 것이다. 과연 이 둘이 서로 분리될 수 있는 것인가, 아니면 어느 정도의 수준으로 연관을 가지는 것인가. 이는 단조직 관련 매우 중요한 사안으로 추후 검토가 필요하다고 생각된다.

2) 단기도 과정과 기도문

앞에 기술한 단조직의 준비 과정을 거쳐 7개월에 걸친 구인기도회는 본격적으로 시작된다.

"이에 음력 삼월 스무엿샛날부터 시작하여 칠월 열엿새까지(4.26.-8.11.) 석 달 열흘 동안 음력으로 매월 초엿세, 열엿세, 스무엿셋날마다 기도식을 거행하였다. 치재 방식은, 첫째 마음청결을 위주하고 계문을 조심하며 목욕재계하고 기도 당일 오후 8시 이내로 일제히 옥녀봉 조합실에 집합하였다.[11] 조합실에는 절을 할 만한 곳만 남겨놓고 방 안 가득 제상을 차렸다.[12]

그리고 단장의 지시를 받은 단원들은 9시경에 각자의 기도 장소로 출발하게 하였다. 기도 장소는 노루목 뒷산을 중앙으로 잡고 8방의 방위에 맞추어 주위의 산봉우리 혹은 산 중턱에 솟은 바위로 정하였다. 처음에는 단장이 가라는 대로 기도를 하였다."

11 『대종경』「서품」 13(원불교정화사, 『원불교전서』, 1977, 원불교출판국).

12 불법연구회 교무부, 「고 삼산 김기천선생 역사선」, 『회보』 20, 1936.

인용문이 언급한 약 4개월간의 기도 기간은 8월 21일까지 즉, 법인성사의 기간까지다. 이후로도 기도는 계속되다가 11월 26일에 단원 기도해제식이 이루어지고 조합명을 '불법연구회 기성조합'으로 바꾸는 시점까지 보면 7개월에 걸친 구인기도가 되었던 셈이다.

기도식의 절차는 앞서 시행되었던 『성계명시독』 수행방식의 연장선으로 생각해볼 수 있다. 다만 이런 수행을 좀 더 집중적이고 진지하게 하면서 그 목표도 크게 설정한 진지한 기도식이었던 것 같다. 이를 위해서 마음청결, 목욕재계, 정확한 시간엄수, 풍성한 제상 마련, 방위별 산상기도 절차가 더 마련되었다. 산봉우리 당처에서의 기도 순서는 이렇다.

"기도를 시작할 때는 먼저 향과 초, 청수[13]를 진설하고 다음은 헌배와 심고를 올린 뒤 축문을 독송하였다."[14] 이때 사용된 축문이 여기서 다루게 될 기도문이다.

문왕 팔괘에 따른 방위 설정과 그에 따른 기도봉 특정 등에 대해서는 좀 복잡한 설명이 요구되어 여기서는 생략한다. 다만 이런 방위 설정은 그때그때 상황에 따라 달랐다고 하니 방위 설정의 근거와 함께 좀 더 심도 있는 논의가 필요한 부분이다.[15]

단기도 시 사용되었던 기도문은 다음과 같다.

---

13 청수는 한국인의 민속신앙에서 기도 때 많이 사용되었다. 근세에 이르러 천도교에서 이를 강조하였다. 천도교에서는 모든 의식에 청수를 사용하는데 이는 교조 수운(水雲) 선생이 청수를 받은 뒤에 참형을 받았기 때문에 교조의 피를 상징한다고 한다. (정화수는 새벽에 길은 샘물)

14 박용덕, 앞의 책, 356쪽. 이 부분은 박용덕이 김기천 행장에서 참고한 것으로 보인다. 기도 시간과 절차가 모두 같다(김기천 행장, 『회보』 20, 1936년).

15 마촌앞산봉은 나이가 젊은 박한석이 다니다가 물 곤욕을 겪고 와탄천 건너 두 기도봉은 중지하게 되었다. 이후 단장이 지시하는 대로 기도봉은 수시 변경되었다. 현재 중앙봉이라 일컬어지고 있는 노루목 뒷산, 옥녀봉 등 몇 봉우리는 기도봉이 확실하나 그 외 봉우리는 때에 따라 변경하였으므로 정확하지 않다(초기교단사 재인용).

단원 아무개는 삼가 재배하옵고 일심을 다하여 천지, 부모, 동포, 법률 전에 발원하옵나이다.
대범 사람은 만물의 주인이옵고, 만물은 사람의 사용물이며 인도는 인의의 주체요 권모술수는 그 방편이니, 사람의 정신이 능히 만물을 지배하고 인의의 대도가 세상에 서게 되는 것은 이치의 당연함이어늘, 만근이래(輓近以來)[16]로 그 주장이 위를 잃고 권모사술이 세간에 분등하여 대도가 크게 어지러울새, 본 단원 등은 위로 사부님의 성의(聖儀)를 받들고 아래로 일반 동지의 결속을 견고히 하여 시대에 적합한 정법을 이 세상에 건설한 후, 나날이 쇠퇴해가는 세도 인심을 바로 잡기로 발원이오니, 복원 사은이시여,[17] 일제히 감응하시와 무궁한 위력과 한없는 자비로써 저희들이 원하는 바를 이루어지게 하여 주시옵소서.

이 기도문은 「불법연구회 창건사」에 있던 것이었다. 이는 다시 『대종경』「서품」 5장으로 이어지는데 기도문의 형식을 법문의 형식으로 수정한 것이다. 박용덕도 1934년도에 작성된 이 정산의 「창건사」를 인용한 것이다. 이 기도문은 정산이 길룡리에서 기도를 한 지 15년이 지난 뒤 익산의 신룡리에서 작성한 것이다. 「창건사」의 작성 배경에 일제의 강압이 있었다는 점은 지적된 바 있다.[18] 기도문의 내용이 이런 배경과 무관치는 않을 것이란 추정이 가능하다.

16 만근이래: 몇 해 전으로부터 지금까지 지속되어지는 상태. 만근지래라고도 한다.

17 복원사은(伏願四恩)이시여: [엎드려 비옵나니 사은이시여], [사중보은] 등의 용어는 시창원년-2년경부터 경축가 등 가사에 사용되었다.

18 이정재, 「소태산 구도과정의 민간신앙 상관성 연구」, 『한국신종교학회』 34, 2016; 이정재, 「구사고행 일화의 의미 연구-민속문화론적 분석」, 『원불교사상과 종교문화』 64, 2015, 204-232쪽; 이정재, 「소태산의 구사일화 분석과 백학명과의 관계 연구: 법일화 '부처를 시험한 일' 중심으로」, 『원불교사상과 종교문화』 62, 2014.

앞의 단기도 기도문에 천지 · 부모 · 동포 · 법률의 사은 용어와 개념이 등장하고 있는데 그 용어의 최초 출현 여부 문제가 있다. 박용덕은 사중보은 등의 용어가 시창 2년부터 사용되었다며 기도문의 정당성을 부연하여 설명하고 있는데, 지금까지의 연구에 의하면 실상사에 있을 때 이 개념이 나왔다는 것이 일반적이다.[19] 이 부분 역시 구인 기도문으로의 정확성에 누가 되는 부분이다. 그러나 기도문의 작성은 전통적인 축문작성 형식을 따랐음을 알 수 있는데 다음과 같다.

기도문은 크게 세 부분으로 서두, 본문, 말미로 구성되어 있다.[20]

I 서두	1. 때와 시간(생략된 듯)
	2. 단원 아무개는
	3. 천지 · 부모 · 동포 · 법률 전에 발원하옵니다.
II 본문	
II-1 도입부	4. 대범~당연함이어늘,
II-2 중간부	5. 만근이래~어지러울새
	6. 본 단원 등은~발원하오니
II-3 종결부	7. 복원사은이시여~자비로써
III 말미	8. 저희들이 원하는 바를~주시옵소서.

19 이정재, 앞의 글, 2015, 2016.

20 축문 연구는 표인주의 『공동체 신앙과 당신화연구』(집문당, 1996) 등에서 본격적으로 다루어졌다. 이를 기반으로 한 이한길의 글이 근래 나왔다. 이것을 들어 비교 분석해본다. 이한길, 「양양군 서낭제 축문형식연구」, 『강원문화연구』 24, 2015.

전형적인 축문의 유형을 따른 구성이다. 먼저 누가 누구에게 무엇을 고하는 기도의 주체와 대상, 목적을 정하고 기원하는 절차를 그대로 준수하고 있다.

기도 주체의 정당성과 당위성, 문제점 지적과 그 해결책으로의 기도 목적, 기도의 간절함 강조 등 주체자가 어떤 이유와 목적으로 기원하는가 하는 전형적인 기도문에 해당된다.

서두는 1-3이 각각 1. 때와 시간, 2. 누구는, 3. 누구에게

본문 도입부는 4. 장소와 그곳 신의 능력 찬양 부위로, 기도문의 경우 장소에 대한 것은 세계로 봐야 할 듯하다.

본문 중간부는 5-6이 진경(進慶)제해(除害), 즉, 감사함의 표현과 당면한 어려움 호소와 해결의 부분이다. 기도문의 경우 당면한 어려움과 해결책이 좀 더 구체적으로 서술되어 있다. 규모가 크고 중하기 때문이다.

본문 종결부는 7. 신의 도움 기원 정성을 모아 기도하는 모습을 헤아려 소원을 들어달라는 강조다.

말미 8. 상향, 즉, 받들어 올린다의 의미다.

즉, 이 기도문은 민간의 전통적인 축문작성의 순을 그대로 따른 것이다.

이한길이 대상으로 한 양양군의 실제 축문의 예를 순서에 따라 나열해보면 비교가 용이하리라 생각된다.

1. 유세차 모년모월모일
2. 헌관 혹은 유학모는
3. 감소고우 즉 누구에게(대체로 성황지신) 감히 올립니다.
4. 세계와 산은 높고 높으며 하늘과 땅은 기강이 있습니다./ 존령은 덕으로 짝을 삼고 하늘은 리로서 으뜸을 삼으니/ 하늘이 만백성을 낳을 때는 사물마다 법칙이 있으니
5. 덕을 입음이 바다와 같은데도 또 새로운 덕을 입고자 합니다.
6. 신이 도와주지 않으면 사람은 실로 두려울 뿐입니다.
7. 우리들의 정성을 살피시어/ 진설하고 경건하게 기도하면서 술잔을 올립니다.
8. 상향(尙饗) 받들어 올립니다.

양양군 축문 1-3이 각각 1. 때와 시간, 2. 누구는, 3. 누구에게/ 도입부 4. 장소와 그곳 신의 능력 찬양 부위/ 중간부 5-6이 감사함의 표현과 당면한 어려움 호소/ 종결부 7. 신의 도움 기원과 소원 간청/ 말미 8. 상향, 즉, 받들어 올린다로 정확히 일치한다.

위의 비교를 통해 볼 때 앞의 단기도 기도문은 전통적인 방식과 순서에 따라 구성되었음을 알 수 있다. 다만 그 규모와 범위가 넓어 표현의 차이가 있을 뿐이다. 소태산이 지은 기도문은 전래의 방식에 따라 작성한 것임을 알 수 있는 부분이다.[21]

구인기도 시의 분위기를 전하는 기록 중 양하운의 진술이 실감 난다.

21 이 부분이 정산의 후대 작성문일지라도 전통적인 축문작성 형식에 따랐다는 점에는 변함이 없다.

"구인기도 다닐 때 도롱이[22]를 들어 베고 삿갓 쓰고 청수그릇 들고 병에 물 넣고 올라갔다. 저 산봉우리 이 산봉우리에서 꼭 한꺼번에 불이 번쩍했다. 마음 똑같이 먹고 행동 똑같이 했다."

양하운이 회고한 바에 따라 보듯이 이들의 정신 무장은 대단했던 것 같다. 또 청수그릇에 물병을 들고 갔다 하니 정화수를 진설한 점도 사실인 듯하고 불이 번쩍했다 하니 기름불이나 촛불을 켜고 향도 피웠을 것이다. 멀리서도 보이는 정도면 제법 커다란 등불이 아니었나 하지만 밤길을 비추는 안내등이었을 가능성도 있다. 우중에도 안전한 어떤 장치를 사용하였을 것이나 전하는 기록이 없다. 산봉우리에서 꼭 한꺼번에 불이 번쩍했다는 점은 분명 향과 정화수 및 기름불 혹은 촛불이었을 가능성이 있다.

도롱이에 삿갓은 비 오는 날 사용하는 것으로 평상시에는 걸치는 것이 아니다. 그러나 양하운의 진술에 따르면 평시에도 사용한 듯하다. 4-5월은 실제로 봄비가 자주 내리는 철이고 산으로 올라가면 더욱 그랬을 터이니 필수 소지품이었을 가능성이 있다. 기도문, 호롱불 혹은 초와 향 등 준비물이 젖지 않도록 하는 역할을 하였을 수도 있다. 비가 오지 않는 날에도 도롱이는 그래서 필요했을 것이다. 한편 야밤 산상기도에서는 기온의 변화에 따른 보온용으로 사용하였을 가능성도 있고, 밤이슬에 대비한 것이기도 했을 것이다. 또 도롱이는 기도 시 깔판으로 사용했을 수도 있다. 그러고 보면 비가 오는 날에도 기도가 이어졌다는 말인데 우중 기도는 어떻게 진행되었는지도 궁금하지 않을 수 없으나 역시 전하는 기록이 없다. 아마도 기도는 기

22 띠 따위로 엮어 어깨에 걸쳐 두르는 우장의 하나.

후변화와 무관하게 진행되었을 것이고 우중에는 어떤 방법이 있었을 것이라 여겨진다. 그리고 우중 기도는 매우 잦았을 것이란 추정이 가능하다. 이 시기는 모내기 철과 겹치기도 해서 어떤 때는 심하게 비가 내릴 때도 있었을 것이다. 갠 날일지라도 밤이슬이나 벌레나 모기 등 장애물이 한둘이 아니었을 텐데, 이에 대한 대응 수단도 있었을 것으로 추정된다. 예를 들어 연기를 피우는 도구를 예상할 수 있다. 비록 긴 시간은 아니지만, 집단으로 기도를 완주하는 것은 여간한 정신력이 아니면 불가했을 일임이 틀림없다.

한때 박중빈은 연화봉에서 산기도를 집중적으로 실행한 적이 있다. 약 6개월에 걸친 기도 과정이었다. 이때 그는 산기도 방식과 위력에 대해 이미 충분히 체험하여 제자들의 기도 지도법을 익히 알고 있었을 것이다.

기도처에는 청정한 마음과 자연합일을 상징하는 정화수를 준비하고, 그 옆에 향과 초를 켜놓고, 헌배와 심고 및 기도문을 낭송한 것으로 순서를 잡을 수 있을 것 같다. 이때 기도 마감과 하산 시간을 정하는 중요한 문제가 남아 있다. 이를 위해서 회중시계를 장만해 각각 나누어주었다고 한다.[23] 당시 시계는 대단히 값진 물건인데 이를 구입해 나누어주고 집합 시간과 하산 시간을 정확히 한 점은 일심단결을 위한 또 다른 장치였음을 알 수 있다. 진정한 기도를 위해서는 현실적 장애의 돌파가 필요함을 보여준 사례라 생각된다.

"기도는 10시부터 11시 정각까지 거행하고 식을 마친 후에 일제히 도실로 돌아오게 하였다. 기도의 시작과 끝남에 조금도 시차가 틀리

---

23 박용덕, 앞의 책. 「원불교교사」, '구인단원의 기도'(원불교정화사, 『원불교전서』, 원불교출판국, 1977).

지 않기 위해 당시로서는 극히 희귀한 회중시계를 단원 각자에게 사 주어 모든 일이 어김없게 하였다."[24]

박용덕에 따르면 기도 시간은 약 1시간 정도로 서술하고 있는데[25] 앞선 절차는 아무리 길게 잡아도 20-30분을 넘기지 못할 것 같다. 심고와 기도문을 반복했다고 해도 그렇고, 그 반복이 어느 정도였는지 또 과연 기도문을 반복해서 읽었는지도 알 수 없다. 다른 절차가 있었는지를 알 수 없는 상황이다. 그리고 단지 집합과 동시간대 하산을 위해서만 시계를 마련했을까 하는 점도 설득력이 떨어진다. 철저한 시간별 동시적 절차와 행위를 구분하여놓았기 때문에 필요했던 것은 아닐까. 또 위의 절차 외에 더 복잡한 순서가 있지는 않았나 추정되는 대목이다. 그리고 이런 행위는 기도의 아주 중요한 요소로 작용한 듯한데, 어떤 곡절이 있었을 것이고 이는 기도의 의미와 목적에 부합한 것이었겠으나 자료가 없어 추정만 할 수 있는 상황이다.

박용덕의 기록과 달리 교사는 이렇게 적고 있다.

> 기도는 10시부터 12시 정각까지 하며…
> 단기인 팔괘기를 장소 주위에 세우게 하며, 기도식을 시작할 때는 먼저 향촉과 청수를 진설하고 헌배와 심고를 올리며, 축문을 낭독한 다음 지정한 주문을 독송케 하였다.[26]

---

24 박용덕, 앞의 책, 356쪽.

25 박용덕은 기도는 10시부터 11시 정각까지 거행하였으나(박용덕, 앞의 책, 356쪽), 원불교교사, '구인단원의 기도'에는 10-12시 두 시간으로 되어 있다. 뒤에서 보겠지만 이공주는 1시간이다. "기도일은 무진(戊辰) 사월 그믐날로 기도 시간은 밤 10시부터 11시까지의 1시간 동안을 하되…"(청하문총간행회, 『한마음한길로』, 원불교출판사, 1984, 75-77쪽).

26 원불교정화사, 「원불교교사」, '구인단원의 기도', 『원불교전서』, 1977.

기도 시간과 기도의 절차를 설명한 부분이 서로 다른 점이 눈에 띈다. 기도 시간을 두 시간으로 적고 있고 절차도 박용덕이 적은 바, '기도를 시작할 때는 먼저 향과 초, 청수를 진설하고 다음은 헌배와 심고를 올린 뒤 축문을 독송하였다'[27]와 달리 팔괘기와 주문이 더 추가되어 있다. 그렇다고 해도 기도 시간 두 시간을 채우기에는 턱없이 짧다. 일정한 주문을 외운다고 했는데 이 부분에서 시간이 더 걸릴 수 있을 것이다. 그리고 주문 시간을 맞추기 위해 정확한 시각이 필요했으리라는 추정이 가능하다. 주문의 정성은 공동기도 시 특히 중요한 요소임으로 비춰볼 때 납득할 수 있는 부분이다.

한편 김기천에 대한 기록에 보면 부작을 태웠다는 내용이 나온다.[28] 역시 다른 절차의 가능성이 추정되는 대목이다. 또한 대체로 부작을 태우는 것은 어떤 주문을 외우거나 기원을 올리는 것이 전제되어야 하는 것으로 별도의 절차가 있었음을 시사하는 대목이다. 이는 교사와 상응하나 박용덕의 기록과는 차이를 보인다. 어떤 주문을 외웠는지는 여전히 알 수 없는 일이나 부작을 태웠다면 전통적인 방식을 취하였을 텐데 민간신앙의 연장선에서 추정할 수 있는 부분으로 다음에 살펴볼 이공주의 기도문과 연관성이 있어 보인다.

또 박중빈은 기도식에 참석하지 않았던 것으로 여겨진다. 적어도 다른 단원들과 함께 산정에 올라가서 기도의 절차를 한 것 같지는 않다. 실내에 남아 있었다면 혼자서 무엇을 했는지도 아직은 알 수가 없다. 어떤 방식의 기도가 진행되었는지 여전히 모호한 부분이 많다. 회중시계가 반드시 필요했던 것은 단장과 단원들이 떨어져 있었

27 박용덕, 앞의 책, 356쪽.

28 김기천 행장, 『회보』 20, 1936.

기 때문일 텐데 그 연결의 맥락은 과연 무언지 여전히 알기 어렵다. 다만 추정해볼 따름이다.

이공주의 구인기도 기도문

구인기도와 관련한 이공주의 기록에 보면 다음과 같은 내용이 전한다.

> 원기 13년(戊辰) 4월 15일경에 대종사님께서는 이공주 선생과 4-5인의 여자 회원들에게 말씀하시기를 [여자 중에서도 초창기 구인기도 시와 같이 기도를 드려보면 어떻겠느냐?] 하시었다. 이에 여자 회원들이 [지시해주시면 그대로 거행하여 보겠습니다] 하고 말씀을 드리니 대종사님께서는 [기도일은 무진(戊辰) 사월 그믐날로 기도 시간은 밤 10시부터 11시까지의 1시간 동안을 하되 심신을 재계하고 가장 조용한 곳을 택하여 기도상 위에 청수와 향수를 밝힌 후 지정된 주문을 일심으로 독송하되 중앙단원의 주문과 그의 팔방단원의 주문은 각각 다르느니라] 하시고 이공주 선생에게는 중앙단원의 주문을 말씀하시니 다음과 같다.[29]

29 원문을 그대로 옮겼다. 한자음에는 한글음을 괄호처리 하였다.

원기 13년은 1928년이다. 4월 15일경은 소태산이 경성을 여섯 번째 방문한 시점이다. 최도화의 인연으로 경성 제자들을 결집하던 시기로 최초 1924년 상경한 이래 만 4년이 흐른 뒤이고, 어느 정도 제자들이 형성된 시기다. 4월 15일 시기도 기도하기에 좋은 날씨일뿐더러 약 10여 년 전 영산에서 구인제자와 기도했던 계절과 일치한다.

우리의 기도문 연구와 관련한 대목은 다음의 문장이다.

"여자 중에서도 초창기 구인기도 시와 같이 기도를 드려보면 어떻겠느냐?"

기도 시간은 10–11시로 영산과는 다른 시간을 설정하였다. 시골과 서울의 차이, 구성원들의 업무 차이 등이 고려된 것이리라. 기도 시간도 1시간으로 같다. 다만 기도문에 대해서는 이렇게 적고 있다.

"지정된 주문을 일심으로 독송하되 중앙단원의 주문과 그의 팔방단원의 주문은 각각 다르느니라."

향과 촛불 및 정화수를 진설하고 헌배를 하고 주어진 주문을 외는 것으로 진행되었음을 알 수 있다. 다만 그 주문은 중앙과 팔방단원이 서로 다르다고 했다. 중앙과 팔방단원이 서로 달랐다 한 점은 단조직과 그에 따른 기도식에서 단원의 구분이 중요했다는 점이다. 박용덕에 따르면 사방을 상징한 방위의 기능 외에는 다른 의미를 부여하지 못하고 있다. 방위가 중요하다면 굳이 다른 기도문을 나누어주어 할 필요가 없다. 또한 앞서 살핀 기도문이 하나로 통일되지 않았다는 말이기도 하다. 단조직과 방위별 기도는 우리가 아는 것 이상의 복잡함이 담겨 있는 기도식이었음을 알게 한다.

그중 중앙단원이었던 이공주의 것은 다음과 같다. 그 전문을 옮겨 자료적 가치를 강조하고자 한다.

0 靈寶局 萬物建判養成所 中央敎主 李共珠
0 甲子乙丑丙寅丁卯戊辰己巳 … 癸亥(甲子全文) 定天奉命
0 祈願文[30]

第一章

天尊(천존)이 말씀하시되 이 경 있는 곳에 마땅히 천지, 사명으로 하여금 처소를 따라 수호케 하고 뇌부가 按察(안찰)하기로 다 달라서 때로서 상고하여 살피나니라. 만일 사람의 집에 이 경이 있어 지성(至誠)으로 봉안(奉安)하면 곧 상서기운이 뜰에 가득하고 경사구름이 집머리에 그늘하여 화패(禍敗)의 난(亂)이 맹동(萌動)치 못하고 고 길(吉)한 복(福)이 모아들며 죽음을 당하여도 지옥에 들지 아니하나니 어찌 써 지옥에 가지 아니하니뇨 죽으면 곧 생할 것이요 생하면 다시 선도에 돌아오고 선도에 돌아오면 지존을 받아 영통을 얻고 영통을 얻으면 출입기거할 때에 항상 이 경을 가질 것이니 모든 사람의 흠앙하는 바요 귀신의 두려워하는 바이라, 모든 험난함을 만난다 하여도 일심으로 천존의 이름을 일컬으면 구천응원뇌성보화천존이 다 해탈을 얻게 하리라. 이에 뇌사호옹이 대답하사 천존 전에 글귀(句)를 설하여 가로되
위 없는 옥청왕이 삼십육천을 거느리사 구천(九天) 널리 화(化)한 인군으로 얼굴을 십방(十方)에 화(化)하시나니라. 털을 헤치고 기린(麒麟)을 타시며 붉은 다리로 층층(層層)한 빙(氷)을 밟으시고 손으로 구천기운을 잡으사 풍(風)을 휘파람하고 우뇌를 채찍질하나니라. 능히 지혜력으로 모든 마공(魔公)의 정신을 항복 받으시고 장야(長夜)에 귀령(鬼

30 각 줄 국문음;
- 0 영보국 만물건판양성소 중앙교주 이공주
- 0 갑자을축병인정묘무진기사 …. 계해(갑자전문) 정천봉명
- 0 기원문

靈)을 제도하사 중생을 이익케 하시나니라. 은하수 물결에 일천 눈과 일천 달수레비퀴와 같으시니라. 미래세상을 맹세하여 길이 천존의 교화를 포양(布揚)하리라.

때에 뇌사호옹이 게(揭)를 설하여 마치니라.

(기원문 제2장부터 제4장까지는 생략)

먼저 이 기도문은 박용덕의 것과 전혀 다르다. 내용은 물론 그 형식도 많이 다르다. 중앙과 팔방의 기도문이 다른 점을 구체적으로 지적하고 있는 점도 그렇다. 그러나 진설된 제수나 헌배 및 향과 촛불 및 마음가짐과 몸가짐의 경건함은 유사한 것으로 엿보인다.

구인제자 당시와 서울에서의 여성 제자들 간의 동이점이 비교되고, 또한 성공과 실패의 극단적인 실례를 보여주는 정황도 포착된다. 즉, 서울에서의 이 기도회는 내부적인 사정으로 좌초된다.

대종사님의 하명에 의하여 4-5인의 여자 회원들이 원기 13년(무진) 4월 그믐날 밤 10시부터 11시까지 기도식을 봉행하였던바 혹은 잠이 오는 회원도 있고 혹은 사념이 나는 회원도 있는 등 각자 기도인들의 마음이 온전치가 못하여 대종사님께 사실대로 말씀을 드리니 [그러면 기도를 중지하라]고 하시었다.[31]

---

31 청하문총간행회 편, 『구타원대봉도 일대기, 한마음 한길로』, 원불교출판사, 1984, 75-78쪽.

기록대로라면 단 한 차례의 시도 끝에 중지된 것처럼 보이는데 과연 그랬던지도 알 수 없다. 문장의 내용도 뭔가 석연치 않은 구석이 있다. 스승의 권유로 시작한 기도식이 태만한 자세로 일관하고, 이를 전해 들은 스승은 다른 노력의 흔적도 보이지 않고 즉시 중단을 시켰다 하니 납득하기 어려운 대목이다. 하물며 다른 것도 아닌 구인기도식의 재현이라는 성스러운 의식이지 않은가? 아무튼 영산에서의 분위기와 상황이 크게 달랐음을 보여주는 증거가 아닐 수 없다. 여러 단계의 조합을 거치고『성계명시독』의 수련 과정을 거치면서 다져진 경제 공동체의 운명적 조직하에 위엄있고 경건했던 지도자의 역량, 창생제도라는 큰 사명감 고취의 자연스러운 분위기 속에서 진행되었던 기도와는 차원이 달랐을 것이다. 남성과 여성의 차이를 점검하려 한 것은 아니었는지도 모른다. 아무리 종교적 성향의 여성이라도 이념적 승화까지는 거쳐야 할 단계가 더 있어야 함을 보여준 것은 아닌지 묻게 된다. 남성적 기도회와 달리 여성적 기도회는 다른 차원의 방법이 요구되었음을 알게 하는 대목이기 때문이다.

원기 13년(1928)은 창신동에 경성지부를 마련한 이후의 일이다. 경성지부는 1926년 여름 창신동 산 605번지에 출장소를 마련하고 송도성 교무가 부임한다. 이 지부는 1924년 11월 20일에 처음 만난 이공주와의 인연에서 비롯된다. 불과 1년 반 만에 교당이 그것도 경성 한가운데에 마련이 되었으니 그 속도와 절차가 매우 빨랐다 할 것이다. 그것은 숙겁의 인연으로 공인되곤 하는 이공주와 소태산의 만남에서 비롯되었다. 이로부터 6년 뒤 원기 17년 즉, 1932년에는 교당을 더 큰 장소인 돈암동(600평)으로 이동하게 된다. 이 터를 마련하기 위해 이공주는 자신이 살던 교동에 있던 집을 처분하여 1,000여

원을 조달하게 된다.[32]

1926년 창신동에 지부가 마련되고 송도성이 교무로 활동하고 있던 초기의 모습이 다음과 같이 기록되고 있다.

> 박사시화, 박공명선, 민자연화 이동진화, 이현공, 김삼매화, 이정원, 심오운, 이철옥, 성성현 등 10여 명의 독실한 제자들이 대종사님의 법설 듣기를 즐겨하였는데 이때부터 이공주 선생의 서울교당 창립에 헌신하는 생활이 시작되었다.[33]

제자들이 늘어나자 창신동 출장소가 좁아졌고 제자들은 넓은 터를 마련하기로 추진한다. 이공주의 서울교당 창립에 헌신하는 생활은 이를 두고 하는 말이다. 이 기록을 보면 창신동 시절 어떤 제자들이 해당이 되는지 알 수 있다. 이공주의 기록에 당시 기도회에 참석한 이는 이 중 5인이 해당된다 하겠다.[34]

기도 장소는 영산에서 했던 것과 같다. 산상기도의 형태는 아니었을 것이다. 창신동은 산등성이긴 하지만 길룡리와 같은 둘레산은 없을뿐더러 거의 여성들이고 기도 시간이 늦은 밤 시간이니 기도 장소는 문왕 팔괘와는 무관한 실내 혹은 지부 내의 일정 장소를 마련한(방위별 위치 지정도 가능할 수 있다) 집합 기도회가 되었을 것이다.

---

32 청하문총간행회 편, 『구타원대봉도 일대기, 한마음 한길로』, 원불교출판사, 1984, 67-75쪽.

33 청하문총간행회 편, 앞의 책, 59쪽.

34 이들은 초기 핵심 구성원으로 이공주의 모친, 언니, 조카, 가까운 지인 등으로 이루어져 있었다.

기도의 절차는 박용덕의 기록대로 진행되었을 가능성이 크다. 이공주도 실제로 거의 같은 절차를 기록하고 있다.

> 기도일은 무진(戊辰) 사월 그믐날로 기도 시간은 밤 10시부터 11시까지의 1시간 동안을 하되
> 심신을 재계하고
> 가장 조용한 곳을 택하여
> 기도상 위에 청수와 향수를 밝힌 후
> 지정된 주문을 일심으로 독송하되
> 중앙단원의 주문과 그의 팔방단원의 주문은 각각 다르느니라.

팔괘기를 세워놓았던 것 같지는 않다. 그리고 주어진 기도문을 주문이라 표현하는 것이 특이점이다. 주문과 기도문을 같이 볼 수 있을지는 의문이나 통일되지 않은 용어를 사용하고 있음을 볼 수 있다. 둘을 어떻게 구분할 수 있을지는 더 두고봐야 한다. 「원불교교사」에는 기도문과 주문을 나누어 설명하고 있어 둘이 같지 않음을 충분히 상정할 수 있으나 여기서는 기도문으로 통일한다.

차이점이 있다면 부작을 사르지 않았다는 점과 기도문의 내용이 상당히 다르다는 점이다.

또 여기서 눈여겨볼 부분은 '중앙단원의 주문과 그의 팔방단원의 주문은 각각 다르느니라'의 부분이다. 이 점은 박용덕도 적지 않았다. 기록에는 중앙의 이공주 것만 수록되어 있어 나머지 단원은 어떤 기도문을 읽었는지 알 수 없다.

그런데 박용덕의 기도문 기록과 이공주의 것이 다른 점은 어떻게

설명하여야 할까. 두 기도문의 내용이 상당한 차이를 보이고 있다. 이공주의 기록에 의하면 중앙과 각 단원의 기도문이 다르다 했는데 박용덕이 제시한 기록은 그렇다면 그 다른 것 중의 하나였을까. 그러나 그것이 중앙의 것인지 팔방 중 어느 방의 것인지는 모호하다. 적어도 중앙단원의 것은 아니다. 또 하나 박용덕의 축문은 아무런 상황적 근거를 제시하지 않고 있는데 공통의 식순 중 어느 부분에 들어가 있을 가능성도 있다. 불법연구회의 취지와 일치할 뿐만 아니라 창생제도의 목적을 오롯이 드러내고 있기 때문이다.

한편 이공주는 자타가 공인하는 정확한 기록의 소유자이다. 소태산의 설법을 가장 많이 기록으로 보존하여 법을 전한 법낭이라는 별명을 얻었을 정도이니 그의 기도문 기록에 대해서는 의심의 여지가 없다. 나아가 기도의 절차와 내용과 순서 등이 꼼꼼히 나열되어 있고 주문 부분도 일치한다. 이 부분은 박용덕과 「원불교교사」의 것보다 구체적이라 신뢰가 간다.

구인기도 주문과 〈옥추경〉

이공주의 기도문이 여타의 것보다 더 정확하다는 점은 다음의 확인과도 연관된다. 그의 기도문이 〈옥추경(玉樞經)〉의 그것과 같다는 점이다. 그 내용은 오늘의 〈옥추경〉 번역본과 정확히 일치하고 있다. 공주의 기도문 기록이 소위 앉은굿(좌경무)에서[35] 주로 활용되던 〈옥추경〉의 일부였다는 점은 놀라운 사실이다.[36]

또 이공주는 이렇게 적고 있다.

"여자 중에서도 초창기 구인기도 시와 같이 기도를 드려보면 어떻겠느냐?"

소태산이 손수 〈옥추경〉 기도문을 건네주고 실행했던 것인데 그것이 〈옥추경〉의 일부였다. 이것이 사실이라면 영산에서 구인제자들이 사용한 기도문도 〈옥추경(玉樞經)〉이 된다는 것인데, 놀라운 일이 아닐 수 없다. 교사에 보면 소태산이 각 후 도교의 경전을 열람했다[37] 했는데 열람에 그친 것이 아님을 알 수 있는 부분이기도 하다. 「창건사」와 『대종경』에 나오는 박용덕 인용의 기도문은 이것과 어떻게 다른지 궁금하지 않을 수 없다.

교사에 다음의 기록이 나온다.

"단기인 팔괘기를 기도 장소 주위에 세우게 하며, 기도식을 시작할 때는 먼저 향촉과 청수를 진설하고 헌배와 심고를 올리며, 축문을 낭독한 다음 지정한 주문을 독송케 하였다."[38]

밑줄 그은 부분은 축문과 주문을 병행시켜 진행한 것으로 기록하

35 한국의 무속을 형태상으로 선굿과 앉은굿으로 구분한다. 이 중 앉은굿은 좌경무로도 불린다(김태곤, 『한국무속연구』, 집문당, 1981 / 서대석, 『한국 신화의 연구』, 집문당, 2001).

36 심사위원의 다음 질문이 있었다. "이공주의 기도문과 박용덕의 기도문 가운데, 〈옥추경〉과 이공주의 기도문이 거의 일치하고 있다는 서술이 이공주 기도문의 정확성을 보장할 수 있는지요? 이런 주장이 설득력 있기 위해서는 〈옥추경〉과 초기교단 성립의 상관성에 대한 기술이 선행되어야 할 것입니다."
즉, 이공주의 것이 〈옥추경〉 기도문이었다는 정보에 대한 정확도의 질문이다. 이를 확실히 하기 위해 김영신의 〈옥추경〉 기도문 자료를 추가로 제시하는 바이다. 『구도역정기(원불교신서2)』(김영신 편), 이외에도 연구 과정에서 초기교단 〈옥추경〉 기도는 다른 곳에서도 더 찾을 수 있었음을 부기하며 이에 대한 진전된 논의는 후고를 기대한다.

37 원불교정화사, 「원불교교사」, 『원불교전서』, 1977.

38 「원불교교사」, 제4장 회상건설의 정초, 4. 구인단원의 기도.

고 있다. 그렇다면 구인기도는 축문과 주문을 동시에 사용한 것이 된다. 앞서 이공주가 옥추경의 기도문을 주문으로 기록했던 바는 일단 우연이 아닌 것이다. 그러나 전통적인 의식의 절차상 축문과 기도문을 서로 병행할 수 있는 것인지는 알 수 없다. 또 설사 병행을 한다 해도 그 둘은 내용적 문화적 배경과 정신이 판이하게 다른 것으로 어떤 조합이 가능할지 고민하지 않을 수 없는 부분이다.

이공주의 기록은 〈옥추경〉 〈지경(地經)〉의 일부분이다. 〈옥추경〉은 원래 한문본이나 이공주의 기도문은 한글로 되어 있으므로 한글로 번역되어 있는 것을 살펴 비교할 수 있다.[39] 국내에 〈옥추경〉 번역본은 2-3종에 이른다.[40] 이들 번역은 대체로 큰 차이가 없는 것으로 알고 있다. 다만 〈옥추경〉 한문 원본에 이본이 많아 어느 것을 대본으로 했는가에 따라 편재가 다른 양상으로 전개된다. 여기서는 가장 최근에 번역된 허시성의 것을 택해 비교해본다.

허시성의 번역본과 비교해볼 때 상기 이공주의 기도문은 '제15장 보경 공덕장(寶經 功德章)'의 일부와 그 뒤에 바로 이어지는 '보게장(寶偈章)'을 더한 내용이다. 중국에서 전래된 〈옥추경〉 원본은 크게 〈천경〉과 〈지경〉으로 구분된다. 각각의 경에 따로 장절을 구분한 이본이 있기도 하고 아닌 것도 있다. 허시성은 장 · 절 구분본을 택해 번역한 것으로 '15장 보경 공덕장'은 〈지경〉에 해당되고 전체 경의 말미 부분에 해당된다.

---

39 참고한 국문번역본은 다음의 것들이다. 이기목, 『연해옥추보경』, 온고당, 1991. 허시성, 『도교 경전의 정수 옥추보경』, 경서원, 2009. 황내진, 『그윽한 소리』, 대흥기획, 1991. (최근 추가된 본들은 다음과 같다. 허시성, 『도교 경전의 정수 옥추보경』, 명문당, 2017. 이기목, 손혜림, 『연해옥추보경』, 태학당, 2022.)

40 허시성, 『도교 경전의 정수 옥추보경』, 경서원, 2009. 황내진, 『그윽한 소리』, 대흥기획, 1991.

그런데 이공주의 기록에 보면 말미에 '2장부터 4장까지는 생략한다'라고 되어 있어 기도문이 뒤로 계속 이어지고 있었음을 알 수 있다. 이 부분도 〈옥추경〉의 연속이라면 2-4장까지 내용은 허시성의 번역문 '보게장' 이후의 내용이 될 가능성이 크다. 그러나 어디까지인지는 알 수 없다. 원본 〈옥추경〉이 이후 많은 양을 전하고 있기 때문이다.

'보게장'에 이어지는 내용은 '보응장(報應章)' 상(上), '보응장' 하(下)와 '신장퇴문(神將退文)' 그리고 〈인경(人經)〉에 해당된다. '보응장' 상 · 하와 '신장퇴문'은 원래 한문 원본의 〈지경〉에 해당되는 부분이나 〈인경〉은 없는 것으로 알고 있다.[41] 구중회에 따르면 이 〈인경〉 부분은 한국에서 만든 〈계룡산본 옥추경〉에만 나타나는 것으로, 중국의 원본에 이 부분을 덧붙여 〈천 · 지 · 인경〉 완성된 체계의 새로운 경을 만든 쾌거라 평가하고 있는데, 생략된 기도문에는 어디까지 포함이 되었는지 알 길이 없다. 이 분야의 연구는 다소 복잡한 전개가 예상되며 아직 온전한 자료 수집과 연구가 이루어지지 않았다. 추후 검토가 필요한 부분이다. 아울러 〈옥추경〉의 내용이 무엇이며 그곳에 담긴 사상은 무엇인지, 또 소태산은 왜 이 경을 택했는지, 법인성사와는 어떤 관련이 있는지, 나아가 이 경이 미친 영향은 무엇인지 등도 궁금한 사안으로 추후 연구가 필요한 부분이다.

앞서 언급했던 '보경공덕장'과 '보게장'은 〈옥추경〉의 뒷부분에 나오는 내용으로 앞서 설한 내용에 대한 위력과 주의점 및 주요점 등을 재삼 당부하고 강조하는 결말 부분이라 할 수 있다. 팔방단원이 앞부분을 읽었을 경우, 이를 다시 한번 반복하여 개괄하고, 다짐하는 절차인데

41 구중회, 『옥추경 연구』, 동문선, 2006.

중앙의 역할과 상응하는 내용으로 구성되어 있음을 알 수 있다. 2-4장까지 내용을 포함할 경우 더욱 그런 의도와 일치됨을 알 수 있다.

이공주의 기도문과 허시성의 것을 비교하면 뜻의 전달에서는 대동소이하고 구절에 따라 차이가 있으나, 대체로 허시성의 것이 좀 더 이해하기 용이하게 번역되어 있다고 판단된다.

예를 들어 다음과 같은 문장을 들어볼 수 있다.

이공주 기도문 〈옥추경〉 한글본

1 뇌부가 按察(안찰)하기로 다 달라서 때로서 상고하여 살피나니라.

2 죽음을 당하여도 지옥에 들지 아니하나니 어찌 써 지옥에 가지 아니하니뇨

3 죽으면 곧 생할 것이요 생하면 다시 선도에 돌아오고 선도에 돌아오면 지존을 받아 영통을 얻고 영통을 얻으면 출입기거할 때에 항상 이 경을 가질것이니…

4 일심으로 천존의 이름을 일컬으면 구천응원뇌성보화천존이 다 해탈을 얻게 하리라.

5 은하수 물결에 일천 눈과 일천 달수레비퀴와 같으시니라. 미래세상을 맹세하여 길이 천존의 교화를 布揚(포양)하리라.

허시성 〈옥추경〉 번역본

(1) 뇌부에서 그 집에 때때로 임하여 어루만지며 살피게 하라

(2) 죽음을 당하여도 지옥에 떨어지지 아니하나니 어찌하여 그런가

(3) 죽으면 생할 것이요, 생하면 다시 선도에 돌아와 천존의 힘을 이어 받아 영통하게 되느니라. 출입기거할 때에 이 경을 지니고 있으면…

(4) 일심으로 구천응원뇌성보화천존이라 외우면 모두 해탈을 얻게 하리라.

(5) 저 은하수의 물결같이 천안을 가지시고 천월륜을 굴리실새 미래세에 천존의 교화를 같이 드날릴 것을 맹세하노라.

2-(2), 3-(3), 4-(4)는 모두 앞의 것이 중복의 번다한 문장으로 다듬어지지 못한 투박함이 보이고, 3-(3)과 5-(5)의 경우 앞의 것 문장 해독이 아예 잘못된 면을 보여주는 사례이다. 1-(1)의 경우는 모두 어색하다. 황내진의 것을 보면 이렇다.

"뇌부로 하여금 안립시켜서 때때로 살피게 할 것이며"[42]

(1)의 명령형이나 1의 주체 서술형보다는 황내진처럼 수동형으로 해석하는 편이 내용을 더 잘 전달하는 것으로 보인다. 같은 1-(1)의 문장에서 '토지(土地)와 사명(司命)'도 나누거나(이공주본 1), 붙여 처리하는 편(허시성본 (1))보다, 황내진의 번역처럼 토지(土地) 사령(司命)으로 풀어 의역하는 편이 더 나을 듯하다. 5-(5)의 경우 황내진은 이렇게 번역하고 있다.

"저 은하수와 같이 천 개의 눈을 천 개의 둥근달처럼 하시고 미래세에도 영원토록 천존의 가르침을 전하오리다."

42 황내진, 『그윽한 소리』, 대전기획, 1991, 97쪽.

여기 해당 원문은 이렇다.

如彼銀河水 天眼天月輪 誓於未來世 永揚天尊敎(여피은하수 천안천월륜 서어미래세 영양천존교)[43]

원문과 비교해보면 각각 일장일단이 있어 무엇이 옳은 번역인지 가늠하기 어렵다. 그러나 가장 번역이 어색한 것은 1 로 이공주의 기도문이 되겠다. 특히 '은하수 물결에 일천 눈과 일천 달수레비퀴와 같으시니라'의 부분은 뜻이 전혀 전달되지 않을뿐더러 번역에도 착오가 있었던 것 같다. 누가 번역했는지는 알 수 없으나, 실상사 시기 많은 번역이 이청풍 등에 의해 이루어졌다고 했다. 그 시기의 번역이 아니라 익산 신룡동에서의 일이라면 송도성의 번역이었을 가능성도 없지 않다. 그렇다면 영산에서의 구인기도 시 대본이 되었던 〈옥추경〉 원본은 어느 것이었을까도 궁금해진다.

〈옥추경〉 전체가 상당히 신비로운 내용을 포함하고 있는데 중앙부에 해당하는 이공주의 기도문 역시 그런 분위기를 느끼기에 충분하다. 이 경을 지극정성으로 외우면[44] 자신을 보호해주며 집에 이 경을 놔두기만 해도 길복(吉福)이 들어오고 생사를 초탈할 수 있으며, 죽으나 사나 천존의 위력으로 영통(靈通)을 하고, 귀신의 근접을 차단하고, 해탈(解脫)을 얻는다고 했다. '보게장'의 부분은 천존의 신비로운 위력을 과시하며 중생을 이롭게 하며 천존의 교화를 길이 잇게 하리라고 강조한 내용이다.

---

43 황내진, 같은 책, 230쪽.

44 여기서 외운다는 표현은 단순한 것이 아니고 일종의 독경신앙의 전통에 따른 곡경법을 의미하는 것으로 일련의 형식과 절차가 있고 구전으로 전승되던 일종의 수행체계를 의미한다. 이에 대한 구체적인 연구도 추후의 연구과제가 될 것이다.

중앙을 제외한 팔방이 행한 독경의 내용에 힘을 실어주고 확신을 주며 해결의 희망을 강력하게 전하는 내용이다. 한편으로 보면 위협적인 부분도 없지 않아 전통적인 독경신앙적 면모를 여실히 드러내고 있다. 이 경이 중국의 도교 경전이기 때문에 그 장엄과 위엄에서 격에 맞는 문장을 뒤에 넣어 다시 강조한 것이다. 이 부분 역시 전체 옥추경의 내용과 연결하여 추후 검토가 요구되는 부분이다.

이공주의 기도문이 왜 기존의 통상적인 〈옥추경〉 구분을 계승하지 않고 장·절을 따로 나누어 사용하였는지는 알 수 없다. 아마도 구인기도 시의 전례를 밟아 그렇게 한 것이라 생각되는데 이는 기도의 특징이나 목적과 관련된 것이 아닌가 추정하게 한다.

경성에서 단장은 어떤 역할을 하였는지도 궁금하다. 별처 기도의 가능성도 없지 않다. 회원이 모두 여성인데다, 밤 기도에 해당되었으니 그럴 가능성이 크다. 이공주의 기록은 제자들의 기도 상태를 소태산이 모르는 것으로 적고 있어 더욱 그렇다.

"혹은 잠이 오는 회원도 잇고 혹은 사념이 나는 회원도 있는 등 각자 기도인들의 마음이 온전치가 못하여 대종사님께 사실대로 말씀을 드리니 [그러면 기도를 중지하라]고 하시었다."[45]

한편 이 부분은 내용적으로 앞뒤가 상응하지 않는 모순이 내재되어 있다. 내용을 다시 간략화하면 이렇다.

'지도자가 기도를 권고한다. 제자들은 그 뜻을 받들어 기도를 수행한다. 제자들이 태만하거나 이상증이 보인다. 지도자는 즉시 그만두라 한다.'

---

45 청하문총간행회 편, 앞의 책, 75-78쪽.

즉, 지도자로서의 소태산이 기도를 먼저 요구했는데 태만해지자 중지시킨 상황이다. 기도성사의 기틀을 예상치 못한 점과 태만한 점 등이 먼저 지적된다. 또한 지도자는 태만을 더욱 강화하여 정진을 요구했을 법한데, 즉시 중지시켰다. 뭔가 석연치 않은 면이 있는 이유는 이보다 더욱 어려웠던 구인기도를 성공적으로 이끌었던 지도자와는 전혀 다른 일면을 보였기 때문이다.

맺음말

구인기도에 대한 연구가 중요한 것은 원불교의 4대 명절 중 하나라는 것 이외에 유일한 원불교적 행사라는 점과 스승과 제자가 같이 일궈낸 성사라는 점이 더욱 그렇다. 또한 그 절차와 방법 및 목적이 공동적 대응이었고 근대 신종교사에서 찾기 어려운 특이한 사건이었기 때문이기도 하다. 단조직에 대한 검토는 구인기도를 연구하는 데 언급하지 않을 수 없는 부분이었다. 이 조직은 처음부터 신앙적이었던 것은 아니었다. 저축조합을 결성하면서 필요했던 조직 구성 단계와 무관하지 않았던 것으로 접근했다. 즉, 단조직은 경제적 교화적 합목적적 조직이었다. 저축조합과 무관치 않았던 단조직은 방언조합을 성사시킨 뒤 구인기도로 이어진다. 이는 경제공동체에서 신앙 중심 공동체로 전환의 의미가 있다. 그러나 그 바탕에는 경제적 기반이 토대로 작용하고 있음을 간과할 수 없다.

박용덕과 불법연구회 기도문은 창생제도가 주 내용이나, 창건사가 마련되던 1934년 당시 일제 압박(유사종교 정책)의 상황과 무관치 않음을 지적하였다. 이를 보완하는 단서로 사은 사상에 대한 이른 시기의 언급을 든다. 즉, 천지 · 부모 · 동포 · 법률의 사은 용어 사용이 그 출현 시점에서 볼 때 기도문 내용의 순수성 여부를 의심할 수 있게 한다. 또 기도문이 〈옥추경〉 주문이었다는 점을 들었다. 「창건사」 축문은 한국의 전통적인 축문작성법과 일치하고 있다. 이를 볼 때 구인기도 시 사용되었을 가능성이 열려 있음은 인정된다고 보았다.

이런 의혹이 한층 짙어지는 것이 이공주의 기도문 즉, 주문이었다. 이공주의 주문은 앞서 살폈듯이 〈옥추경〉의 일부에 해당하는 것이다. 이에 근거할 때 구인기도 기도문은 〈옥추경〉이었을 가능성이 커졌다.

이공주가 사용했던 〈옥추경〉을 내용적으로 분석하면, 앞서 살폈던 박용덕의 기도문이 전통적이었던 것과는 다른 차원임을 알 수 있다. 대체로 〈옥추경〉은 앉은굿에서 사용하는 독경문으로 민간에서는 귀신을 쫓는 데 영험한 것으로 널리 알려져 있다. 큰 인기를 누리고 있던 책이어서 많은 의혹이 드는 대목이다.

박용덕과 이공주 기도문은 전혀 다른 종류의 것이다. 이 둘이 구인기도 시 어떤 역할을 하였는지 혹은 어느 것은 제외되어야 하는지 등등 앞선 문제와 함께 구체적인 점은 추후의 연구를 기다려야 한다.

기도의 절차도 기도문 연구와 무관치 않다. 회중시계 준비, 향, 촛불, 팔괘기, 기도문과 주문 등 구체적인 부분이 아직 밝혀지지 않고 있는데 〈옥추경〉 기도문의 등장은 이를 해결할 수 있는 여지를 남기고 있다고 평가할 수 있다.

2

전통적 독경방식에 따른 불법연구회의 '『옥추경』 기도' 연구

이경순 필사본 『보경』을 중심으로

영산에서 이루어진 불법연구회의 구인단기도는 백지혈인이라는 이적을 나투며 교조와 제자들이 공동으로 이룩해낸 원불교 교단의 중요 사건이다. 이 시기 이루어진 구인단기도는 이후에도 지속되었음이 밝혀졌으나 그 형식은 달랐다. 그래서 단기도는 시기적으로 크게 두 종류로 나누어 살펴야 한다. 길룡리에서의 초기 "구인단기도"와 그 이후의 "집단적 단기도"가 그것이다. 이 둘은 〈옥추경〉을 독경 기도문으로 사용하는 점에서는 같지만, 그 절차와 방법 및 목적이 많이 다르기 때문이다. 구체적인 것은 점차 밝혀질 것이나 기도의 결과 나타난 법계인증 여부가 둘을 나누는 주요 요소가 된다.

앞선 글에서 이공주의 〈옥추경〉 기도에 관한 부분을 다루었다. 이후 김영신, 이경신, 김대거 등의 기도문도 살필 것이다. 이것은 그 후기 즉, "집단적 단기도"에 해당되는 것이라 할 수 있다. 길룡리에서의 기도법은 변형 혹은 발전되어 이후 제자들의 수행과정에서 두루 사용되었다. 길룡리에서 나툰 법계인증이란 전범을 기준 삼아 수행과 신앙의 결속력을 계승케 한 점이 요점이라 하겠다. 그 변화 과정은 불법연구회의 〈옥추경〉 자료들이 모두 정리된 이후 자연스레 밝혀질 것이다.

길룡리 이후의 단기도는 적어도 익산 신룡동, 경성 창신동 등지에서 1925-1935년까지 즉, 불법연구회 창립기부터 초기교서가 나오기까지 약 10여 년간 지속되었다고 할 수 있다. 영산을 떠나서 이루어진 단기도는 9인이 한 개 단을 조직하여 방위별 지정되어 실행된 것과 달랐다. 몰려든 많은 수의 제자양성과 방위별 공간적 제한 등이 작용했기 때문이었을 것이다. 다만 단기도 시 사용되었던 〈옥추경〉 기도문이 동일했던 점과 단원별 지정된 기도문이 서로 동일 계통이었다.

사실 기도문이라는 용어는 정확한 표현이 아니다. '독경 주문' 혹은 '독경수행'이었다고 표현하는 것이 정확하다. 교사에서도 일정 주문을 외웠다고 했고, 이후 제자들도 같은 용어를 사용하였다.[1] 이런 주문과 독경의 전통이 오늘날 일원상서원문, 참회문, 성주, 영주 등의 독경으로 남아 전한다 할 수 있다. 그런데 이 전통은 멀리 조선 말기 민간에 널리 유행되던 독경신앙의 형식을 계승한 것이다. 전통적인 〈옥추경〉 독경기도 혹은 주문수행이 어떤 형식으로 이루어졌는가

1 용어 '기도', '주문', '수행', '독경', '독송' 등의 개념은 서로 넘나듦이 있다. 어느 쪽에 무게를 두었는가에 따라 용어의 선별이 달라지기도 하고 혼합적으로 사용되기도 한다. 또한 시기적 방법적 요소도 작용한다. 여기서 사용한 〈옥추경〉 기도는 주문과 수행을 동시에 함유한 개념으로 봐야 한다. 그러므로 전통적 방식인 독경의 새로운 형식은 원불교에서 활용하는 다수의 독경문 독경으로 이어졌다 할 수 있다. 원불교적 독경은 기도이면서 주문이면서 동시에 수행이기도 하기 때문이다.

는 그 전통이 사라진 오늘 온전히 밝혀내기가 용이하지 않다. 그리고 한편으론 전래의 〈옥추경〉 독경기도와 불법연구회의 〈옥추경〉 기도가 그 형식과 내용에서 어느 정도의 차이가 있다. 특히 불법연구회의 기도가 문왕 팔괘를 기반으로 한 십인일단의 집단기도 형식을 취한 점은 기존의 방식이 아니다. 미루어 추정컨대 소태산은 전래의 방식을 계승하되 새로운 혁신을 가한 형식을 취하지 않았나 한다. 이런 문제는 매우 복잡하고 예민한 문제이기에 진지한 검토가 종횡으로 이루어진 후 답할 수 있는 부분이다.

이경순의 〈옥추경〉 기도 자료는 이런 점들을 밝히는 데 중요하게 기여할 것이라 생각된다. 이공주와 김영신 등의 기도문 자료가 불완전한 것이라면 이경순의 것은 온전한 자료라는 특징도 그렇지만, 기도의 형식과 방법이 어떻게 이루어졌는지 근거를 제시하는 점이 주요 논점이 되기 때문이다.

이경순 〈옥추경〉 기도문 자료와 그 특징

1) 기도문 자료 요약

이경순은 그의 단기도 기도문을 필사본(『보경』)으로 소장하고 있었다. 그에 대한 자료는 이후 소개하기로 하고 여기서는 필요한 일부만을 옮겨오기로 한다.

이경순 자료가 가지는 가장 큰 특징은 자료에 보이는 특이 표시다. 기도문 자료 중 괄호로 묶어 어떤 보충 내용을 적어놓았다. 즉,

자료에 보이는 표시 (육갑보)[2], (십오송), (찬사라) 세 종에 대한 것이다. 그 의미는 각각 이렇다. 즉, 육갑전문을 중앙교주 이경순을 고한 뒤 송한다는 의미(육갑보), 십오송은 본문을 15번 반복한다는 의미(십오송), 찬사라는 마무리 강조의 의미(찬사라)를 지니는 것으로 이해된다. 이런 표시가 이루어진 부분을 중심으로 그의 필사본[3]과 경문 내용을 옮겨 이해를 돕고자 한다.

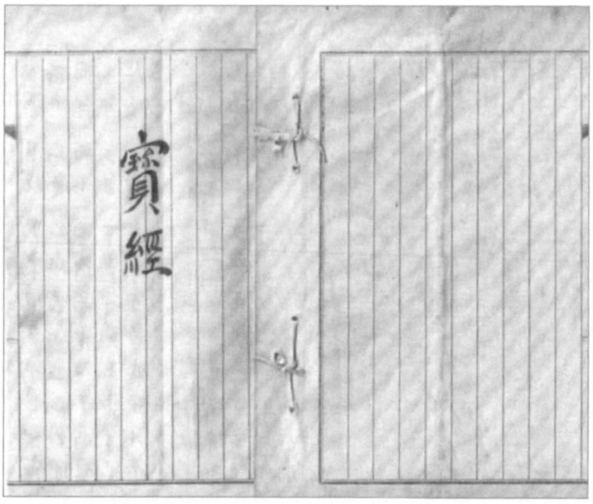

[그림 Ⅱ-2-1]
필사본『보경』

2 한자가 불분명하여 육갑송으로도 읽을 수 있겠으나 둘 다 그 의미에는 차이가 없다.

3 이경순,『보경』, 12장 필사본. 이 자료의 원본은 현재 어디에 있는지 미정이나, 이 영인 자료를 받은 출처는 모 원로교무다(본인의 이름을 밝히기 꺼려 밝힐 수 없었다).

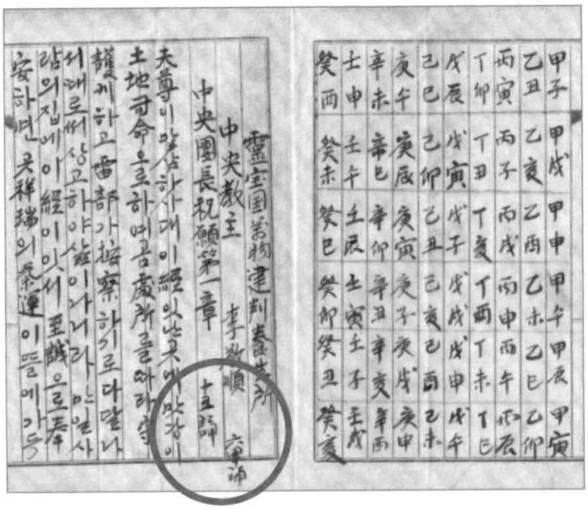

[그림 Ⅱ-2-2]
육갑전문과 기도문 첫 장,
‘육갑송’과 ‘십오송’의 표시가 있다.

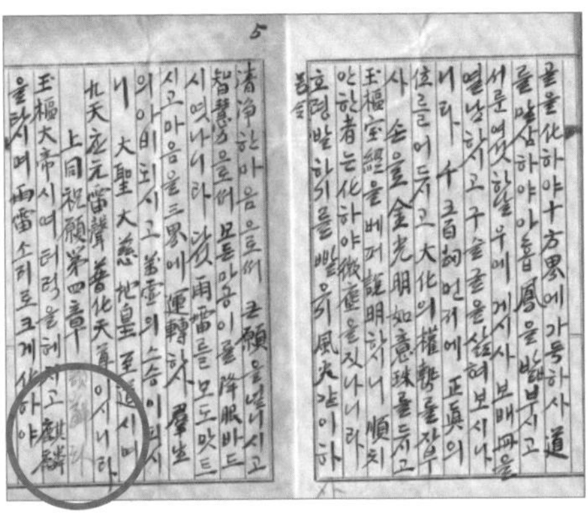

[그림 Ⅱ-2-3]
‘상동축원제 4장’ 밑에 붉은 글씨로
‘찬사라’ 표기했다.

이경순의 필사 기도문 해당 자료 전문([그림 Ⅱ-2-1, Ⅱ-2-2, Ⅱ-2-3] 해당)

(1쪽) 寶經

(2쪽) 甲子 乙丑 丙寅 丁卯 戊辰 己巳 庚午 辛未 壬申 癸酉
甲戌 乙亥 丙子 丁丑 戊寅 己卯 庚辰 辛巳 壬午 癸未
甲申 乙酉 丙戌 丁亥 戊子 己丑 庚寅 辛卯 壬辰 癸巳
甲午 乙未 丙申 丁酉 戊戌 己亥 庚子 辛丑 壬寅 癸卯

甲辰 乙巳 丙午 丁未 戊申 己酉 庚戌 辛亥 壬子 癸丑

甲寅 乙卯 丙辰 丁巳 戊午 己未 庚申 辛酉 壬戌 癸亥

(3쪽) 靈寶國萬物建判養生所

中央教主 李敬順 (六甲補)

中央團長祝願 第一章 (十五誦)

天尊이 말삼하사대 이 經잇난곳에 맛당이 土地司命으로 하여곰 處所를 따라 守護케 하고 雷部가 按察하기로 다달나서 때로써 상고하야 삶이나니라 만일 사람의 집에 이 經이 잇서 至誠으로 奉安하면 곳 祥瑞의 氣運이 뜰에 가득

(10쪽) 골을 化하야 十方界에 가득하사 道를 말삼하야 아홉 鳳을 밟부시고 서룬여섯 하날 우에 게시사 보배 册을 열남하시고 구슬글을 삷혀보시나니라 千五百劫 먼저에 正眞의 位를 어드시고 大化의 權勢를 자부사 손으로 金光明 如意珠를 드시고 玉樞寶經을 베퍼 明하시니 順치 안한 者는 化하야 微塵을 짓나니라 호령발하기를 빨으기 風火갈이하사

(11쪽) 清淨한 마음으로써 큰 願을 널리시고 智惠力으로써 모든마공이를 降服 바드시엿나니라 다섯 雨雷를 모도 맛트시고 마음을 三界에 運轉하사 群生의 아비되시고 萬靈의 스승이 되시니 大星 大慈 地皇 至道시며 九天應元雷聲普化天尊이시니라

上同祝願 第四章 (讚辭라)

玉樞大帝시여 터럭을 헤치고 麒麟을 타시며 雨雷소리로 크게 化하야

(12쪽) 凡心을 깨우시고 사람의 善하고 惡한 情을 삷히시도다 비오고 개이난 것을 골나 맛게하사 衆生을 利益케 하시니 大聖雷聲普化天尊이시니라

終

[그림 Ⅱ-2-3]은 이경순의 필사본『보경』의 일부이다. [그림 Ⅱ-2-1]은 필사본의 표지, [그림 Ⅱ-2-2]는 첫 장, [그림 Ⅱ-2-3]은 마지막 부분이다. 첫 장에 '갑자전문'과 '십오송'이 있고 마지막 부분에 '찬사'의 표시가 있다. 이 필사본은 세로 10줄 노트 12쪽에 세로쓰기로 작성되었다. 필체는 먹으로 쓴 얇은 붓글씨체이며 매우 달필이다. 각 줄당 15자 정도의 글씨를 새겼다. 표지와 공백을 빼면 총 1,600자 정도의 양이다.

필사책의 제목은 '보경'으로 되어 있으나 '옥추보경'의 약자로 보인다. 기도문은 〈옥추경〉의 〈지경〉 중 뒷부분과 〈인경〉의 일부를 엮은 것으로 이공주의 것과 동일하다. 기도문은 총 4개 장으로 구성되었는데 '갑자전문'을 더하면 5개 장으로 볼 수도 있다. 4개 장은 각각 '중앙단장축원 제1장, 상동축원 제2장, 상동축원 제3장, 상동축원 제4장'으로 표기하였다. 상동축원은 중앙단장을 의미하므로 모두 중앙단장축원 1, 2, 3, 4장이라 할 수 있다. 필사하는 과정에서 나온 일부 오탈자는 붉은색 글씨로 추가 첨삭한 흔적이 있으나 극히 일부에 해당된다. 소장자가 사용 시 기도문을 매우 조심스럽고 소중하게 다룬 흔적이 역력하다.

이경순의 자료에 보이는 특이 표시, 즉, 기도문 자료 중 괄호로 묶은 부분은 〈옥추경〉 기도를 이해하는 데 매우 중요한 의미를 지닌다. 본문에 보이는 표시, [그림 Ⅱ-2-2]와 [그림 Ⅱ-2-3]에 보이는 (육갑보), (십오송), (찬사라) 세 종에 대한 별도의 분석이 필요한 시점이다. 이 셋은 각각 다음의 의미를 담고 있다 할 수 있다. 즉, '육갑전문'은 중앙교주 이경순을 고한 뒤 송한다는 의미, '십오송'은 본문을 15번 반복한다는 의미, '찬사라'는 마무리 강조의 의미가 있는 것이다. 그의 기도문 특징을 먼저 살핀 뒤 정치한 분석을 가해보자.

2) 기도문의 특징

이경순의 기도문 자료는 다른 것들과 큰 차이를 가진다. 이공주의 것은 중앙단원으로서의 기도문을 확정하는 의의가 있지만 그 일부만을 전하고 있어 미완의 기도문이 되었고, 김영신은 이공주처럼 문서로 전한 것이 아니라 암기 기억으로 재구성한 파편화된 기도문이란 단점이 있다. 그러나 기도 당시의 분위기와 단원별 기도문의 다양성을 알 수 있게 하는 또 다른 장점은 매우 크다. 김대거는 이들과는 또 다른 기도문을 제시한 점에서 큰 의의를 지니나 역시 일부만을 전한 단점이 있었다. 이경순의 자료는 이들을 모두 극복한 완전한 자료이면서 어떤 순으로 독경해야 하는지를 알 수 있게 하는 단서가 있어 주요하다.

이경순의 〈옥추경〉 기도문은 필사본이다. 필사한 시기는 소태산으로부터 기도문을 받았을 당시가 되겠으나, 한 가지 변수는 그의 부친으로부터 받았을 가능성 여부이다. 이춘풍은 이경순의 부친으로 소태산 변산 제법기 〈옥추경〉을 한글로 번역했던 장본인이다. 그 번역본은 불법연구회에서 활용하였다. 그 번역 필사본은 현재 원광대학교 중앙도서관에 비치되어 있다. 어린 딸과 함께 〈옥추경〉을 공유했을 가능성은 열려 있다 할 것이나 확정하기는 어려워 보인다. 이경순이 가지고 있는 중앙교주 기도문은 〈옥추경〉 기도를 했다는 것과, 그 시기는 익산에서의 단기도 수행기에 해당된다는 증거가 된다. 그가 익산에 온 때는 1928년경이니 그의 기도는 그 이후가 될 것이다.

필사본의 제목은 '보경'으로 했다. 원래 제목이 '옥추보경'인데 옥추를 빼고 '보경'만을 적었다. 경명을 몰랐던 것인지 아니면 경명을 직접 사용하기 꺼렸는지는 알 수 없다. 다만 당시 〈옥추경〉명을 당당히 사용하는 것을 꺼렸던 분위기는 감지되고 있다. 물론 〈옥추경〉이란 경명을 모르고 '보경'이라 적었을 가능성도 없지 않으나 가능성은 희박하다. 이전에 이에 대한 사전 지식이 일반화되어 있었고, 불법연구회에는 자료 〈옥추경〉이 여러 권 확보되어 있었기 때문이다. 또한 불법연구회 자료에 '보경'이란 제목으로 전하는 것은 없다.[4]

기도문 〈보경〉의 선택은 다른 의미로도 유추할 수 있다. 기존의 〈옥추경〉 기도와 달리 집단적 기도와 주문수행기도의 특징을 살린 혁신을 강조하려는 의도를 반영한 점이다. 이런 의미를 부각해 기존의 것이 아닌 새로운 경으로서의 이름 '보경'을 택한 것으로도 이해할 수 있겠다. 이런 추정은 기도 목표가 법계인증이 아닌 간략화된 주문수행의 한 과정이었을 가능성을 암시한다.

원래 〈옥추경〉 독경은 신비체험과 밀접한 관련을 지닌다. 무속에서는 이런 효험을 앞세워 귀신을 녹이는 삭사경으로 널리 알려졌다. 길룡리에서의 기도는 신비체험과 약간의 관련성이 없지 않다. 백지혈인으로 음부의 인증이란 신이한 행적이 나투어졌기 때문이다. 그러나 불법연구회의 단기도는 이와는 거리가 있어 보인다. 길룡리 단기도 이후의 기도는 확실히 신비체험과 거리가 있고, 주로 정신수양을 하는 데 집중하였던 것 같다. 이런 전통은 오늘날 원불교의 독경과 염불이라는 형식으로 이어지고 있지 않나 한다.

4 이것은 〈옥추경〉이 무속인들에게 널리 알려진 삭사경이란 인식이 일반화되었음을 상기케 한다. 교주가 권장해서 사용하기는 하지만 대신 경명을 바꾸어 자기화하려는 의지가 반영되었다고 할 수 있는데, 이는 무속의 경전이 아니라 수행의 경이란 주체적 인식의 표현으로 볼 수 있기 때문이다. 어떤 다른 이유로 인해 경명 사용을 꺼렸다고 보기는 어렵다. 〈옥추경〉이란 경명을 온전히 사용하는 제자도 있기 때문이다.

'갑자전문'의 의미와 '심고와 기도'의 감응

이경순의 기도문은 단기도가 어떤 순서로 진행되었는지 가늠할 증거를 제시하고 있다. 먼저 기도문은 독송 순서를 보여주고 있다. 육십갑자의 독송 위치와 기도의 주체, 목적 및 기도 내용 그리고 기도문의 반복 횟수 등에 대한 것이 그것이다. 관련 주요 부분을 편의상 한글로 풀어 옮겨오면 이렇다.

갑자전문
영보국만물건판양생소
중앙교주 이경순 (육갑(六甲)보)
중앙단장 기원문 제일 장 (십오(十五)송)
…
–이하 생략 –[5]

괄호로 묶은 부분은 별도의 표시고 기도문의 내용은 아니다. 그리고 갑자전문은 육십갑자를 모두 적었다는 뜻이다. 즉, 이 부분은 甲子 乙丑 丙寅 丁卯 … 庚申 辛酉 壬戌 癸亥 등 60개의 천간 · 지간의 순서를 그대로 적어놓은 것을 의미한다. 위의 기록은 앞선 제시와 같으나, 실제 기도 시에 갑자전문은 중앙교주 이경순이라 고한 뒤에 했다. (육

5 청하문총간행회 편, 『구타원대봉도 일대기, 한마음 한길로』, 원불교출판사, 1984.

갑송)이라는 별도 표시가 이를 알려준다. 이경순의 필사본 기록에서 갑자전문을 맨 앞에 위치시킨 것은 기도순을 일목요연하게 보여주기 위한 것이었다. 실제로는 다음의 순으로 기도문이 독송되었던 것이다.

영보국만물건판양생소
중앙교주 이경순
甲子 乙丑 丙寅 丁卯 … 庚申 辛酉 壬戌 癸亥
중앙단장 기원문 제일 장
天尊이 말삼하사대 이 經잇난곳에 맛당이…
–이하 생략–

이것을 다음 이공주의 기록과 비교해보자. 둘의 순서가 거의 일치하고 있음을 확인할 수 있다.

靈寶局 萬物建判養成所 中央敎主 李共珠
甲子乙丑丙寅丁卯戊辰己巳 … 癸亥(甲子全文) 定天奉命
祈願文[6]
第一章
天尊(천존)이 말씀하시되…

6 각 줄 국문음;
- 영보국 만물건판양성소 중앙교주 이공주
- 갑자을축병인정묘무진기사 … 계해(갑자전문) 정천봉명
- 기원문

밑줄을 그은 甲子乙丑丙寅丁卯戊辰己巳 … 癸亥(甲子全文)은 이경순처럼 기도의 주체 기도자에 대한 호명(靈寶局 萬物建判養成所 中央敎主 李共珠) 뒤에 배치하였다. 이공주는 갑자문을 일일이 수록하지 않고 (甲子全文)이란 표시로 생략하였다. 한편 이 갑자에 대한 기록은 김영신과 김대거의 자료에는 없다. 그러나 이들도 기도 시에 이 갑자문을 송하고 본문을 송하였을 것으로 추정된다. 으레 해야 하는 당연한 순서였기에 생략하였던 것이리라.

이공주와 이경순의 기도문이 다른 점은 이경순의 것에는 없는 밑줄을 그은 '정천봉명' 부분, 이경순의 '중앙단장 기원문' 대신 이공주는 '기원문'이라 하여 '중앙단장' 용어를 생략한 점이다. 후자는 크게 중요한 차이는 아니지만, 용어 '정천봉명' 여부는 큰 차이점이다. '정해진 하늘의 명을 받든다'는 뜻을 가진 '정천봉명'을 부기한 이유가 무엇인가에 대한 풀이는 앞선 글에서 밝혔다. 즉, 법낭으로서 이공주의 혈성과 신성을 엿볼 수 있고, 소태산과의 특별한 관계를 천명한 점을 들었다. 소태산에 의해서도 익히 인정된 이공주의 위상을 확인하는 의미가 있다고 보았다. 그전에 소태산은 모친에게 '정천'이란 법호를 준다. 소태산에게 모친은 정해진 하늘이며 동시에 법모의 의미도 같이 가진다. 이처럼 이공주에게 소태산은 하늘과 부모 같은 위상이라는 의미를 담고 있다고 보았다. 그래서 소태산이 명한 〈옥추경〉 기도는 이공주에게는 하늘이 내린 명령이란 의미로 확대 풀이가 가능하다.

갑자전문은 천간(天干)과 지지(地支)의 통합이다. 하늘과 땅의 도수를 천간과 지간으로 나누어 서로를 엮어놓은 것이다. 즉, 시간과 공간을 종횡으로 엮어 짜놓았다는 의미다. 달리 말해 시간과 공간을 설정하는 태초의 작업이다. 이는 다시 시공이 결합된 우주와 만물의 총체를 가리키는 것이면서, 동시에 태초의 우주적 상황을 지칭하는 것이다.

자연과 인간적인 것을 가르는 가장 기초적인 것이 시간과 공간을 설정하는 것이다. 이것으로부터 인간사는 자연과 다른 차원의 세계와 우주로 전개된다. 이렇게 유식학의 입장과 다르지 않은 세계관을 제시하고 있는 것이다.[7] 인간사 모든 것은 인간의 인식체계로부터 시작되는데 그 인식의 기초가 시간 · 공간의 기초 설정에서 비롯된다. 이런 의미를 도가에서는 육십갑자로 상징화하였다. 그러므로 갑자전문의 암송은 태초의 순간으로 돌아감을 의미하고, 속을 떠나 성스러운 공간으로의 이동을 의미한다. 이는 또한 '일념 미생전'이며 '참자성 자리'의 다른 표현이기도 하다.

갑자전문의 낭송은 이 자성 자리를 넘어 우주의 새로운 창조라는 우주만유의 본원이요 일체유심조의 개념도 같이 가진다. 진행되는 현실의 삶에서 초래되는 왜곡된 (자기만의) 세계를 다시 정돈하기 위해서는 새로운 정립이 필요하다. 그 정립은 다름 아닌 자신의 인식 과정에 있는 것이므로 자기 인식 과정의 새로운 체계를 짜면서부터 시작하는 의미를 같이 가진다. 기도나 기원을 하는 초입에 육십갑

7 세친, 김묘주 옮김, 『성유식론 외』, 동국역경원, 2008. 장익, 『불교 유식학 강의』, 정우서적, 2012. 이는 오늘날 심리학과 뇌과학 및 양자역학에서도 검증이 되고 있다. 뇌과학 분야에서는 다음을 참고할 만하다. 엔드류 뉴버그 외, 이충호 옮김, 『신은 왜 우리 곁을 떠나지 않는가』, 한울림, 2001. 박문호, 『뇌, 생각의 출현-대칭, 대칭의 붕괴에서 의식까지』, 휴머니스트, 2008. 다음은 초월심리학과 현대물리학과 동양사상의 연구 결과 등이다. 프리초프 카프라, 이성범 · 구윤서 옮김, 『새로운 과학과 문명의 전환(The Turning Point)』, 범양사, 2007. 프리초프 카프라, 김재희 옮김, 『신과학과 영성의 시대』, 범양사, 1997. 카프라, 『생명의 그물』, 범양사출판부, 1999. 켄 윌버, 조옥경 옮김, 『켄 윌버의 통합심리학-의식 영 심리치료통합』, 학지사, 2008. 물론 신화학에서도 같은 생각을 하고 있다. 예를 들어 조지프 캠벨, 『신화의 이미지』, 살림, 2006 등이다.

자를 염송함은 그러한 뜻을 담은 것이다. 즉, 인식의 전환을 유도하기 위한 상징이다.[8]

갑자전문을 외는 것은 원래 전통의 방식이었다. 지금도 법사들이 독경기도를 할 때 갑자전문을 외고 시작하는데 그 의미는 결코 작은 것이 아니다. 이 방식을 계승하여 단기도에 사용하였다는 점은 전통의 계승이라는 점 이외에, 본래 진리의 면모를 계승하였다는 의의를 더 가진다. 소태산이 갑자전문을 설정하여 제시하였던 점은 많은 것을 상기시킨다. 당시의 민속지식을 섭렵하지 않고는 알 수 없는 부분이다. 의미 또한 확실히 파악하고 있어야 활용할 수 있다. 소태산은 이런 전문적 민속지식을 어디선가 익혀 알고 있었다. 결론부터 말하자면 이런 행위는 전통적인 사제들이나 할 수 있는 행위였다. 전통적 사제란 무속과 불교 및 유교를 들 수 있으나 필자는 좌경무(앉은굿)와의 상관성을 추적한 바 있다.[9]

오늘날 교당에서는 기원문이나 축원문의 기도를 올릴 때 갑자전문을 외는 형식을 취하지 않는다. 그러나 이것은 이후 심고와 기도를 올릴 때 사용하는 감응주문의 기능과 일치한다. 즉, [천지 하감지위(下鑑之位), 부모 하감지위, 동포 응감지위(應鑑之位), 법률 응감지위, 피은자 아무는 법신불 사은 전에 고백하옵나이다]를 송하고 기도

8 인식의 전환에 대한 이론은 다양하나 라캉의 주이상스로 대표된다 할 수 있겠다. 언어적 안정화는 동시에 초월을 가로막기도 한다. 안정화를 위해 선택한 언어체계와 상징계는 동시에 불안정하며 관계 속에서 문제가 야기된다. 특히 언어에 의해 형성된 타자적 욕망은 인간을 압도하고 이를 해결하기 위해 또 다른 시도를 하지만 그것이 언어체계 내에서 이루어지는 한 역시 미끄러지는 실패를 반복할 수밖에 없다. 언어는 일시적 장치이기 때문이다. 라캉에 따르면 이 상징계를 떠나 실재계를 엿봐야 한다고 했다. 이 실재계에 관한 것은 일종의 초월의식과 비교된다(주이상스). 그의 주이상스(Jouissance)는 일종의 전복이자 인식의 전환이다(김석, 『프로이트 & 라캉』, 김영사, 2010. 베르트랑 오질비, 『라캉, 주체 개념의 형성』, 동문선, 2002. 알랭 바우디 외, 『라캉, 끝나지 않은 혁명』, 문학동네, 2013 등 참조).

9 이정재, 「소태산 구도과정의 민간신앙 상관성 연구」, 『신종교연구』 34, 한국신종교학회, 2016.

를 시작하는 형식의 기능이 일치한다. 응감과 하감은 합일을 의미하며 합일은 태초 상태와의 조우를 상정한다.

사은은 신앙의 대상이고 일원상 진리의 다른 한 면이다. 즉, 태초와 시공초월의 의미를 같이 가진다. 어떤 기도를 올릴 때 우주만유의 근본을 이루는 당처를 불러내 설정하고, 그 설정된 상황에서 기도를 올리는 것이 기도의 순서다. 갑자전문을 외워 천간과 지지 즉, 하늘과 땅 그리고 태초의 우주 상황을 설정한 것과 원리에 있어서 동일하다.

이런 상징적 구조는 인류문명사를 관통하는 흐름이었고, 고대인들의 경전이라 할 수 있는 신화를 분석해도 나오는 구조다.[10] 전통계승의 여부는 물론 내용과 형식상의 일치점도 여실히 드러나고 있다. 고금을 통틀어 원리는 동일하다. 다만 시대에 따라 그 표현방식에서 차이가 나고 있을 따름이다. 사은에 대한 연구에서 전통적인 사유체계와 비교 연구해야 할 필요성이 제기되는 이유이기도 하다. 갑자전문과 독송법을 앉은굿의 전통에서 찾을 수 있다면, 사은의 감사함에 대한 사상도 그들이 사용했던 독경문에서 유래하지 않았나 추정할 수 있다. 실제로 거의 모든 독경집은 그 구조가 천지신명의 보호와 위호에 대한 감사함으로부터 시작한다. 이에 대해서는 훗날 연구를 기대한다.

---

10 다음을 참조함. 조지프 캠벨, 『천의 얼굴을 가진 영웅』, 민음사, 2018. 『신화와 인생』, 갈라파고스, 2009. 『신화의 힘』, 21세기북스, 2020. 조현설, 『우리신화의 수수께끼』, 한겨레출판, 2006.

'십오송'과 '찬사라'의 의미

- 기도, 독경, 염불의 관계 -

이경순의 자료에서 눈에 띄는 또 다른 부분은 중앙단장 축원 제1장 하단에 있는 표시 '십오송'이다. 어렵지 않게 유추할 수 있는 바는 '여기서부터 끝까지 총 15번 송을 해야 한다'라는 뜻에 있다. 각자에게 정해진 기도문을 염송하는 분위기를 김영신은 이미 전한 바 있다.

> 봉사 경문 외우듯 한다는 말처럼 제각기 다른 독경으로 방 안은 장바닥처럼 시끄러웠다. 정신을 바짝 차리고 외우지 않으면 다른 독경과 섞갈렸다. 그러므로 우리들은 자연 일심을 가누어 독경하지 않을 수 없었다.[11]

정해진 기도문을 정해진 횟수를 지키며 외워야 하는 상황이 잘 묘사되어 있다. 김영신은 시끄럽다고 표현하였으나 기도에 정성을 드리고 정신 집중을 해야 하는 진지한 상황이었을 것이다. 마치 자성미타만을 위한 염불과 유사하거나 그 이상의 집중력을 요하는 것이었으리라. 이렇게 해서 우리는 〈옥추경〉 기도가 어떤 형식으로 진행되었는지를 더 알 수 있게 되었다. 즉, 영산에서의 구인기도 시 각 단원은 정해진 기도문을 가지고 각 방위에 가서 갑자전문과 기도자를

---

11 김영신 편(원불교신보사/박혜명 편집), 『구도역정기 (원불교신서 2)』, 원불교출판사, 1988.

고하고 기도문을 15송하였다는 대강의 그림이 나온다.[12] 다만 집단적 단기도는 장소가 나눠지지 않고 한곳에 모여서 했다는 점이 달랐다.

'정신을 바짝 차리고 외우지 않으면 다른 독경과 섞갈렸다'의 부분은 단원별 주어진 기도문이 서로 달랐음을 의미한다. 주어진 기도문을 동시에 같은 시간대에 외웠다. 이는 구인단기도를 할 때 단원들이 정해진 산봉우리에 올라가 시간에 맞추어 동시에 경을 외웠던 바와 같다.[13] 다만 여기서는 장소의 이동이 없이 동일 공간에서 각자의 기도문을 외웠던 것이 다르다.

그리고 여기서 눈여겨볼 또 하나의 표현은 '정신을 바짝 차리고 외우지 않으면'에서 보듯 각자의 기도문을 외워 독경하였다는 점이다. 이를 미루어 알 수 있는 바는 구인기도 시에도 단원들은 자기의 기도문을 외워 암송하였으리란 점이다. 기도문을 보고 독경한다면 섞갈릴 일이 없다. 보고 외우는 것이 아니기 때문에 혼동할 가능성이 있는 것이다. 자기가 외운 자기 기도문에 집중하여 외우는 과정이 연상된다.

실제로 당시의 정황을 볼 때 한밤중에 산정에 올라가 기도하는데 일정의 조명등이 확보되지 않았을 것이다. 그러므로 기도문을 외워 암송하였던 점은 충분히 연상이 된다. 비록 조명등이 있다고 해도 오늘과 같은 전기가 아니라 등불이나 횃불 정도였겠는데 바람이 불거나 비가 온다거나 했을 때 활용의 가능성이 희박하다. 이러한 점을 상상

---

12 지나는 여담이지만 영산을 방문하는 교도들이나 그곳에서 머물며 수도하는 교무님들이 구인기도 시의 기도 장면을 상상하며 많이 궁금해한다. 어떤 형식의 기도를 했으며, 어떤 기도문을, 어떤 방식으로 진행하여 한 시간 혹은 두 시간이라는 시간을 채웠을까를 궁금해하는 문답을 듣곤 했다. 이제 그 윤곽이 드러나기 시작한다.

13 기록에 의하면 단기도를 위해 시계를 구입하여 소지했다 한다. 동시적 주문을 중요성이 드러나는 대목임을 알 수 있다.

해도 기도문의 암송 과정은 충분히 유추되는 사안이다. 주어진 기도문의 암송은 그렇게 어렵지 않았을 것이다. 그 양이 길지 않기 때문이다. 그중 긴 것은 천경에 해당되는 단장의 것(김대거 중앙단장 기도문의 예)이고 다음으로 긴 것은 중앙의 기도문이다.[14]

정신을 차리지 않으면 다른 독경과 섞갈렸다는 표현은 매우 현실적인 분위기를 전하는 동시에 어떤 한계를 보여주기도 한다. 이 방법은 염불과 같은 정신 집중과는 일정의 차이를 보인다. 자기 독경에만 집중해야 한다는 점에서는 일치하는 면이 있지만, 염불이나 기도같이 조용히 정신 집중하는 환경과는 거리가 있다. 마치 기독교의 통성기도나 철야기도 혹은 기도원 기도 같은 분위기가 연상되기 때문이다. 당시 성행하던 기독교에서 이런 류의 기도를 직접 행했는지는 단정할 수 없으나 그 가능성은 열어두어야 할 것이다.[15] 하지만 확실한 것은 이런 방식의 기도는 길룡리 구인기도의 형식과는 일정한 거리가 있다는 점이다.[16]

주어진 중앙단원의 기도문을 한 번 독송하는 데 빠르기에 따라 다르겠지만 족히 5-6분은 소요된다.[17] 독송을 15회로 정할 경우 최소 70-80분 정도가 소요되니 영산의 구인기도식을 한 시간으로 본 것은 무리가 따름을 알 수 있다. 두 시간도 바쁘게 진행해야 할 정도가 아니었던가 한다. 결국 〈옥추경〉 기도는 그 기도문의 반복 독경이 핵

---

14 이경순의 기도문은 총 1,600자 정도다.

15 그렇다면 기독교의 수행방식을 차용했다는 추정이 가능한데 추후의 연구가 필요하다. 다만 이런 집단적 주문수행은 이미 증산교에서 실행했던 기록이 있고(영모제 주문 수행), 나아가 불경의 집단 독송이나 유학 경전의 집단 독송 전통은 언제나 있어 왔던 민속적 수행관습이었다.

16 과연 그 기도 방식은 어떤 종류의 것인지 추후 살필 사안이다.

17 필자가 송(誦)해본 바에 따르면 약 6분이 소요되었다. 순수한 기도문만을 쉬지 않고 했을 때, 1독이 6분 정도였다. 좀 빨리 읽으면 4-5분으로도 줄일 수 있는 여지는 있겠으나, 정신 집중에 방해가 될 수도 있다 싶었다.

심 요소라 할 수 있을 것이고, 이는 김영신이 전한 익산 당시 기도식 분위기를 연상해도 이해가 되는 부분이다.[18]

대산의 그것은 이공주, 김영신, 이경순의 기도문과 차이가 있다. 필자가 추정컨대 김대거의 기도문은 중앙이 아니라 '단장의 기도문'이 아니었나 한다. 즉, 이것은 소태산, 정산에서 대산으로 이어진 기도문 계승과 관련이 있는 것이다.[19] 부르는 명칭의 혼란으로 인해 단장을 중앙이라 오기한 것이 아닌가 한다. 김대거의 기록은 '중앙단원'이라 한 반면 이경순과 이공주는 '중앙교주'라 했다. 한편 이경순은 다시 '중앙단장축원 제1장'이라고 적어 혼란스럽다. 중앙교주, 중앙단원, 중앙단장, 단장 등의 용어 혼선에 대해서는 역시 자료 보강 후 검토가 필요하다.[20]

기도식의 순서를 가늠하기 위해서는 주어진 기도문을 15송한다는 지점으로 다시 돌아와야 한다. 먼저 15의 의미는 무엇일까. 보통 경을 송(誦)할 때는 3, 7, 3×7(21) 송을 단위로 한다. 전통적인 방법이 그렇다. 이는 매우 유동적인데, 각 기도자마다 주어진 환경과 조건이 다르고, 또 근기와 목적도 다를 수 있기 때문이다. 주문기도의 형식은 자신이 목적에 따라 정하면 된다. 중요한 것은 얼마나 성심으로 정성을 들이느냐에 달려 있다. 이렇게 해서 정해진 시간은 대체로 두세 시간 정도를 잡는다. 한 시간이면 너무 짧고 세 시간이면 좀 길

18 조선 전통적인 법사들이 반복적으로 독경을 해야 할 경우 독경이나 기도는 시간 반을 기준으로 한다. 여기서 기도문의 횟수는 중요치 않다. 기도문의 양에 따라 달라지기 때문이다. 중앙단원의 기도문의 경우 15독이 시간 반이 걸리는 것을 볼 때 소태산의 지도는 전통적인 방식을 따랐음을 알 수 있다. 이를 미루어볼 때 길룡리의 구인단기도가 한 시간이었다는 기록은 신빙성이 적다.

19 고령의 교무들이 전하는 바에 따르면 단장의 역할이 정산에서 대산으로 이어졌다고도 한다.

20 초기교단 제자양성의 일환으로 사용한 용어로 보이고 이는 증산교의 교단-교주 용어 차용의 관계와도 비교된다.

다고 할 수 있다. 매일매일 반복한다고 했을 때 두 시간여도 결코 작은 정성은 아니다.

15송은 그 앞의 육갑전문과 준비 동작을 고려했을 때 한 시간이 조금 넘게 걸린다. 보통 주문 수행을 2-3시간 기준으로 할 때 짧은 시간에 해당된다. 나머지는 필자가 앞서 기술했듯이 〈천경〉을 송했을 것으로 판단된다. 〈천경〉의 양은 중앙의 3배 정도다. 〈천경〉의 경우 3독 혹은 7독을 하였을 것이다. 3독이 적당하고 7독은 좀 길다. 중앙단장의 기도문을 송해본 결과 1독에 5분이 조금 못 미치게 소요된다. 그러면 15송은 75분 정도가 된다. 그렇다면 중앙기도문의 3배에 이르는 〈천경〉은 1독에 약 15분 정도 소요된다고 볼 때, 〈천경〉 3독은 45분 정도가 소요된다(7독은 105분이 소요된다). 〈천경〉 3독과 중안단장 15독을 합하면 110분에서 115분 정도가 된다. 단상 마련과 예를 갖추고 해단하는 시간을 더하면 두 시간이 넘는 기도 시간이 나온다. 이는 박용덕 교무가 조사했던 것과도 일치한다. 그러나 이 경우는 〈천경〉과 〈지경〉을 같이 송했을 경우를 전제한 것이다. 산상으로 출발 전에 〈천경〉을 합동 독송하였을 가능성이 남아 있다 하겠으나, 구간도실에서의 합동 독송과 별도로 반복해서 진행되었을 가능성이 있다.

당처에 도착하여 기도상과 제물 약간을 진설하고(옥수 등), 경건한 절을 올린 후 좌정하고, 기도 시작 고하기(축문), 갑자전문을 외고, 〈천경〉 3독과 기도문 15송을 겸하면 두 시간의 시간이 가득 채워진다. 기도문이 반드시 〈옥추경〉만 있었는지도 아직 미정이다. 다른 절차의 가감이 있을 수는 있으나-예를 들어 소지나 마무리 예와 정리정돈 등-적어도 앞의 절차를 밟았을 때 두 시간으로도 빠듯했다

할 수 있다. 그러므로 〈천경〉 3독 혹은 7독이 합동 독송의 형식을 취하지 않았나 하는 추정이 성립된다.

이경순 자료 마지막에 '찬사라'라는 표시가 더 있다. 그 부분을 옮기면 이렇다.

> 上同祝願 第四章 (讚辭라)
> 玉樞大帝시여 터럭을 헤치고 麒麟을 타시며 雨雷소리로 크게 化하야
> (12쪽)
> 凡心을 깨우시고 사람의 善하고 惡한 情을 삺히시도다 비오고 개이난 것을 골나 맛게하사 衆生을 利益케 하시니 大聖雷聲普化天尊이시니라
> 終

이 부분은 기도의 맨 마지막 부분이다. [그림 Ⅱ-2-3]의 상동축원문 제4장처럼 맨 마지막 장이다. 여기에 '찬사라'라고 별도로 부기한 이유는 마무리한다는 의미를 강조하기 위함도 있고, 이를 몇 번 더 독송해야 한다는 의미를 더한 것이라 여겨진다. 즉, 15송한 마지막에 찬사를 1회에 한하는 것이 아니라 적어도 3송을 해야 한다는 의미로 엿보인다. 마치 반야바라밀다심경의 마지막 부분(아제아제바라아제모지사바하)을 3송으로 마무리하는 것과 같은 형식이다. 중앙은 중앙봉에서 기도를 올렸다. 시간적 여유가 있을뿐더러 나머지 단원들의 기도가 끝난 뒤 마무리와 안위를 비는 형식의 마무리를 하였다. 약간 시간이 지연되어도 무방하다. 오히려 더 자연스러웠던 것이라 할 수 있다. 중앙을 가까운 곳에 설정한 이유가 가운데라는 것 외에

하나 더 있는 셈이다. 익산이나 경성 등에서 집단단기도를 올렸을 경우 기도식이 다 끝날 즈음 중앙들만이 이 마지막 찬사를 3송 정도 더하여 기도식의 대미를 장식하였을 것이다. 중앙은 그만큼 무게감이 있어야 하며 단원을 책임져야 하는 위치였다.

다시 순서를 개략하면(집단단기도의 경우) 먼저 진설과 4배 및 좌정, 축문(기도 목적)과 갑자전문을 외고 이어 단장과 함께 〈천경〉을 송한다. 3독이나 7독을 마치면 각 단원의 기도문(주어진 〈지경〉)을 15송한다. 마지막에는 중앙이 찬사를 송하고 마무리 의식을 하여(4배 및 소지) 끝맺는 형식이 아련하게 그려진다 할 수 있겠다.

〈옥추경〉 단원별 기도문 및 정전의 염불과 불공법

육십갑자를 송(誦)해서 열어놓은 태초의 상황에서 기도자는 무엇을 하였던가. '중앙단장 기원문 제일 장'을 외웠다. 염송의 횟수는 15회. 이경순이 적은 '十五誦'이 가지는 의미다.

이경순에게 주어진 독송량은 이미 언급했듯이 4개 장에 이르고 각각 '중앙단장축원 제1장, 상동축원 제2장, 상동축원 제3장, 상동축원 제4장'으로 표기하였다. 이것은 원래 〈옥추경〉에서는 다음의 장절에 해당된다. '〈지경(地經)〉 15장 보경공덕장(후반부), 보게장, 보응장 상 · 하, 찬사'로 〈옥추경〉의 마지막 부분이다. 대체로 경의 공덕을 더욱 강조하고 찬양하는 내용으로 이루어져 있다.

중앙과 단장을 제외한 다른 단원 8인에게는 〈지경〉의 다른 부분이 나눠서 할당되었으며, 각각 주어진 것을 송했을 것이다. 그러나 단장과 9단원은 〈옥추경〉 앞부분 도의 원리를 설명한 〈천경〉을 모두 같이 송했다. 다시 단원 9인은 팔방에 맞추어 앉아 각각에 주어진 〈지경〉을 송했다.

신룡동의 경우 김영신의 기록에 따르면 방향이 따로 설정되었다기보다, 같은 공간 안에서 다른 방향에 맞춰 앉아서 했던 것 같다. 1개 단이 아니라 여러 개의 단이 각각의 그룹을 이루며 방향도 각각 달랐을 가능성이 있다. 각 단의 중앙은 이 모두를 아우르며 마무리하는 마지막 부분을 송하는 순으로 구성되어 있음을 알 수 있다. 이때 도를 설한 〈천경〉의 부분이 단장에게만 주어진 것인지 알 수 없으나 그렇지는 않았을 것이다. 대체로 〈옥추경〉 독경은 이 〈천경〉 부분이 핵심이기 때문이다. 〈천경〉은 단장 · 중앙과 함께 8인 제자가 모두 같이 송하고, 이것이 끝난 후 각각 주어진 나머지 〈지경〉을 나누어 독송했다.

이렇게 볼 때 길룡리 산상기도 시에는 단장인 소태산도 구간도실에서 〈천경〉을 모두 시간을 맞추어 같이 송하였을 가능성이 있다. 그 후 각자는 산상에서 자신의 〈지경〉 기도문을 외운 것이다. 그러면 단장인 소태산은 구간도실에서 무엇을 하고 있었을까? 다른 단원들이 각자의 기도문을 송하는 동안에도 아울러서 단장은 〈천경〉을 외웠을지 모른다. 단원의 기도를 격려하고 힘을 더하는 의미가 있기 때문이다. 중앙이 〈지경〉을 송하는 데에서 제외되어 있었던 점을 미루어 그렇게 볼 수 있다. 다만 〈천경〉을 구간도실에서 합동 독송을 하였을 경우 갑자전문에 이어 몇 독을 하였는가의 여부는 여타의 의식 절차와 함께 매우 중요하나 여기서 다루기 어렵다. 다만 모두가 합심하여 하나되는 과정을 중요시 한 점은 매우 독특한 기도 방식이었음을 강조할 필요가 있다.

〈지경〉의 특징을 살펴볼 필요가 있는데 〈지경〉은 수행 도중 혹은 삶의 여정에서 피치 못하게 닥치는 여러 장애를 해결하는 술책의 부분이다. 기도자는 자신에게 닥친 우환이나 흉사 혹은 바라는 바를 해당 〈지경〉 하나를 선택하여 송한 후에, 해당 부적을 살라 하늘에 고한다. 그리하여 하늘의 감응을 얻고자 했던 것이 이 〈지경〉 부분이다. 지경의 이런 특성 때문에 〈옥추경〉은 조선대 내내 그리고 지금까지도 귀신을 녹이는 삭사경으로 알려져 있고, 또 신통묘술의 비방책으로 발전하기에 이르게도 되었다. 그러나 원래는 득도를 구하는 도중에 닥치는 난관을 돌파하고자 했던 순수한 의도에서 출발했음을 간과해서는 안 된다.

구인기도 시 단장과 중앙은 이런 종류의 지경을 외우지 않았다. 즉, 단장과 중앙은 자신이 충분히 난관을 돌파할 수 있는 능력을 갖추고 있다는 의미로 해석할 수 있다. 실제로 중앙의 기도문은 이런 류의 내용으로 되어 있지 않다. 그러나 나머지 여덟 제자는 수행 중 이런저런 난관에 봉착할 수 있고 이를 해결해야 하는 상황이 연출된다. 그리고 각자는 완전한 인격체가 아님을 상징한다. 그들은 각자 자신의 단점과 부족을 수정해야 하는 미완성자로 지정되어 있다. 단장과 중앙은 이를 북돋아줘야 한다. 이런 정황을 중앙에게 할당된 기도문에서 추정할 수 있다. 중앙의 기도문은 격려하고 정진할 것을 주문하는 내용이 주를 이루기 때문이다. 이외에도 다른 확장된 해석도 가능한데 집단적인 기도는 부족하기만 한 중생이나 제도의 대상인 만생을 대표하는 상징으로 볼 수 있는 점이 그것이다.

반복적인 독송의 목적은 무엇인가. 이에 대해서는 〈옥추경〉 기도의 연원을 더 추적하고 난 후에 답할 수 있을 것이나 기도수행의 총 시간을 정하는 물리량과 상관이 있다고 여겨진다. 일상생활을 하면서 동시에 반복적인 수행을 할 경우 두 시간 정도가 효율성과 집중도를 높이는 데 효과적인 점에 착안한 것이리라. 법사들의 독경 수행도 이와 크게 다르지 않아 서로 닮아 있다. 역시 앞서 지적한 전통의 계승인 점을 간과할 수 없다.

주문독송의 전통은 교단에서 독경의 전통으로 이어지고 있다. 그러나 독경은 정기훈련의 12가지 과목에 들어 있지 않다. 그 전통은 의식을 진행하는 과정에 겨우 남아 있을 뿐이다. 그러나 그 수행법이 아주 없어진 것은 아니다. 염불이나 심고와 기도가 이를 대신하기 때문이다. 앞서 각주에서 언급했듯이 독경의 전통을 혁신한 것이라 할 수 있다.

12과목 중에 염불과 좌선은 자성을 밝히는 주요 과목이고, 염불은 좌선보다 더 중요한 자리에 놓인다고도 할 수 있다. 염불과 독경은 어떤 내용을 소리 내어 외우는 점에서 방법이 같다. 그 주술적 영험함의 기대치도 유사하다. 일념에 집중하는 자성미타의 결과로 이어지기 때문이다. 일념에 주하여 참자아를 찾아가는 방법이 같기 때문이다. 정전 수행품 제3장에 나와 있는 염불법을 보면 그 과정과 효험에 대해 상세히 설명하고 있다. 일성에 주하다 보면 일념미타에 그쳐 들어가고, 무위안락의 지경에 이르게 되며 삼매를 증득하게 되고, 결국 대정력의 획득으로 이어진다고 했다. 자성을 밝히고 다지는 매우 효과적인 방법이 된다고 했다.

둘의 차이는 암송의 대상으로 어떤 경이나 문장이나 주문의 정도가 다를 뿐이다. 정전에서는 이들의 중복을 피하면서 그 정신은 남겨 놓은 것이다. 불교적 독경법과 염불법을 그대로 따라한 것만은 아니다. 같은 기능을 〈옥추경〉 기도가 이미 하고 있었던 것이기 때문이다.

〈옥추경〉 독경의 효과는 이외에 신통력 획득에도 있었다. 실제로 백지혈인이라는 음부의 감응이 있어 그것이 확인되었다. 그러나 오늘날 교리에서는 이를 강조하지는 않는다. 이렇듯 모순으로 보이는 초창 당시 구인단기도의 〈옥추경〉은 과연 또 다른 목적이 어디에 있는지, 그것이 우리에게 의미하는 바는 무엇인지, 용이하지 않아 보이는 별도의 설명이 여전히 요구되는 사안이다.

한편 이런 형식의 기도는 오늘날 원불교 진리불공법의 초기 모습으로 추정된다. 실제로 〈옥추경〉 기도는 크게 '도통기도'와 '실지기도' 둘로 나뉜다. 〈천경〉과 〈지경〉의 구분과 같다. 〈천경〉은 도를 설한 '진리기도'와 '진리불공'의 것이고, 〈지경〉은 일상생활에서 부딪치는 일들을 해결하고자 하는 '당처기도' 및 '실지불공'에 관한 것이다. 정전의 불공법은 이 전통을 계승하였을 가능성이 농후하나, 추후의 고구를 요하는 부분이다.

맺음말

이경순의 기도문 자료는 여러 가지 의미를 지닌다. 이공주를 비롯한 다른 기도자가 기록한 기도문이 일부만 전하고 있는 반면 이경순은 기도문 전문을 온전히 제시하고 있다. 단조직법에 따른 기도문이었다는 점을 다시 확인해주는 점도 그렇고, 갑자전문을 온전히 기록한 점도 유의미하다. 이보다 더 중요한 점은 어떤 형식으로 기도식이 진행되었는지를 알려주는 부기가 있다는 점이다.

본문 외에 별도로 표기한 (육갑송), (십오송), (찬사라)의 첨가는 그 사료적 가치가 크다. 이것은 본문과 구분하기 위해 필자(기도자)가 추가한 것으로, 특히 첨어(육갑송)의 위치와 축원문의 반복(십오송)에 대한 표기는 매우 중요한 단서다. 어떤 형식으로 기도를 진행했는지 알려주는 특이 표시이기 때문이다. (찬사라)의 부분을 굳이 별도로 표기한 것은 마지막 마무리를 강조하는 의미가 컸다고 하겠다.

자료에 근거할 때 별도 표시 '육갑송'은 '영보국만물건판양생소 중앙교주 이경순'이라는 기도 주체를 선언한 이후 육십갑자 전문을 송하는 것을 의미한다. 그리고 이어 '중앙단장축원문'을 반복적으로 15송을 한다는 것은 '십오송'의 의미다. 이를 근거로 할 때 구인기도의 기도순과 소요 시간을 추정할 수 있게 되었다.

독송을 15회로 정할 경우 영산의 구인기도식은 한 시간으로는 부족했을 것이다. 두 시간도 바쁘게 진행해야 할 정도가 아니었던가 한다. 결국 〈옥추경〉 기도는 그 기도문의 반복 독경이 핵심 요소라 할 수 있고 김영신이 전한 익산 기도식 분위기와도 일치한다.

육십갑자 전문의 독송이 어떤 의미를 지니는지도 살폈다. 전통적으로 기도하는 자가 지켜야 할 형식에 속한다. 그 의미는 일체의 부정을 없애고 시공이 열리는 태초를 만들어놓는 것이라 하였다. 성·속을 구분하여 속을 떠나 성스러운 차원으로 진입하는 프레임은 세속적인 자기를 떠나서 성스러운 참자아를 만나러 가는 여정임을 상징화한 것이다. 이런 상징적 구조는 인류문명사를 관통하는 흐름이었고, 고대인들의 경전이라 할 수 있는 신화를 분석해도 나오는 같은 구조다. 이는 이후 심고와 기도를 올릴 때 감응주문 즉, [천지 하감지위(下鑑之位), 부모 하감지위, 동포 응감지위(應鑑之位), 법률 응감지위, 피은자 아무는 법신불 사은 전에 고백하옵나이다]를 송하고 기도를 시작하는 형식과 그 기능이 일치하고 있음을 살폈다. 전통 계승의 여부는 물론 내용과 형식상의 일치가 여실히 드러나는 기도 형식이었다. 고금을 통틀어 그 원리는 동일하다. 다만 시대에 따라 그 표현방식에서 차이가 남도 알 수 있다.

중앙단원 기도문의 15송은 그 앞의 육갑전문과 준비 동작을 고려했을 때 한 시간이 조금 넘게 걸린다. 보통 주문 수행 2-3시간을 기준으로 하고 있음을 볼 때 짧은 시간이다. 나머지는 천경을 송했을 것이라 판단했다. 천경 3독은 45분 정도가 소요된다. 천경 3독과 중앙단장 15독을 합하면 110분 정도가 된다. 독송 전 의례(4배 혹은 좌정)와 독송 후의 의례(4배 혹은 소지)까지의 시간이다. 그 외의 것으로는 단상 마련(옥추령부 혹은 팔괘도 진설, 옥수 진설 및 향불과 향피우기 등)과 해단의 절차가 있다. 이를 더하면 총 두 시간여의 기도 시간이 나온다. 이는 박용덕 교무가 조사했던 것과도 일치한다.[21] 당처에 도착하여 기도상과 제물 약간을 진설하고(팔괘도, 촛불, 향, 옥수), 경건한 절을 올린 후 좌정하고, 갑자전문을 외고, 천경과 단원 기도문 15송, 마지막 소지올리기를 겸하면 두 시간이 가득 채워진다. 기도문이 반드시 〈옥추경〉만 있었는지는 미정이다. 초반에 '축문'을 더할 수는 있겠으나 역시 짧은 시간에 해당했을 것이다. 다른

21 박용덕, 『소태산의 대각, 방언조합 운동의 전개(원불교 초기교단사 1)』, 1997, 원광대학교출판국, 354-356쪽.

절차의 가감이 있을 수는 있다. 예를 들어 풍우와 해충으로부터 보호하는 등의 준비나 마무리 정리정돈 등인데 이는 추후 검토가 필요하다. 이는 길룡리의 경우이고 익산이나 경성 등지의 집단단기도는 약간 다른 절차를 따랐을 것이다(4장 참조).

갑자전문의 암송과 반복적 독경은 오늘 원불교의 수행법에 두루 연결되고 있음을 살폈다. 원불교 독경 예법과의 상관성은 물론 정전의 염불법과 심고와 기도의 순서 및 원리도 서로 일치함을 살펴봤다. 이에 대해서는 좀 더 정치한 검토가 요구되겠으나, 그 전에 〈옥추경〉의 심도 있는 연구가 선행되어야 한다. 왜냐하면 〈천경〉과 〈지경〉의 구분이 불공법에서 말하는 진리불공과 실지불공과 서로 일치하고 있기 때문이다. 상관성과 일치점은 이외에도 여럿이 있어 후고를 기대케 한다.

〈옥추경〉 기도는 불법연구회 초기 영광과 익산은 물론 경성에까지 널리 알려지고 활용되었다. 그러나 그에 대한 기록은 미흡하다. 특히 이공주와 김대거의 것이 그랬다. 그런 중에 김영신의 기억은 소중한 자료가 아닐 수 없다. 이에 대한 것으로는 이경순을 제외한 세 사람의 기록에 차이를 보인다. 김영신은 기억을 정확하게 기록하고 있다. 즉, '〈옥추경〉 기도'를 했다는 기억을 명시하고 있으나, 이공주는 〈옥추경〉에 대한 언급을 전혀 하지 않았고, 대산은 그 중간에 해당된다 하겠다. 구타원의 경우 당시 이것이 〈옥추경〉 경문이었음을 모르지는 않았으나 경명을 기록하지 않은 이유는 분명치 않다. 이런 모호함을 이경순의 자료는 일거에 해결해주고 있다. 〈옥추경〉 전문을 단원별로 나누어 주문기도에 활용하였던 것과 나아가 그 절차와 방법까지 기록해놓아서 매우 귀중한 사료가 된다.

이런 모든 과정을 지도한 이는 소태산이다. 전통을 계승하지 않고는 알 수 없는 영역이다. 소태산은 이미 이런 방법을 익혔다. 대각 후 곧바로 단기도를 실행에 옮길 수 있었던 것이 그 증거다. 이 소태산의 지식을 그 전통이 아직도 살아있는 좌경무 의례에서 찾을 수 있다고 하였다. 그러나 다른 가능성을 도외시할 수 없다. 즉, 조선 후기 이런 기도법의 또 다른 응용으로 제도나 기구(기관)와의 상관성이다. 이는 별도로 정리된 자료가 없으나, 소위 도꾼으로 알려진 이들이 행했던 주문수행법이나 훔치교의 주문수행 등을 예로 들 수 있을 것이다. 그러나 이런 수행법도 그 근원을 알아보면 좌경무의 전통과 맞닿아 있다. 신이한 행적을 나투는 신통력 획득의 수행쪽으로 기울어져 있던 점이 특징이기 때문이다. 이에 대해서는 별도의 연구가 요구되는 사항이나, 위의 두 가능성에서 크게 벗어나지는 않을 것이라 여겨진다. 한편 필자는 소태산 일화 '처사시험하기'를 분석하면서 좌경무 전통의 계승 가능성을 타진한 바 있다.[22] 그 상관성은 좀 더 정치한 분석이 가해져야 하는 상황이라 할 수 있다.

22 이정재, 「소태산 구도과정의 민간신앙 상관성 연구」, 『신종교연구』 34, 한국신종교학회, 2016.

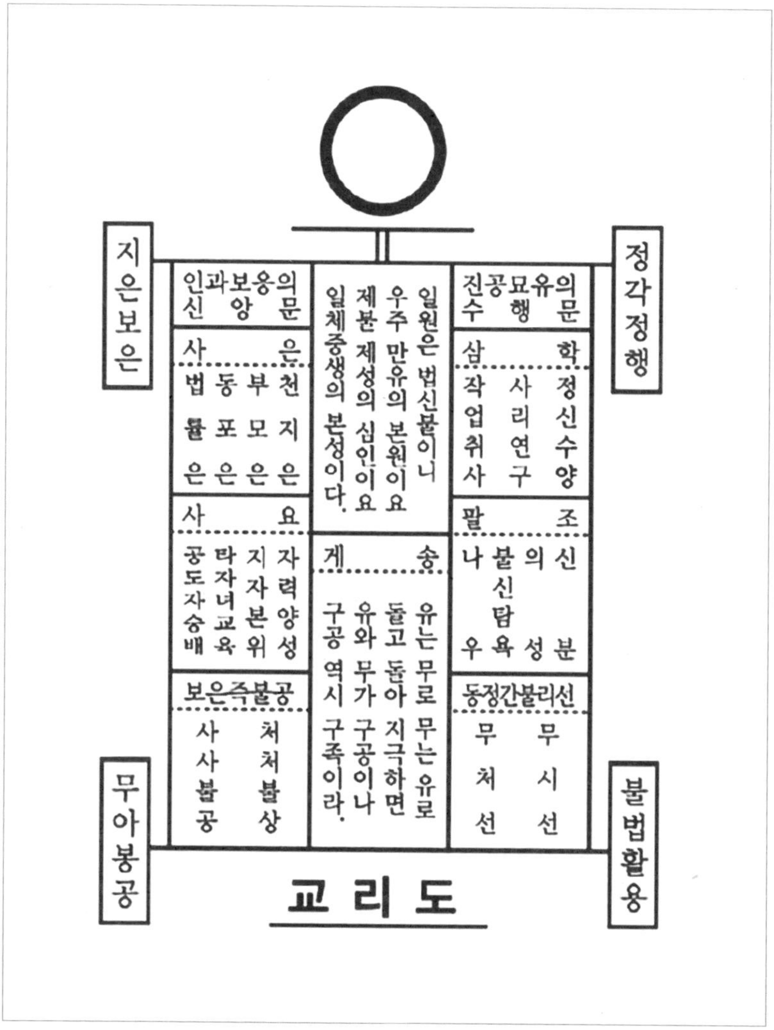

지은보은
정각정행
인과보응의 신앙문
사은
천지은
부모은
동포은
법률은
사요
자력양성
지자본위
타자녀교육
공도자숭배
보은즉불공
처처불상
사사불공
일원은 법신불이니
우주만유의 본원이요
제불제성의 심인이요
일체중생의 본성이다.
게송
유는 무로 무는 유로
돌고 돌아 지극하면
유와 무가 구공이나
구공 역시 구족이라.
진공묘유의 수행문
삼학
정신수양
사리연구
작업취사
팔조
신 분 의 성
불신 탐욕 나 우
동정간불리선
무시선
무처선
무아봉공
불법활용
교리도

불법연구회 『정전』 〈교리도〉

III

한반도의 〈옥추경〉과 불법연구회 소장 〈옥추경〉

1. 불법연구회 소장본 『옥추경』 연구
2. 『상밀주해 옥추보경』과 『옥추보경』 비교연구

1

불법연구회 소장본 『옥추경』 연구

문왕 팔괘 단조직과 기도문 중심

소태산이 깨달은 후 참고한 도가계 경은 〈음부경〉과 〈옥추경〉이 유일한 것으로 기록되어 있다.[1] 이 두 경이 소태산의 대각 전후 어떤 상관성을 가지는지에 대한 논의가 있었지만 심도 있는 연구가 충분히 이루어졌다고는 보기 어렵고, 특히 〈옥추경〉의 경우는 더했다.[2]

소태산은 각 후 단을 조직하여 저축조합을 결성하고 방언사업을 완성한 후에 구인기도를 시행한다. 이때 백지혈인의 이적을 보이며

---

1 참고한 도가계 경은 이외에도 〈태상감응편〉이나 〈정심요결〉 등을 들 수 있으나 간접적 기록에 의한 것이다.

2 원불교 교학에서 이룬 연구 성과는 다음의 글들이 있다. 고시용, 「원불교 교리형성과 도교사상」, 『도교문화연구』 24, 도교문화학회. 2006. 김낙필, 「도교와 한국민속」, 『비교민속학』 23, 비교민속학회, 2003. 김낙필, 「초기교단의 도교사상 수용」, 『원불교사상』 10, 원불교사상연구원, 1987. 김낙필, 「조선 후기 민간도교의 윤리사상」, 『한국문화』 12, 서울대학교 한국문화연구소, 1991.

음부공사의 판정을 받게 된다. 이런 특이한 행보는 '법인절'이란 원불교의 4명절 중 하나로 특별하고도 성스러운 의미로 확정된다. 그런데 몇몇 기록에 보면 이 구인기도의 행적이 〈옥추경〉 독경기도식과 무관하지 않다는 점이 드러난다. 교사에 의하면 〈옥추경〉은 소태산 각후 잠시 참고한 경으로 기록되어 있으나, 단순한 참고서 정도가 아닌 각 전후의 활용경으로 봐야 하는 확대된 시야가 요구된다. 이 부분을 설명하기 위해서는 불법연구회가 소장한 〈옥추경〉 자료를 검토할 필요가 있다. 아울러 〈옥추경〉의 위상을 정립하기 위한 국내 〈옥추경〉 이본과 비교해야 하며, 조선대 〈옥추경〉 문화에 대한 정황도 살펴야 하는 번다한 일이 전제되어야 한다.

대체로 〈옥추경〉은 조선대 일부 선비들의 권선서와 수행서의 기능을 하였으나 대부분은 무속 특히 독경무들에 의해 경책(經册)으로 활용되었다. 민간에서 독경 경책으로 널리 유행하였다는 연구는 일반적이다.[3] 불법연구회도 이런 전통을 이어 '〈옥추경〉 구인기도'를 했는가에 대한 점은 아직 불분명하다. 이 점은 본 서에서 살필 〈옥추경〉과 구인기도와의 관계가 밝혀진 다음에 검토해야 할 일이다. 우선은 불법연구회에 남아 있는 자료들을 토대로 그 상관성 여부를 먼저 논해야 하는데, 이를 위해서는 국내 〈옥추경〉의 서지작업이 병행되어야 한다. 완벽한 서지 분석은 자료의 부족으로 인한 한계가 있으나, 앞서 연구한 구중회 등의 연구 성과에 비추어 그 상관성 개괄을 확인하기는 충분하다. 서지적 이해가 진행된 후에야 불법연구회의 〈옥추경〉

3 김태곤, 『한국무속연구』, 집문당, 1981. 구중회, 『옥추경 연구』, 동문선, 2006. 구중회, 『옥추경 48신장의 변천과 도상』, 대진대학교 대진사상학술원, 2015. 안상경, 「벽사치병 전통과 문화콘텐츠 가능성」, 『인문콘텐츠』 8, 인문콘텐츠학회, 2006. 임승범, 「충청굿의 설경 연구」, 『한국무속학』 18, 한국무속학회, 2009.

기도를 가능하게 했던 문화적 전통의 답습 여부, 그 사상적 상관성 여부와 법인절의 사상적 배경 등을 다룰 수 있을 것이다.

국내 〈옥추경〉 이본 현황

한국에 전승되는 〈옥추경〉은 다양한 형태로 남아 있다. 원대(元代)에 처음 나왔던 경명은 〈九天應元雷聲普化化天尊玉樞寶經(구천응원뇌성보화천존옥추보경)〉(이후 〈구천〉으로 약칭함)이었고, 명대(明代)에 다시 개명되어 〈玉樞經(옥추경)〉이 되었으며 성리학자들에 의해서 심하게 평가절하되는데[4], 한국에서 전승되는 〈옥추경〉 이본의 정황은 이런 사정과 무관치 않다. 이본의 전승 양상은 개략적으로 크게 세 부류로 나뉜다.

원대부터 전해진 원본이 필사로 확산되어 전해진 부류, 조선대 판각된 '옥추경 집주본(集註本)'이 사찰에서 재판되면서 남아 전하는 판본과 이를 다시 필사한 이본들이 다른 한 부류다. 전자는 원명인 〈구천〉을 유지하였고 후자는 개명된 이름을 사용하였다. 나머지 한 부류는 소위 계룡산본이라 칭해지는 것으로 기존의 〈천경(天經)〉, 〈지경(地經)〉 체제에 〈인경(人經)〉 부분을 추가한 것이다.

'옥추경 집주본'은 신상도(神像圖), 변상도(變相圖), 부전(附箋) 등

4 거자오광, 이등연 외 역, 『중국사상사』 2, 일빛, 2013. 거자오광, 김규호 역, 『도교와 중국문화』, 동문선, 1993. 모종감, 이봉호 역, 『중국 도교사』, 예문서원, 2015. 복단문웅(福丹文雄)의 「도교와 불교」, 『도교 2』, 평하출판사, 1983.

의 그림이 추가되고 여러 사람의 주석이 가해진 말 그대로 집주서인 반면, 〈구천〉은 일체의 추가 항목이 없는 원문 내용만을 담고 있는 것을 말한다. 구천은 판본이 남아 있지 않고 필사본도 많지 않은 반면, 〈옥추경〉은 판본과 필사본이 다수 전한다. 원본 〈구천〉은 편집이나 장절의 구분 및 추가 항목의 여부에 거의 변동이 보이지 않으나 〈옥추경〉 이본은 다양한 변화를 보이는 양상이다.

조선대 이규경(1788-?)의 『오주연문장전산고』에 언급했듯이 이미 17-18세기 당시도 많은 이본이 유전되었던 정황이 있다. 그런데 그는 〈옥추경〉을 〈구천〉의 위서로 간주하고 도장(道藏)과 석전(釋典)의 경이 서로 다르니 진본과 위본의 구별이 어렵다고 하였으며, 민간의 도사가 도가류의 경을 조합하여 〈옥추경〉을 편집한 후 벽사하는 방술책으로 사용[5]하고 있다는 다소 부정적 기록을 하고 있다. 이런 기록은 단순한 세태 반영만은 아닌 듯하고 사대부의 관점이나 당시 왕조의 입장 반영일 수 있겠다. 이를 통해서 알 수 있는 바는 당시 많은 이본이 산출되었고, 그 주체는 조선대의 민중들이었다는 점이다. 그런 자료는 도처에서 찾아볼 수 있다.[6] 앞서 언급한 〈옥추경〉 계룡산본은 그중 하나라 할 것이다.[7]

이본에 대한 연구가 없었던 것은 아니나, 만족할 만한 수준에 이르지 못했다. 그중 유의미한 결과를 낸 구중회는 국내 자료 10개를 대상으로 이본 연구를 하였다.

---

5 이규경, 『오주연문장전산고』, 민족문화추진회 편, 민족문화문고간행회, 명문당, 1992.

6 이슬, 「도교 경전 옥추경의 민간전승에 대한 고찰」, 『동아시아 문화와 예술』 5, 구중회, 『옥추경 연구』, 동문선, 2006.

7 구중회, 『옥추경 연구』, 동문선, 2006.

구중회의 국내 자료 목록

A. 1570년 목판 무등산 안심사 집주본, 『책 제목 모름』[8] 원본 한문 표기.

B. 1570년 목판 무등산 안심사 집주본, 『책 제목 모름』 수정본 한문 표기.

C. 1612년 목판 진안 반룡사 요약본, 『구천옥추경(九天玉樞經)』 국한문 혼용 표기.

D. 1733년 목판 묘향산 보현사 집주본, 『그림옥추경』 원본 한문 표기.

E. 1733년 목판 묘향산 보현사 집주본, 『그림옥추경』 수정본 한문 표기.

F. 1838년 목판 묘향산 보현사 집주본, 『그림옥추경』(1736년 간행본) 원본 한문 표기.

G. 1888년 필사 계룡산, 『옥추보경(玉樞寶經)』 한문 표기.

H. 1922년[9] 활자판, 『상밀주해 옥추보경(詳密註解玉樞寶經)』, 추정 최병두, 서울: 국한문 표기.

I. 1991년 활자판 번역본, 『그윽한 하늘의 소리(玉樞寶經)』, 황병진(黃炳震) 옮김, 서울: 대흥기획(大興企劃).

J. 1991년 활자판 번역본, 『옥추보경연해(玉樞寶經演解)』, 이기목(李奇穆) 옮김, 서울: 온고당(溫古堂).[10]

구중회가 수집한 자료는 극히 일부에 해당하는 것이라서, 이 방면 별도의 이본 연구를 기다리는 중이다. 여기에는 당장 원광대학교에

8 안심사본 〈옥추경〉은 책 제목을 확인할 수 없다. 보현사본과 같은 대본이므로, 『그림옥추경(書玉樞經)』이 아닌가 미루어 짐작된다.

9 구중회는 간지가 없어 서문에 나와 있는 연대로 적는다고 했는데, 필자가 소장하고 있는 『상밀주해 옥추보경』을 확인한 결과 연도가 일치한다. 구체적으로는 '1922년 4월 상신일, 한림서림'이다.

10 구중회, 위의 책, 85-86쪽.

서 찾아진 6개의 자료도 포함되지 않았고 국립중앙도서관의 것도 빠져 있다. 그런데도 그가 보여준 분석은 그 개략을 파악하는 데는 충분하다. 구중회가 소개한 자료는 모두 옥추경 집주본 계열에 해당하는 것들이다. 예외적인 것으로는 G의 계룡산 필사본이다. 이는 이후에 이어지는 활판본의 모본 역할을 하였다.

구중회의 자료에는 〈구천〉 계열의 〈옥추경〉이 포함되지 않았다. 판본이 없는 것을 취하지 않은 이유는 자료의 지위나 신빙성의 문제이다. 하지만 〈구천〉 원본을 다루지 않은 점은 〈옥추경〉 전체의 이해를 위해 아쉬운 대목이다. 〈옥추경〉은 1991년에 와서야 국문번역이 본격화되었다. 이전의 국한문혼용 표기는 국문번역과 차이가 있다. 음가를 붙인다거나 이두식 표기에 불과하다.

구중회는 중국 자료를 추가로 언급하기도 하였다.

구중회의 중국 자료 목록

(A) 『구천응원뇌성보화천존옥추보경(九天應元雷聲普化天尊玉樞寶經)』, 출전 정통도장.

(B) 장사성(1333), 『구천응원뇌성보화천존옥추보경 집주(九天應元雷聲普化天尊玉樞寶經 集注)』, 출전 도장.

(C) 복장요(復裝姚), 『옥추경약(玉樞經籥)』, 출전 장외도서(藏外道書).

(D) 『옥추보경찬(玉樞寶經讚)』, 여조전서(呂祖全書) 권24.

(E) 진중원(陣仲遠)(1912), 『광성의제옥추진정선경전집(廣成儀制玉樞鎭靜宣經全集)』, 출전 성도이선장판(成都二仙藏板).[11]

11 구중회, 앞의 책, 110쪽

〈구천〉 원본(A)과 〈옥추경〉 집주본(B) 혹은 또 다른 편제를 한 집주본(C, D, E)으로 분류되고 있음이 확인된다. 한국에 유전되는 집주본은 국내 자료 B와 밀접한 연관이 있어 보이고,[12] 여기에는 한국에서만 보이는 계룡산본이 빠져 있음은 당연하다.

이외에 추가되어야 할 자료는 필자가 확인한 바에 따르면 다음의 것들이 더 있다.

추가 자료 목록

1. 『구천응원뇌성보화천존옥추보경(九天應元雷聲普化化天尊玉樞寶經)』, 필자 미상, 필사본.
2. 『구천응원뇌성보화천존옥추보경(九天應元雷聲普化化天尊玉樞寶經)』, 필자 미상, 필사본, 표제; 옥추해(玉樞解).
3. 『옥추보경(玉樞寶經)』, 박해창 사(寫), 필사본, 개성 : 박해창(朴海昌), 1934.
4. 『옥추보경(玉樞寶經)』, 필자 미상, 필사본, 표제; 보경해(寶經解).
5. 『옥추보경주해(玉樞寶經註解)』, 필자 미상, 필사본, 표제; 옥추보경(玉樞寶經).
6. 『옥추보경(玉樞寶經)』, 『옥추보경문(玉樞寶經文)』.
7. 국립중앙도서관 소장, 『옥추경』 내외합부.
8. 국립중앙도서관 소장, 『九天應元雷聲普化天尊說玉樞寶經』, 저자: 白眞人 註;張眞君 義;張天君 釋;孚佑帝君 撰, 발행처: [刊寫者未詳], 발행연도: [刊寫年未詳].

12 구중회, 앞의 책, 115쪽.

9. 국립중앙도서관 소장, 『九天應元雷聲普化天尊說玉樞寶經』, 저자: 雷聲普化天尊, 발행처: [刊寫者未詳], 발행연도: 光海君4(1612) 序.

10. 『玉樞經』, 저자: [著者未詳], 발행처: 普賢寺, 발행연도: [刊寫年未詳], 소장처: 서울대학교 규장각한국학연구원(서지사항; [著者未詳], 판사항 木板本, 발행사항 寧邊: 普賢寺, [刊寫年未詳], 형태사항1册(60張): 挿圖; 34.5×28.0cm, 주기사항 刊記: 雍正十一年癸丑(1733) 孟夏 寧邊妙香山普賢寺開刊).

11. 단국대학교 율곡기념도서관, 『옥추경』, 저자: [著者未詳], 발행처: [刊寫者未詳], 발행연도: [刊寫年未詳] (서지사항; 筆寫本, 발행사항 [刊寫地未詳]: [刊寫者未詳], [刊寫年未詳], 형태사항 線裝1册(33張): 無界, 行字數不定, 24.5×27.0cm).

12. 『玉樞經』, 저자: [編著者未詳], 발행처: 守靜菴, 발행연도: 隆熙3(1909) 소장처: 전남대학교 도서관 玉樞經 / [編著者未詳], 판사항拓本(陰刻), 발행사항 [刊寫地未詳]: 守靜菴, 隆熙 3(1909) (서지정보; 형태사항 1册: 四周無邊, 無界, 半郭 28.9×17.8cm, 5行12字; 33.7×22.7cm, 주기사항 識: 隆熙三年(1909)八月守靜菴 楮紙).

13. 국민대학교 소장, 『九天應元雷聲普化天尊說玉樞寶經』 [著者未詳] 판사항 筆寫本, 발행사항 [刊寫地未詳]: [刊寫者未詳], [1915], 형태사항 線裝1册: 無界, 12行字數不定, 無魚尾; 27.0×20.5cm, 주기사항 表題: 玉樞寶經.

14. 영남대학교 소장, 『九天應元雷聲普化天尊玉樞寶經』, 판사항 木板本(中國本), 발행사항 蘇城: 瑪瑙經房, [刊寫年未詳], 형태사항 1册(24張): 四周雙邊 半郭 25.1×11.1cm, 無界, 5行16字, 無魚尾; 29.0×14.2cm, 주기사항 印出記(卷末): 蘇城瑪瑙經房藏板.

이외에 몇몇 번역본들이 있으나[13] 여기서는 다루지 않는다. 서지적 이본 연구에 큰 상관이 없기 때문이다.

1-6은 원광대 도서관 소장본이고 7-9는 국립중앙도서관 소장이다. 7은 〈옥추경〉과 〈음부경〉을 같이 묶어놓은 것으로 원광대의 〈자료 4〉의 '보경해'와 유사한 합본의 형태다. 7은 순 한문본인 반면 4는 한문과 번역을 병술한 것이다. 조선 후기 합본이 널리 유행하였던 사실을 방증하는 자료라 할 것이다. 소태산이 각 후 참고했다는 도가계 〈음부경〉과 〈옥추경〉의 언급은[14] 이와 관련이 있다.

8은 제목을 잘못 표기하였다. 표제는 '옥추보경'으로 되어 있고 내용은 구중회의 H와 같은 계열의 것으로 보인다. '집주본'에 변상을 비롯한 온갖 그림과 부전이 갖추어져 있기 때문이다. 9는 연도가 광해군 4년으로 되어 있어 연기(年期)가 확실하다면 유일한 관판(官版)으로 볼 수 있는 것이라 판단된다. 10은 구중회의 보현사본과 같은 계열이고, 12는 새로운 것으로 또 다른 절에서 만든 목판본으로 특이하게도 음각을 한 형태다. 11은 33장의 필사본이다. 13번 국민대학교본은 표제가 '옥추보경'으로 되어 있어 〈구천〉 계열이라 보기 어렵다. 14번 영남대학교본은 구중회가 소개한 중국 자료와 같은 계열로 보인다.[15]

자료가 보여주는 소장처, 판각본, 출간처 등을 볼 때 '옥추경'은 남도지방 특히 전라도 지역에서 강세를 보여준다. 또한 사찰의 판본이 다양한 점은 그가 의미하는 바가 무엇인지 민속신앙적 검토가 필요하

---

13 황병진(黃炳震), 『그윽한 하늘의 소리(玉樞寶經)』, 서울: 대흥기획(大興企劃), 1991. 이기목(李奇穆) 옮김, 〈연해옥추보경(演解玉樞寶經)〉, 서울: 온고당(溫古堂), 1991. 허시성, 『도교 경전의 정수 옥추보경』, 경서원, 2009.

14 원불교정화사, 「원불교교사」, 『원불교전서』, 1985(62), 1041쪽.

15 구중회, 앞의 책, 112쪽.

다. 이런 흐름으로 볼 때 영광 길룡리에 근거를 둔 원광대 소장 불법연구회의 자료는 우연한 것이 아니다. 유교시대 변방에 있던 사찰과 민간신앙에서 수행과 독경용으로 활용되었음을 알 수 있다.

원광대학교 이본의 경우 순수 국문번역이 이른 시기(1920년대 추정)에 이루어졌음을 알 수 있고, 또한 원전 〈구천〉이 포함되어 균형을 이룬 자료 분포를 보여준다. 이에 대해서는 다음에서 자세히 다루기로 하겠지만 원광대본들에는 이외에도 집주본, 원본 계룡산본이라 할 수 있는 것들이 두루 포함되어 있다. 또한 순한문, 국한문혼용, 국문번역본들이 있어 다양한 모습을 보여주며 가장 강한 자료 밀집도를 보여준다.

불법연구회의 자료는 앞서 살핀 이본계열의 큰 틀에서 머물고 있음이 확인되었다. 앞선 구중회의 자료분석이 한국 〈옥추경〉 이본의 대강은 드러냈지만, 필자에 의해 제시된 자료에 대한 본격적인 비교연구는 별도로 진행되어야 한다.

'불법연구회' 소장본 〈옥추경〉

원광대학교 도서관에서 구할 수 있었던 자료는 총 6권이나, 원광대학교 중앙도서관의 『고서 목록』[16]에 없던 것이 하나 포함되어 있

16 『고서 목록』, 원광대학교 중앙도서관, 1994, 58쪽과 72쪽; 원광대학교 소장본은 모두 『고서 목록』에 수록되어 있다. 이 책은 현재 원광대학교 중앙도서관 사서 김오봉 씨에 의해 만들어졌다. 그는 과거 원광대학교 중앙도서관 고문서실에 근무하며 불법연구회 소장자료들을 전적으로 관리해왔다. 2004년 이후로 고문서실이 폐지되고 그 자료들은 원광대학교 도서관으로 옮겨졌다. 불법연구회 자료들이 일반도서들과 같은 위상에서 다루어진다는 점이 아쉽다.

었다. 다음에서 〈자료 1-5〉의 5권이 목록에 포함된 것이고 목록별 서지사항을 옮겨놓는다. 순서는 고서 목록 순에 따랐으며 순서대로 번호를 매겨 사용한다(목록은 순 한문으로 되어 있으나 편의상 괄호로 음을 부기한다).

원광대학교 중앙도서관 고서 목록

〈자료 1〉 『구천응원뇌성보화천존옥추보경(九天應元雷聲普化化天尊玉樞寶經)』, 필자 미상, 필사본 1권 1책: 上下雙邊 무계(無界), 반엽(半葉) 5행 16자; 30×14cm 선장(線裝), 죽지(竹紙)

〈자료 2〉 『구천응원뇌성보화천존옥추보경(九天應元雷聲普化化天尊玉樞寶經)』, 필자 미상, 필사본 1권 1책: 무계(無界), 반엽(半葉) 10행 20자; 31.2×19.3cm 선장
표제; 옥추해(玉樞解) (**옥경해 초)

〈자료 3〉 『옥추보경(玉樞寶經)』, 박해창사(寫), 필사본, 개성:박해창(朴海昌), 1934
1권 1책: 사주(四周)쌍변(雙邊) 반곽(半郭) 19×12.4cm, 유계(有界), 반엽(半葉) 10행 21자 주(註)쌍행(雙行), 상흑(上黑)어미(魚尾); 23.8×15.7cm 선장(線裝), 저지(楮紙)
년기(年記); 갑술(甲戌)(1934) 중추(中秋) 개성부(開城府)고려(高麗)정(町)박해창(朴海昌) 서(書)

〈자료 4〉 『옥추보경(玉樞寶經)』, 필자 미상, 필사본
1권 1책: 무계(無界), 반엽(半葉) 8행 17자; 25.9×18.1cm 선장(線裝), 저지(楮紙)
합철(合綴): 음부경해(陰符經解)
표제; 보경해(寶經解) (***보경해 합부)

〈자료 5〉 『옥추보경주해(玉樞寶經註解)』, 필자 미상, 필사본
1권 1책: 무계(無界), 반엽(半葉) 10행 24자; 30×19.5cm
선장(線裝), 저지(楮紙)
표제; 옥추보경(玉樞寶經)

〈자료 6〉 『옥추보경(玉樞寶經)』, 옥추보경문(玉樞寶經文)

경명은 다르지만 모두 같은 〈옥추경〉의 다른 이본으로, 다양한 모습을 보여준다. 다만 〈자료 1〉을 뺀 나머지가 모두 필사본이란 특징이 있다. 〈옥추경〉의 원명은 '구천응원뇌성보화천존옥추보경'이다. 훗날 '옥추경'으로 개명이 되는데 원광대학교에는 두 이본이 병존하는 특징도 가진다.

상기 자료 중 불법연구회 인장(印章)의 여부로 확인할 수 있는 '불법연구회' 소장본은 〈자료 1, 4, 2, 5〉번이다.[17] 나머지는 원광대 중앙도서관 인장이 찍혀 있거나 다른 인장이 새겨진 것들이다. 인장 여부만이 이들 자료의 출처를 온전히 결정하지는 않는다. 같은 계열의 불법연구회 자료였으나 훗날 도서관으로 귀속되었을 가능성이 있기 때문이다. 특히 〈자료 3〉과 〈자료 6〉은 여기에 해당된다 하겠다.

17 불법연구회와 중앙도서관은 별도의 서고를 운영해왔다. 예산의 문제인지 병합되어 운영되는데 병합 이전에 이미 인장으로 날인이 되어 있어 그 소속을 알 수 있다.

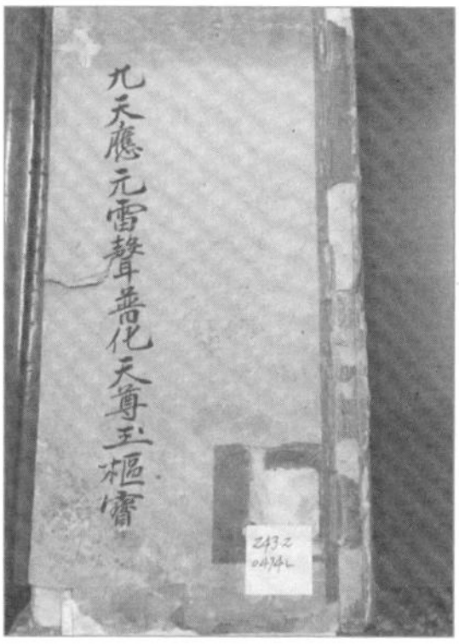

[그림 Ⅲ-1-1]
〈자료 1〉
『구천응원뇌성보화천존옥추보경』

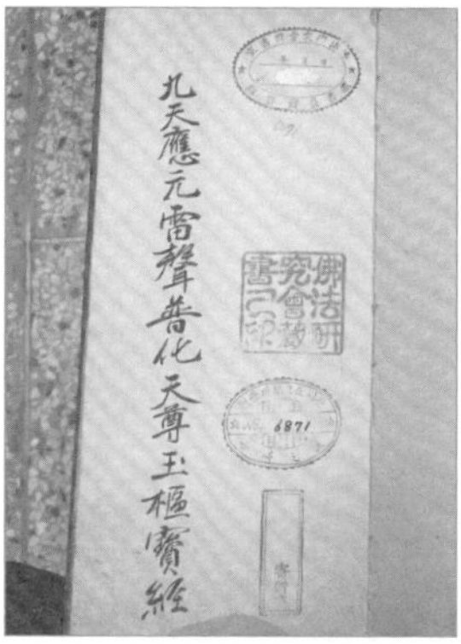

[그림 Ⅲ-1-2]
〈자료 1〉의 첫 장, 불법연구회 인장이 선명하다.

〈자료 1〉『구천응원뇌성보화천존옥추보경』은 서지사항에서 보듯이 작자미상의 필사본이라 되어 있으나, 도서관 사서도 구분하기 어려울 정도로 매우 정밀하게 만든 필사체 판본인 점은 특이한 부분이다. 반엽 5행 16자가 확인되었다. 반엽을 펼치면 10행이 되어 총 24장에 이른다. 순 한문으로 적었고, 필체가 매우 유연하다. 이 책의 특징은 장절 구분이 없다. 책의 서두에는 '계청송'(5언10구)을 실었고 끝에는 '지심귀명례'와 '찬'을 넣어 구성하였다. 다른 〈옥추경〉에 주로 보이는 부전이나 신상 혹은 변상도 등이 일절 없다. 그리고 어떤 주해도 없이 간결한 내용만을 담은 편집이 특이하다.[18]

18 이 책은 구중회에 따르면 청대 21년(1985년)에 소성 호룡가에 있는 마노경방에서 찍어낸『구천응원뇌성보화천존옥추보경』일 가능성이 있으나 확정하기 어렵다(구중회,『옥추경 연구』, 112쪽).

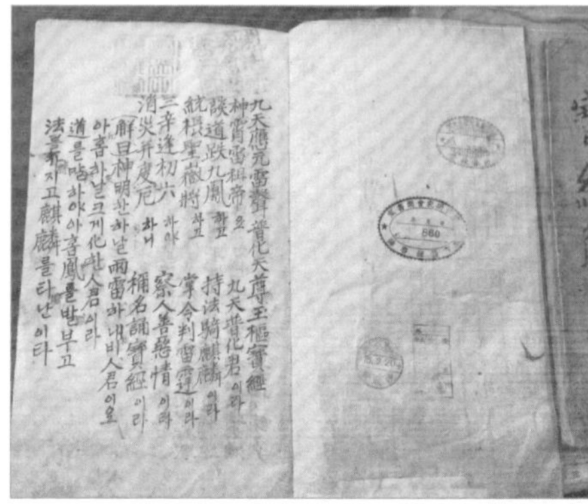

[그림 Ⅲ-1-3]
〈자료 2〉『옥경해 초』

[그림 Ⅲ-1-4]
〈자료 2〉의 첫 장, 불법연구회 인장이 보이고, 책명이 표제와 다름을 알 수 있다.

〈자료 2〉『구천응원뇌성보화천존옥추보경』은 필자 미상의 필사본으로 1권 1책 반엽(半葉) 10행 20자, 펼치면 20행 20자 총 32장에 해당된다. 양이 늘어난 이유는 한글로 번역했기 때문이다. 즉, 한문 원문과 한글 번역본을 병치시키며 적고 있다. 표제를 '옥추해(玉樞解)'로 적었으나 책 내면에는 '구천응원뇌성보화천존옥추보경'이란 원명을 사용하고 있다. (그러나 이 표기는 틀렸다. 표제는 '옥경해 초(玉經解 抄)'라 적혀 있다. 특이점은 표제 하단에 초(抄)라 적어 어디서 옮겨 적었음을 시사하고 있다. 그것은 〈자료 4〉를 보면 바로 확인이 된다.) 〈자료 4〉는 〈옥추경〉에 〈음부경〉을 합하였고 둘을 모두 번역한 것이다. 〈자료 2〉는 〈자료 4〉에서 〈옥추경〉 부분만 따로 떼어 적었던 것으로 보인다. 원문과 번역이 거의 그대로 일치하기 때문이다. 어떤 필요로 그랬던 것이다. 〈자료 2〉와 〈자료 4〉의 〈옥추경〉 원문 내용은 〈자료 1〉과 일치한다. 그렇다고 〈자료 1〉을 〈자료 2〉와 〈자료 4〉의 원본으로 단순 규정하기는 어렵다. 역시 일체의 부전이나 그림이 없는 특징을 가진다. 본 서에서는 원명을 살려 〈자료 2〉를 〈옥경해 초(玉經解 抄)〉라 부르기로 한다.

[그림 Ⅲ-1-5]

〈자료 3〉『옥추보경』 표지

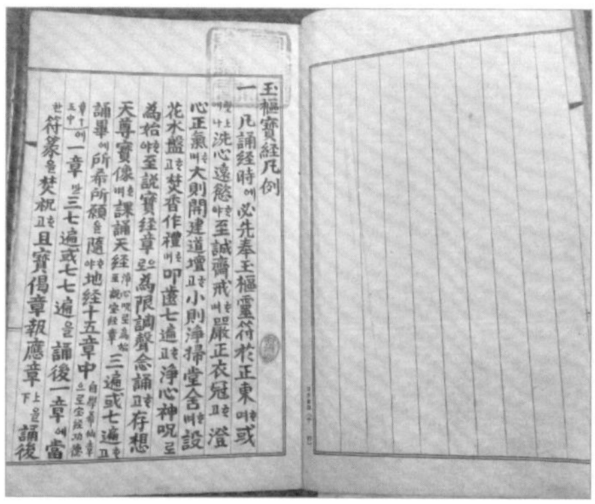

[그림 Ⅲ-1-6]

〈자료 3〉의 첫 장, 원광대학교 장서와 박해창의 인장이 보인다.

〈자료 3〉『옥추보경(玉樞寶經)』은 위의 〈자료 1〉과 〈자료 2〉와 전혀 다른 체제를 한 책이다. 필사자의 인장이 확인된 점은 특이한 점이다. 서지에 따르면 1934년 박해창이 옮겨 적었다. 책의 상태도 비교적 깨끗하고, 정성 들여 쓴 것으로 처음부터 끝까지 필체가 흐트러지지 않았다. 국한문을 혼용하였으나 일정한 규칙을 보여주지는 못하여 거의 한문본이라 봐도 무방하다. 기타 서지사항은 위의 내용과 같다.

내용은 〈자료 1〉과 〈자료 2〉의 두 책은 물론 나머지 책들과도 큰 차이를 보인다. 필자의 판단으로는 〈옥추경〉 계룡산본을 필사한 것으로 보이는데 〈인경(人經)〉 부분이 추가된 데서 확인된다. 계룡산본은 중국의 〈옥추경〉과 다른 편제를 한다고 하였다. 구중회에 따르면 3수 사상의 완성을 겨냥한 한국적 재창출이라 했는데, 여기에 해당하는 것이다. 계룡산본은 1888년 필사본이 최초의 것으로 확인되었는데 이후 많은 필사가 이루어진 것으로 추정된다.

이 책의 특징은 변상도나 신상의 그림은 없지만, 부전을 그려넣어 중요성을 강조한 점이다. 보현사본을 모본으로 하고 여기에 〈인경〉 부분을 더한 완성본의 체제를 갖춘 것으로 여겨진다. 보현사본은 소위 〈그림옥추경〉이라 할 정도로 다양한 변상도와 신상도 및 부전들이 두루 갖추어진 판본을 말한다. 그런데 여기서 다루는 〈자료 3〉의 『옥추보경』은 그중 부전은 취하고 나머지 그림은 취하지 않은 특징이 있다는 의미다. 이는 역시 독경을 목적으로 한 편제의 의도가 엿보이는 사안이다. 보현사본이 갖추고 있는 장문의 주해 부분도 빠져 있는 것을 볼 때 더욱 그러하다 할 것이다.

〈자료 4〉 『옥추보경(玉樞寶經)』은 〈음부경해(陰符經解)〉와 합철(合綴)되어 있는 특징이 있다. 여기서 해란 번역이 되었다는 의미다. 앞선 〈자료 2〉와 같은 형식이다. 원문을 단락별로 나누어 앞부분에 원문, 번역을 이어서 하는 형식이다. 앞서도 〈자료 2〉를 설명하면서 언급했듯이 〈자료 2〉의 원본에 해당하는 것으로 추정된다. 원문의 장절 구분과 그의 번역이 거의 일치하고 있기 때문이다. 불법연구회 인장을 같이 사용한 것을 봐도 그렇다. 〈음부경〉을 앞에 〈옥추경〉을 뒷부분에 위치시켰다. 그러나 책의 표제는 '보경해'로 하여 〈옥추경〉을 더 강조하고 있음을 미루어 짐작할 수 있겠다. 또 〈옥추경〉을 따로 떼어 〈자료 2〉처럼 필사를 한 정황이 〈음부경〉에서는 이루어지지 않았음도 이를 반증하는 것이다.

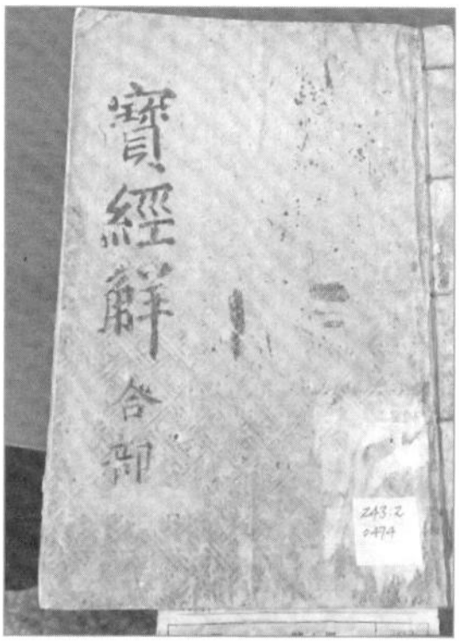

[그림 Ⅲ-1-7]

〈자료 4〉『보경해 합철』, 〈음부경〉과 〈옥추경〉이 합철.

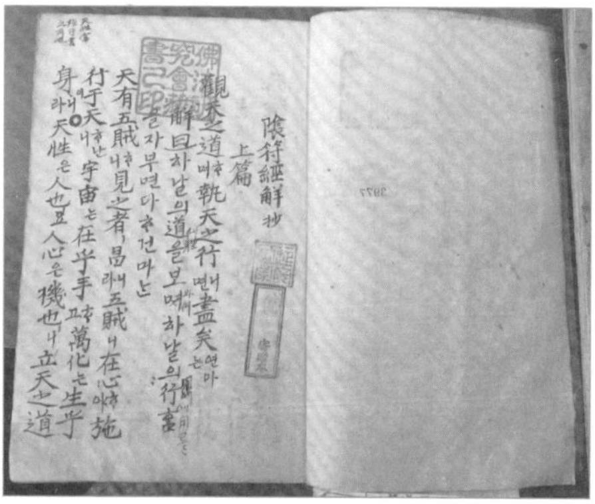

[그림 Ⅲ-1-8]

〈자료 4〉의 첫 장, 불법연구회 인장과 〈음부경〉명이 보인다.

『고서 목록』[19]에 보이는 다른 〈음부경〉은 필사본으로 도덕경과 합철되어 있다. 이 책은 4처럼 불법연구회 인장이 보이지 않는다. 소태산이 참고하였다는 도교 경전 둘을 〈옥추경〉과 〈음부경〉으로 꼽고 있는데 이 합철은 적어도 아님을 알 수 있겠다. 합철이 되어 있는데 그냥 넘어갈 리가 없기 때문이다. 그렇다면 소태산이 읽은 책은 이 합철본이 아닌가 추정할 수 있다.

19 『고서 목록』, 원광대학교 중앙도서관, 1994.

이렇게 보면 〈자료 4〉의 서지사항에 오류가 있음이 확인된다. 이는 1권 1책이 아니라 2권 1책이 되어야 한다. 〈음부경해〉와 합철을 인식하면서도 1책으로 표기한 점은 표기 오류가 있지 않았나 한다. 본 서에서는 원본의 특징을 살려 『옥추보경(玉樞寶經) 합철(合綴)』이라 칭하기로 한다.

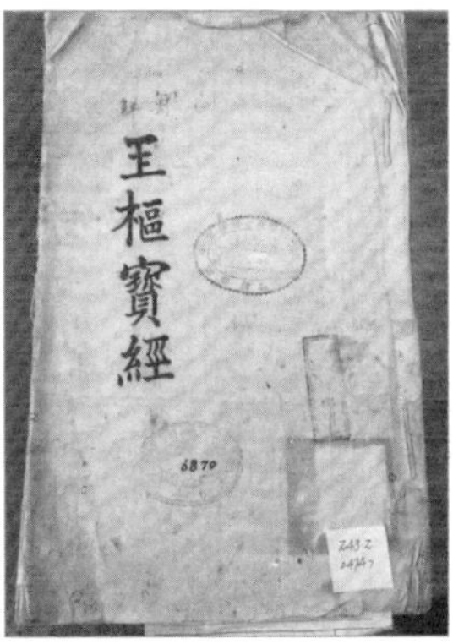

[그림 Ⅲ-1-9]
〈자료 5〉『옥추보경』 표제.

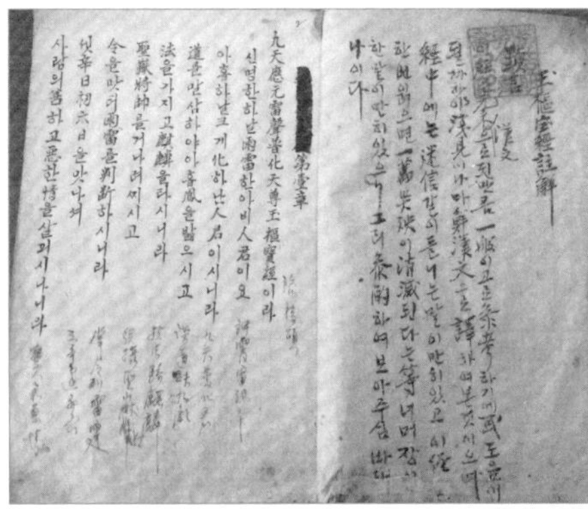

[그림 Ⅲ-1-10]
〈자료 5〉의 첫 장, 원제 '옥추보경주해', 불법연구회 인장 확인.

〈자료 5〉번 『옥추보경주해(玉樞寶經註解)』는 필자 미상의 필사본이다. 표제는 '옥추보경(玉樞寶經)'으로 되어 있는데, 굳이 주해가 붙은 것을 목록으로 정한 것은 이것이 한글 번역본이었기 때문이 아니었나 한다. 그리고 표지를 넘기면 '玉樞寶經註解'가 표기된 서문을 부기하였다. 그리고 표지 '옥추보경'이란 큰글씨의 제목 위에 작게 '해(解) 선(鮮)'이라 적어 번역본임을 표시하였다. 순수 한글 번역이라 보기는 어렵고 국한혼용의 번역이라 하여야 하겠다.

이 책은 어떤 의도가 있었는지 장절 부분을 모두 먹으로 지워놓았다. 아마도 필사된 장절 구분이 사용 목적과 부합하지 않았기 때문이 아닌가 추정하게 된다. 이를 확인시키는 것으로 보이는 다른 체계의 장절 구분이 먹줄 옆에 표시되어 있는데 이 부분은 뒤에서 별도로 다룬다.

이 번역책의 원본은 앞서 살폈던 〈자료 1〉『구천응원뇌성보화천존옥추보경』에 해당되는 것으로 판단된다. 물론 〈자료 2〉와 〈자료 4〉 번역본과의 상관성도 가진다.

〈자료 6〉은 목록에 서지가 없어 정확한 설명을 하기 어렵다. 그리고 이 책은 다른 5권의 책과 다른 체제를 가지고 있을뿐더러 집주가 곁들어진 책이다. 집주 내용이 방대하여 이를 모두 옮기는 데 적지 않은 노력이 들어간 책이라 여겨진다. 장절 구분이 다른 것과 다르고 후미 부분은 일부 소실된 흔적이 있다. 장절 표시도 일실된 곳이 있다. 일체의 그림이 없고 부전도 없다. 이 점으로 미루어 볼 때 이는 독경 전용이 아니라 순수한 원전 공부와 연구를 위해 옮겨 적은 것으로 추정된다. 필체의 흐트러짐(특히 집주 부분)은 개인 사용 용도를 목적으로 하였음이 확인되는 요소라 할 것이다.

앞서 소개한 자료들은 동일한 소장처여서 서로 상관성이 있다. 특히 번역 과정이 순차적이어서 순서를 정할 수 있다. 이를 다시 정리하면 다음과 같은 이본의 계보가 나온다. 원래 〈옥추경〉과 〈음부경〉의 합철본인 4가 있었고 여기서 〈옥추경〉만을 떼내어 만든 〈옥경해 초〉 2가 나온다. 이것은 한문 원문과 번역이 병기되어 있는 것이라 보기에 불편할 수 있다. 혹은 어떤 목적에는 특히 국문 독경으로는 몹시 불편하다. 그래서 한문을 빼고 국문만을 따로 모은 것이 〈자료 5〉다. 그리고 한문본만을 빼서 묶은 것이 〈자료 1〉이 된다. 순서를 이대로만 확정하기는 어렵고 추후 세밀한 분석이 필요하나, 서로 연관성이 있는 불법연구회와 원광대학교 도서관에 귀속된 자료에 한정하면 이와 같은 순서가 정해진다 하겠다. 〈자료 3〉은 별도의 것으로 위의 계보 형성과 큰 관련은 없는 듯하고 〈자료 6〉은 출처와 체계가 불분명하다. 즉, 한글 번역본은 〈자료 4-2-5〉 순으로 합철본에서 〈옥추경〉 한글본으로의 진행을 확인할 수 있다. 이를 수정된 명칭을 사용하여 다시 표기하면 4. 『옥추보경(玉樞寶經) 합철(合綴)』 - 2. 『옥경해 초(玉經解 抄)』 - 5. 『옥추보경주해(玉樞寶經註解)』의 순이 되겠다.

한글본은 〈자료 4-5〉로 합철본에서 직접 순 한글본으로 전개되었을 수도 있겠으나, 표기법이나 번역에 사용한 단어와 어법 어투의 빈도수를 비교할 때 단계적으로 전개되었다고 보는 것이 자연스럽다. 한문본은 〈자료 1-4〉로 상정할 수 있겠으나 이 둘은 별도의 이본에서 유래되었을 가능성도 있다. 중요한 것은 한글본 확정으로의 단계적 과정이 있었음을 보여주는 것이다. 이런 절차는 어떤 목적과 의식의 필요성으로 비롯된 것이 아니면 안 된다. 독경과 한문 탈피의 주체의식 혹은 무식자 여성을 위한 배려 등으로 추정할 수 있다. 당시는 한글만 익히는 일도 큰일이 아니었던가.

'불법연구회'본 <옥추경>의 특징과 단조직 기도문

앞서 살폈듯이 불법연구회 소장본은 일련의 계보를 형성한다. 〈자료 4〉를 거의 그대로 옮겨 적은 것으로 보이는 〈자료 2〉를 더하면 앞서 논의한 〈자료 4 → 2 → 5〉의 〈옥추경〉 발전 계보가 형성됨을 알 수 있다. 왜 이런 진행을 거쳐야 했는지는 앞서 추정했듯이 독경을 위한 주체적 한글 사용 혹은 여성을 겨냥한 의도가 있었음을 추정할 수 있다.

소태산 자신은 〈옥추경〉을 한문 원문으로 읽는 데 아무 불편이 없었을 것이다. 그의 제자들도 모두 이 정도의 원문을 읽고 해석하는 데는 큰 어려움이 없었을 것이다. 그러나 뒤에 합류하게 되는 여성 제자들의 경우에는 상황이 다를 수 있다. 한글본이 필요했던 이유는 여기에 있을 가능성도 있다. 그러나 여성 제자가 모여든 시기는 대각 후 수년이 지난 다음의 일이다. 그럼 이 시기에도 〈옥추경〉을 활용하였던가 하는 점과 어떤 용도였던가 하는 물음이 야기된다. 더구나 이는 당시 이미 제정된 교서의 편찬 및 활용과 배치 시기와 겹치기 때문이다(〈수양연구요론〉, 〈보경육대요령〉, 〈보경삼대요령〉 등). 또 소태산 각 후 참고로 잠시 읽어봤다는 교사의 기록과도 배치되는 내용이다. 그러므로 각 후 십수 년이 지나 여성만을 위해 한글화했다 한 점은 충분한 변이 될 수 없다.

초기 구인제자들과의 상관성을 생각해볼 수 있다. 그러나 이들은 충분한 한문해독력이 있었기 때문에 굳이 번역이 불필요했다 추정된다. 혹시 제자 중 실력이 미진한 사람이 있었다고 해도 일정의 교육을 통해 충분히 해독할 정도의 기본 실력은 갖추고 있었을 터이다. 여기에 대해서 알 수 있는 기록이 없어 추정하여 밝히는 도리밖에 없으나, 확실한 것은 〈옥추경〉이 참고한 정도의 경은 아니었다는 점이다. 충분히 활용하였고 그 활용범위 또한 소태산에게만 한정된 것은 아니었다.

일관된 한글본 작업 과정은 소태산 자신은 물론 구인제자를 위한 독해용은 아니었다. 이후 여성 제자들에게로 이어질 가능성은 있겠으나 시간 차이가 문제다. 이 언저리에 살펴야 하는 자료가 있다. 소태산이 지은『조선불교혁신론』의 4장 "외방의 불교를 조선의 불교로"에 이런 구절이 눈에 띈다.

> 조선 사람이 일반적으로 배우기도 어렵고 알기도 어려운 한문으로써 경전이 대개 되야잇는고로 그 경전을 조선사회에 내여놓고 유무식 남녀노소를 망라하야 가르쳐주기가 어려울 것이니 우리는 인도불교에도 끌리지 말고 중국불교에도 끌리지 말고 조선재래불교에도 끌리지 말고 …조선 명사와 숙어와 조선 문자에 혹 한문을 가하야 교리와 제도를 정선하여 일로써 초등 교과서를 정하고….[20]

『조선불교혁신론』은 1935년 출간되었지만 1920년대부터 초안하였다 하니, 소태산은 한문 경전의 한글화에 대한 생각을 일찍부터 해왔음을 알 수 있다. 〈옥추경〉의 한글화를 추진하였던 바는 이와 무관하지 않았을 것이다.

20 박중빈, 『조선불교혁신론』 제4장, 1935.

그러나 한글화가 하필 〈옥추경〉인가 하는 점은 또 설명이 안 된다. 한문 경전의 한글화는 어떤 목적이 있었기 때문이다. 여기서 우리는 〈옥추경〉의 활용도를 생각해야 한다. 이 경을 어디에 활용하였던 것일까. 이를 위해서는 이 경이 가진 내용이 어느 교리와 사상과 상관성이 있는가를 먼저 살펴야 한다. 먼저 추정 가능한 것을 들어보자.

앞서 언급했듯이 〈옥추경〉의 조선 후기 활용 전통은 독경신앙과 연결된다. 그 정황을 포괄적으로 살핀 연후 설명해야 하지만, 독경용도로 쓰였던 점은 일반적 인식이었다. 독경은 도를 이루려는 염원으로부터 소소하고 일상적인 일의 해결까지 두루 해당되던 고유의 신앙 형태였고, 〈옥추경〉은 식자층과 민중들에게 두루 통용된 필수 경이었다. 특히 〈옥추경〉은 귀신을 녹이는 경으로 유명하여 구한말기 국혼상실기 민중들이 크게 의지하였던 경이었다. 아울러 일체의 부정적인 것을 제거하고 초복의 영험함을 실현하는 무속신앙계의 대표 경이었던 것이다. 그 신앙 대상은 도교의 신관과 관련이 있는 '옥황상제' 혹은 '구천응원뇌성보화천존'이 그것이나 조선조에는 이미 도교의 무속화를 겪은 이후의 사정이다.[21]

독경신앙과 관련되는 불법연구회 소장 〈옥추경〉에 보이는 특이 표시가 주목된다. 즉, 위에서 논의된 불법연구회 소장본 〈옥추경〉 〈자료 5〉의 경우가 그것이다. 이 책은 〈자료 4-2-5〉로 이어진 마지막 본이다. 그러므로 이것을 주로 활용하였을 것이라 추정되는데, 이를 입증하는 단서가 제시되고 있다. 이 경의 활용 과정에서 나왔다고 보이는 특별한 표시 즉, 먹으로 장절을 지운 말소 부분과 별도의 장절

---

21 이능화, 『조선도교사』, 보성문화사, 2000. 김태곤, 『한국무속연구』, 집문당, 1981. 이정재, 「소태산 구도과정의 민간신앙 상관성 연구」, 『한국신종교학회』 34, 2016.

을 첨부한 표식이 그것이다. 말소된 부분은 아직 확인할 수 없다. 먹으로 쓴 세로 글씨 위에 다시 먹으로 덧칠해놓아서 판독이 난해한 상황이다. 여기서는 식별 가능한 첨부표식만을 알아본다. 다음과 같은 표시다([그림 Ⅲ-1-9]~[그림 Ⅲ-1-12] 참조).[22]

(長 一), (乾 三), (坎 六), (艮 七), (震 九), (巽 十), (离 十), (坤 十三), (兌 十四), (中 十五)[23]

[그림 Ⅲ-1-11]
〈자료 5〉의 17번째 장, 두 개의 먹줄과 왼쪽 장에 (장 1) 표식이 보인다.

22 [그림 Ⅲ-1-10]은 〈자료 5〉에 해당되는 『옥추보경』이고, 불법연구회 인장이 보인다. [그림 Ⅲ-1-11]과 [그림 Ⅲ-1-12]는 각각 먹줄과 (중 15)의 단조직 표식이 보인다.

23 원본에도 괄호로 표시를 하였다.

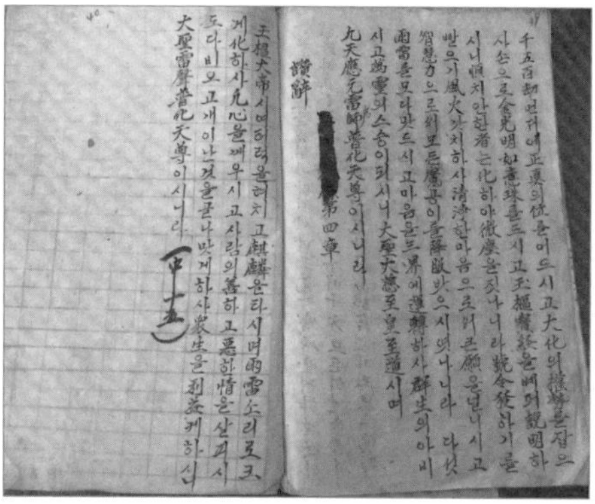

[그림 Ⅲ-1-12]
〈자료 5〉의 마지막 장, 먹줄과 왼쪽 장에 (중 15) 표식이 보인다.

즉, 순서대로 장 1, 건 3, 감 6, 간 7, 진 9, 손 10, 리 10, 곤 13, 태 14, 중 15의 순이다. 이 표식은 먹붓으로 썼다. [그림 Ⅲ-1-11] 〈자료 5〉에서 '장 1'의 표식이 보이고 [그림 Ⅲ-1-12] 〈자료 5〉에서는 마지막 부분 '중 15' 표식이 보인다. 이런 식으로 '장 1'에서 '중 15'까지의 단락 구분이 매겨졌다. 이것은 기존의 것과 달리 독자적인 장절을 구분하는 용도로 적어놓은 것이라 여겨진다. 〈옥추경〉 전체를 위의 순서대로 총 10개 부분으로 나누었다.

위에서 〈옥추경〉 이본 〈자료 5〉번을 설명하면서 다음과 같은 언급을 하였다.

"이 책은 어떤 용도로 쓰였는지 아니면 어떤 의도가 있었는지 장절의 부분을 모두 먹으로 지워놓았다. 아마도 필사된 장절의 구분이 사용의 목적과 부합하지 않았기 때문이 아닌가 하는 추정을 하게 된다. 이를 확인시키는 것으로 보이는 다른 체계의 장절 구분이 먹줄 옆에 표시되어 있는데 이 부분은 뒤에서 별도로 다룬다."

이 표시는 독자적인 장절의 구분으로 일반적인 장절 구분이 아니다. 이 구분은 통상 나누는 총 27장의 〈옥추경〉을 10개 장으로 묶어 재배정한 것이다. 즉, 먹으로 지워놓은 부분과 별도로 '장 1'에서 '중 15'까지의 별도 표시를 설명했던 부분이다. 이 별도표식은 총 10개 부분이고, 다음의 구성을 하고 있다(먹으로 지운 부분을 이후 '말소(抹消)표식'이라 칭하고, 첨가된 부분을 '첨부(添附)표식'이라 칭함).[24]

長 一에 10개 장(章), 乾 三에 3개 장, 坎 六에 1개 장, 艮 七에 2개 장, 震 九에 2개 장, 巽 十에 1개 장, 离 十에 1개 장, 坤 十三에 1개 장, 兌 十四에 2개 장, 中 十五에 4개 장을 배정하고 있다.

이런 첨부표식 구성은 한국이나 중국에서 한 통상적인 〈옥추경〉의 장절 구분법과 다르다. 한국의 경우 보통 〈천경〉과 〈지경〉으로 나누고, 이를 각각 〈천경〉 9개 장(章), 〈지경〉 15개 장(혹은 17개 장) 총 24개 장으로 구분한다.[25] 불법연구회 〈자료 5〉는 이런 구분과 달리 10개의 구획으로 구분하여 통상적인 〈옥추경〉 구분 방식을 따르지 않았다. 어떤 활용 목적으로 10개의 단위로 나눈 의도임이 드러난다. 실제로 소태산이 짠 단조직과 상응하고, 팔괘에 따른 팔방의 표시도 일치한다. 〈자료 5〉에 표시된 첨부표식의 순서를 보면 문왕 팔괘 순서와 일치한다. 즉, 문왕 팔괘의 팔방에 장(長)과 중앙(中央)을 추가하여 10개의 구분으로 나누었음을 알 수 있다. 여기서 장은 단장을 의미한다. 이는 불법연구회 십인일단 조직과 일치하며, 구인기도 팔방에 따른 기도 형식과도 일치한다.

"박중빈은 조단 방법을 강구하였다. 1916년 겨울 여덟 제자를 예

---

24 표시(表示)와 표식(表式)은 각각 '겉으로 드러내 보이는 것'을, '무엇을 나타내 보이는 일정한 방식'을 의미하는데 〈자료 5〉가 보여주는 말소와 첨부 형식이 일정한 체계로 이루어지고 있어 표식이라 표기한다.

25 보게장, 보응장을 장절에 포함했는가 여부에 따라 다르다. 보통은 제외된 경우가 많다. 이는 가장 널리 알려진 보현사본을 모본으로 한 최병두의 것과 같다. 불법연구회본은 이런 구분과 다른데 이는 추후 검토하기로 한다.

선할 때 벌써 10인 1단 법을 구상하였다. 1917년 9월 12일(음력 칠월 스무엿샛날), 박중빈은 장차 시방세계 모든 사람을 통치 교화할 단 조직법을 제정하고….”[26]

조직의 구성은 10인을 1단으로 하고, 그중의 1인은 단장이 되어 9인 단원의 공부와 사업을 지도 감독케 한다. 단원 10명은 시방세계를 뜻한다. 시방(十方)이란 사방(四方), 사우(四隅), 상하(上下)를 통틀어 일컫는 말이다. 이 방위가 의미하는 바는 이 세상 모든 사람을 빠짐없이 통괄한다는 상징성을 가지면서도 실제로 단계적 절차를 밟을 경우 물리적으로도 가능한 조직임을 의미한 것이다. 각 조직의 1인은 윗단의 한 단원임과 동시에 아랫단을 솔선하는 단장이 되어 아홉을 통솔할 수 있는 조직체계다. 각자 상통 하달의 핵심 임무가 부여된 것이다. 원래 단조직은 교화단법과 달리 구인기도 시 방위의 개념이 더욱 부각되었다.[27]

최초 구인제자들의 방위별 지정과 기도처 선별은 최초이면서 시방세계를 섭렵한다는 의미를 담고 있다고 다시 강조해 말할 수 있다. 각 단원들의 칭호는 시방의 방위를 따라 정하였는데 그 방법이 독특하다. 문왕 팔괘(文王八卦)[28]에 따르면 건(乾), 감(坎), 간(艮), 진(震), 손(巽), 이(离), 곤(坤), 태(兌) 8방으로 이전의 복희 팔괘와는 다른 방향과 조합을 정한 것이다. 이는 각각 서북, 북, 북동, 동, 동남, 남,

---

26 박용덕, 『원불교 초기교단사 1-소태산의 대각 방언조합운동의 전개』, 원광대학교출판국, 1997, 272-274쪽.

27 장진수, 「불법연구회 교화단사-단조직의 변천 과정을 중심으로」, 『정신개벽』 17.

28 팔괘도는 6천 년 전에 천지창조의 이치를 밝힌 복희의 팔괘도. 3천 년 전에 지상 생활에서의 인간 절의의 이치를 밝힌 문왕 팔괘도가 있다. 두 괘도 외에도, 지금부터 1백 년 전 후천 개벽시대의 자연계와 인간의 미래력을 밝힌 우리나라 사람 일부(一夫) 김항(1826-1898)의 正易이 있다. 복희 팔괘는 음양이 조화를 이루고 있으며, 문왕 팔괘는 조화를 이루지 못하고 있다. 정역은 자연과 인문이 극도로 조화된 우주의 이상과 인간 완성을 상징한다.

남서, 서, 상, 하를 가리킨다. 소태산은 여기에 중앙과 단장을 추가하여 10개 방위를 만들었다. 중앙은 땅을 응하고 단장은 하늘을 응한다. 모든 단원은 이 시방의 방위에 따라 기도처 산봉우리가 정해지고 각 방향에 따라 기도를 올렸다.[29]

〈자료 5〉에 새긴 별도표식은 문왕 팔괘의 팔방에 중앙과 단장을 더한 초기교단의 십인일단 조직법과 일치할 뿐만 아니라, 그 조직에 따른 팔방 기도 형식이 일치하고 있다. 총 10개 부분으로 나눈 것은 십인에 각각 주어진 기도문이란 추정이고 그 방위에 따라 기도를 올렸다는 추론이 가능하다. 이공주와 김영신 및 이경순의 중앙단원 〈옥추경〉 기도문이 이 구분과 일치한다.[30] 이공주가 언급한 바와 같이[31]

---

29 소태산의 십인일단 조직은 한반도에 없었던 조직법이었다. 몽골의 군대 조직법에 십호장법이 있다. 십인일단법과 마찬가지로 각 구성원은 별도로 구인을 거느릴 수 있는데 이렇게 되면 최초 단장 즉 십호장은 다시 백호장이 되는 체계다. 백호장은 다시 천호장이 되어 막강한 군사력을 발휘할 수 있는 체제다. 이 둘이 어떤 연관성이 있는지는 아직 연구가 없다.

30 이경순의 자료는 『원광』지 2017년 10월호 이후에 전문을 소개했다. 밝혔듯이 중앙단원 이공주의 것과 일치하며 상기 분류의 (중 15)와도 일치한다. 김영신의 것은 『원광』지에 실린 관련 자료(2017. 7.)를 옮겨 본다. 불법연구회 시기에 익산과 경성에서 두루 활용되던 〈옥추경〉 기도는 이런 진리불공법의 일환이었던 것 같다. 송경과 주문에 해당되는 것이 앞서 제시했던 이공주의 중앙단원으로서의 〈옥추경〉 주문이었던 것이다. 김영신의 예를 들어 이 점을 다시 확인하기로 하자. 『구도역정기(원불교신서2)』 김영신 편의 〈옥추경〉 기도의 일부를 옮겨보자.
"구룡헌(九龍軒) 대강당-공회당에서는 아침 좌선, 예회, 야회 외에도, 특별히 날을 잡아 기도를 드리기도 하였다. 기도 때는 저녁시간을 잡았고, 방 한가운데 상위에 청수동이를 놓고 양가에는 촛불 두 개 켜놓고 그것을 중심으로 둘러앉았다. 남자부와 여자부는 상호 반대 위치에서 마주보고 각자의 단별 방위를 따라 자리 잡아 앉았다. 이 기도식에는 종사주 친히 좌정하시어 기도 알리는 죽비를 딱 치면 우리는 일제히 방위별로 옥추보경을 소리내어 외웠다. [천존님 말씀하사 천존이라 하심은 대자하심으로 대존대성이라 하시니 중생의 아비가 만령의 스승이 되며 이제 모든 하늘이 다 어질게 보나니라] 하고 외우는 사람도 있었고, [신명한 하늘 우레 할아버지 임금이요 아홉하늘 크게 화한 임금이라 도를 말하며 아홉봉우리를 밟고 법을 가지고 기린을 타나니라] 아예 첫머리부터 시작하는 방위도 있으며, [천존이 말씀하사되 도란 자는 정성으로써 지키며 부끄러움으로써 쓰나니 정성을 써매 어린 것 같고 묵묵함을 써매 굴한 거 같으니 대범이 같이 한즉 더불어 얼굴을 잊을 것이요 가히 더불어 나를 잊을 것이요…]."
이 암기된 경문은 〈옥추경〉 경책의 앞에 나오는 2장 재옥청천중장에서 제7장 도이성입장에 나오는 내용의 일부분에 해당되는 것들이다.

31 "원기 13년 4월 15일경에 대종사님께서는 이공주 선생과 4-5인의 여자회원들에게 말씀하시기를 '여자 중에서도 초창기 구인기도 시와 같이 기도를 드려보면 어떻겠느냐?' 하시었다. 이에 여자회원들이 '지시해 주시면 그대로 거행하여 보겠습니다' 하고 말씀을 드리니…(청하문총간행회 편, 『구타원대봉도 일대기, 한마음 한길로』, 익산, 원불교출판사, 1984, 75쪽)."

구인기도 당시 〈옥추경〉을 독송경으로 활용했을 가능성이 있다. 다만 〈자료 5〉 자체가 길룡리에서 사용한 것인지 여부는 확인할 수 없다. 비록 〈자료 5〉가 길룡리 당시의 것이 아니더라도 그 단조직의 체제와 일치하고 있다. 이러한 점은 원본의 문제를 넘어 동일계통으로 볼 수 있는 가능성이 충분하다.

길룡리 구인기도 시의 원본 여부를 제기하는 것은 〈자료 5〉의 이전 본인 〈자료 1, 4, 2〉 특히 〈자료 4-2〉의 과정을 도외시할 수 없기 때문이다. 앞서 보았듯이 〈자료 4〉는 〈음부경〉과의 합철 원문 수록 번역본이고, 〈자료 2〉는 그중 〈옥추경〉만을 떼어낸 것이다. 5가 4와 다른 점은 한문 원문을 빼고 순 한글만으로 이루어졌다는 점이다. 〈자료 4 → 2〉는 〈옥추경〉만을 활용하기 위해서 〈음부경〉과 분리한 것이고 〈자료 2 → 5〉는 불필요한 한문을 뺀 것이다. 활용도의 측면에서 볼 때 그 목적은 순수 독경용으로 사용하기 위한 것이란 점이 드러난 것이고, 실제로 그렇게 했던 것이라 보인다. 기도 초기에 〈자료 5〉를 사용하지 않고 4와 2를 거쳤을 가능성은 열려 있다. 그러나 해당 본 어디에도 단조직과 관련된 표식이 찾아지지 않는다. 단조직 이전에 사용했던지 별도의 장절 표시를 가하지 않고 사용했던지 문제로 좁혀지겠으나, 단조직 관련 활용 정도로 볼 때 〈자료 5〉와는 거리감이 있다.

한편 첨부표식의 팔방과 장과 중앙까지의 뒤에 붙은 1에서 15까지의 숫자는 무엇을 의미하는지 불분명하다. 즉, 장 1, 건 3, 감 6, 간 7, 진 9, 손 10, 리 10, 곤 13, 태 14, 중 15 상에 나타나는 불규칙한 숫자를 의미한다. 특히 어느 번호는 빠져 있는데(2, 4, 5, 8, 11, 12) 배정된 장의 수도 아니고 일정한 번호 매김도 아니어서 별도의 분석이 요구되는 부분이다. 추정컨대 이는 각 장수의 시작 번호를 표시한 것으로 여겨진다. 즉, 총 15개 장에 일련의 번호를 주었을 때 장 3은 세 번째 장, 감 6은 여섯 번째 장을 각각 가리키는 것이 아닌가 한다. 한편 먹으로 지워낸 부분, 즉, 말소표식은 무엇이고 또 무엇을 의미하는지도 밝혀져야 앞에서 제기한 원본 문제와 함께 더 명료하게 설명될 수 있을 것이다.

앞선 글에서 살핀 바 있듯이 이공주는 이 〈옥추경〉을 기도문으로 사용하였다.[32]

> [지정된 주문을 일심으로 독송하되 중앙단원의 주문과 그의 팔방단원의 주문은 각각 다르느니라.] 하시고 이공주 선생에게는 중앙단원의 주문을 말씀하시니 다음과 같다."
>
> "...
>
> 0 祈願文
>
> 第一章
>
> 天尊(천존)이 말씀하시되 이 경 있는 곳에 마땅히 천지, 사명으로 하여금 처소를 따라 수호케 하고 뇌부가 按察(안찰)하기로 다 달라서 때로서 상고하여 살피나니라.
>
> ...
>
> 때에 뇌사호옹이 게를 설하여 마치니라.
>
> (기원문 제2장부터 제4장까지는 생략)"

이공주에게 준 기도문의 내용은 불법연구회 〈자료 5〉에서 나눈 중

32 이정재, 「이공주의 기도문과 옥추경」, 『원광』(2017. 7.).

앙에 해당되는 기도문과 일치한다. 〈자료 5〉의 별도표식 '中 15'가 그것이다. 또한 2장에서 4장까지 생략했는데 역시 중앙에게 주어진 4개 장과 일치한다. 즉, 기도문을 일부 옮겨 적으며 말미에 "기원문 제2장부터 제4장까지는 생략"[33]이라 적었는데 〈자료 5〉의 구분을 볼 때 생략된 2-4장까지의 부분이 어떤 내용으로 채워졌는지 충분히 추정된다. 즉, 〈옥추경〉 〈지경〉 제15장 보경공덕장 이후에 해당되는 부분이 되겠다.[34] 이것은 이경순 자료로 확인이 된다.

이경순도 〈옥추경〉 기도문을 자료로 남겼는데 역시 이공주와 같이 '중 15'에 해당된다. 이들이 받은 기도문은 한글본이었고, 그 번역문의 면면은 〈자료 5〉와 거의 일치한다. 이렇게 볼 때 〈자료 4-2-5〉로 이어지는 한글본 전개 과정이 독송용 기도문을 위한 것이었음을 알 수 있다. 여성들을 위해 특별히 한글본을 만들었다 할 수 있겠으나 앞서 살폈듯이 여성 참여가 너무 늦은 시점이 문제가 된다. 원전의 한글화는 대각 초기부터 시행된 작업으로 보인다.

앞서 살펴봤듯이 구인기도 시 〈옥추경〉을 사용한 것이 사실이라면, 「불법연구회 창건사」 기록과 초기교단사에서 박용덕이 적은 구인기도 시 기도문은 그 진위 여부가 검토되어야 한다.[35] 이 기도문은 원

---

33 청하문총간행회 편, 『구타원대봉도 일대기, 한마음 한길로』, 원불교출판사, 1984, 77쪽.

34 허시성, 『도교 경전의 정수 옥추보경』, 경서원, 2009, 224쪽.

35 "단원 아무개는 삼가 재배하옵고 일심을 다하여 천지, 부모, 동포, 법률전에 발원하옵나이다. 대범 사람은 만물의 주인이옵고, 만물은 사람의 사용물이며 인도는 인의의 주체요 권모술수는 그 방편이니, 사람의 정신이 능히 만물을 지배하고 인의의 대도가 세상에 서게 되는 것은 이치의 당연함이어늘, 輓近以來로 그 주장이 위를 잃고 권모 사술이 세간에 분등하여 대도가 크게 어지러울새, 본 단원 등은 위로 사부님의 聖儀를 받들고 아래로 일반 동지의 결속을 견고히 하여 시대에 적합한 정법을 이 세상에 건설한 후, 나날이 쇠퇴해가는 세도 인심을 바로 잡기로 발원이오니, 복원 사은이시여, 일제히 감응하시와 무궁한 위력과 한없는 자비로써 저희들이 원하는 바를 이루어지게 하여 주시옵소서."
이 기도문은 「불법연구회 창건사」에 있던 것이었다. 이는 다시 『대종경』 「서품」 5장으로 이어지는데 기도문의 형식을 법문의 형식으로 수정한 것이다. 박용덕은 1934년도에 작성된 정산의 「창건사」를 인용한 것이다.

불교의 대승적 교의와 일치하는 내용으로 이뤄져 있고, 사은의 개념과 용어가 사용되었다. 구인기도 시 이미 이 사상이 정립되었는가의 여부와 함께, 사은과 〈옥추경〉의 구천보화천존 기도 대상의 불일치 등 〈옥추경〉을 끌어오면서 초래되는 문제는 작지 않다. 이 부분 역시 후고를 기약해야 할 것이다.[36]

「원불교교사」에 나와 있듯이 "축문을 낭독한 다음 지정한 주문을 독송케 하였다"[37]에 의거하여 사은전 발원의 축문과 〈옥추경〉 독경을 겸하여 병행하였을 수도 있다. 앞서 제기된 문제와 함께 논의의 보강이 요구되는 부분이나, 그간 살펴본 필자의 연구에 의거할 때 소태산은 한국의 전통문화와 전통사상의 혁신과 재구축의 과정을 밟아왔던 것으로 보인다. 앞으로 이에 대한 보강이 더 요구되는 상황이다.[38]

한 가지 중요 요소는 〈자료 5〉에 부기된 장절 첨부표식의 필체가 소태산의 것과 충분히 비교된다는 점이다. 소태산이 직접 기도를 주도하였고, 기도문을 정해줬다는 점에서 볼 때, 그의 필체 여부는 〈자료 5〉의 『옥추보경』이 구인기도 시 활용했던 가부를 결정하는 주요소가 될 수 있다. 이 역시 이후 보강되어야 할 부분이다.

---

36 음부공사의 판정을 받았다는 백지혈인은 아무래도 사은보다 옥추의 〈구천응원뇌성보화천존〉의 도가적 분위기가 더 가까워 보인다.

37 원불교정화사, 「원불교교사」 제4장 회상건설의 정초, 4. 구인단원의 기도, 『원불교전서』

38 이정재, 「소태산 구도과정의 민간신앙 상관성 연구」, 『한국신종교학회』 34, 2016. 「구사고행 일화의 의미연구-민속문화론적 분석」, 『원불교사상과 종교문화』 64, 2015, 「소태산의 구사일화 분석과 백학명과의 관계 연구: 법일화 '부처를 시험한 일' 중심으로」, 『원불교사상과 종교문화』 62, 2014.

맺음말

앞서 살핀 논의는 〈옥추경〉과 불법연구회, 단조직과 〈옥추경〉 및 〈옥추경〉 단기도의 관계를 밝힌 점이다. 즉, 〈옥추경〉은 각 후 소태산이 참고한 정도가 아닌 활용서였던 것이고, 구인선진의 산상기도에서 활용되었던 것으로 보인다. 기도의 방식은 조선대 독경신앙의 전통에 입각한 방식이었다. 그러나 이런 정황을 온전히 입증하기 위해서는 몇 차례 논구가 더 진행되어야 할 것이다.

또한 〈옥추경〉 이본을 총체적으로 분석하고 관련 자료를 동원하여 설명하였다. 불법연구회가 소장하고 있는 〈옥추경〉 이본은 조선대에 유행하던 〈옥추경〉의 전승 전통과 일치함을 알아보기 위함이었다. 구중회가 시도한 〈옥추경〉 이본 연구는 국내의 〈옥추경〉 이본의 대강을 아는 데는 충분했다. 이후 면밀한 분석을 위해 검토되어야 할 별도의 이본들을 제시하였다.

불법연구회의 〈옥추경〉 이본은 소위 〈그림옥추경〉이 아닌 〈구천응원뇌성보화천존옥추경〉의 원본을 계승한 것으로 일체의 신상도, 부전 등이 없는 것이다. 이는 순수 독경용 경책의 특징을 드러낸 것이다. 그런데 불법연구회는 독경을 한문음으로 하지 않고 번역하여 사용하고 있었다는 특징을 가진다. 한문원본의 한글화의 과정은 앞서 살폈듯이 〈자료 1-4-2-5〉의 순으로 이루어졌음을 밝혔다. 즉, 1『구천응원뇌성보화천존옥추보경(九天應元雷聲普化化天尊玉樞寶經)』-4『옥추보경(玉樞寶經)』(표제; 보경해(寶經解))-2『구천응원뇌성보화천존옥추보경(九天應元雷聲普化化天尊玉樞寶經)』(표제; 옥경해 초

(玉樞解))-5『옥추보경주해(玉樞寶經註解)』(표제; 옥추보경(玉樞寶經))의 순이다.[39]

이렇게 만들어진 한글본이 실제 독경에 사용되었는가의 문제는 자료에 표시된 표식을 분석하여 밝힐 수 있었다. 〈자료 5〉에 보이는 별도의 표식 "(長一), (乾三), (坎六), (艮七), (震九), (巽十), (离十), (坤 十三), (兌 十四), (中 十五)/ (장 1, 건 3, 감 6, 간 7, 진 9, 손 10, 리 10, 곤 13, 태 14, 중 15)"는 소태산이 조직한 십인일단 조직과 일치하며, 그 기반이 문왕 팔괘에 있었던 점도 일치하였다. 이공주와 김영신, 이경순의 기도문과 방위별 기도식에 대한 언급이 모두 이에 일치함을 볼 때 〈옥추경〉의 불법연구회와의 상관성은 확실하다.

〈자료 5〉는 단조직과 유관하고 단기도에 사용된 흔적을 잘 보여준다. 방위별로 할당된 기도문이 단원에 따라 서로 달랐던 점을 미루어볼 때 길룡리 구인선진들의 구인기도 과정을 유추할 수 있다. 즉, 소태산은 〈옥추경〉을 구인기도의 기도문으로 활용하였다. 그 과정은 문왕 팔괘에 따른 단구분, 그에 따른 단기도법으로 이어졌다.

〈옥추경〉이 소태산 각 후 봤던 활용경으로 확정되기 위해서는 이후 정치한 검토가 더 필요하고, 기도의 사상적 맥락도 점검되어야 한다. 또 가장 원불교적인 사건이었던 백지혈인과 음부공사의 판결에서 기인한 법인절에 대한 사상적 재검토도 이루어져야 한다.

논지 과정에서 미진한 부분이 드러났다. 먹으로 칠해 지워놓은 말소표식 부분이 어떤 내용이고 왜 지워야만 했던가 하는 점들에 대한

---

39 1은 그 계보가 확실치 않다.

설명이 빠졌다. 지웠던 이유는 장절의 구분을 새로이 하기 위함이었던 것 같은데, 이는 단구성 배정과 연관이 있을 것이란 추정만 할 뿐이다. 이 부분의 확인은 〈자료 5〉의 구인기도 시 활용한 원본 여부와 관련이 있기 때문에 중요하다. 아울러 교사에 나오는 축문 내용 및 사상과 기도 대상 등의 문제와 〈옥추경〉 기도의 병행 독송 문제도 검토 대상이라 하겠다.

2

『상밀주해 옥추보경』과 『옥추보경』 비교연구

불법연구회 단조직 중심

앞서 불법연구회 '구인단기도' 기도문에 대해 몇 차례에 걸쳐 고찰하였다. 교사의 기록이나 박용덕의 주장과 달리 구인단기도에 사용했던 축문이 〈옥추경〉이었고, 그 기도는 전통적 독경문화에 근거하였다. 불법연구회(약칭 '불연')가 소장했던 〈옥추경〉 자료의 서지상 위상과 가치는 국내에 존재하는 다른 〈옥추경〉과의 총체적인 검토와 비교를 통해 밝혀지기도 했다. 〈옥추경〉은 불연의 소장자료 중에서도 중요한 위치를 차지하며, 국내적으로도 그러했다. 그 주요 자료는 『보경해 합부』, 『옥경해 초』, 『옥추보경』 등 셋이다(이 셋을 '불연옥추3경'이라 칭하며 각각을 때로 '합부', '초', '보경' 등으로 약칭하기도 함).

어떤 〈옥추경〉 자료를 어떤 방법으로 사용하였는가 하는 점 등은 아직 밝혀지지 않아 보강이 필요하다. 여기에 필요한 작업은 다음의 두 자료에서 찾아진다. 『옥경해 초』와 『옥추보경』이 그것이다. 이들을 분석하여 단조직에 따른 구인기도문 확정에 이르는 과정이 어떠한지 살필 수 있다. 앞의 두 자료와 『보경해 합부』와의 관계는 단조직 과정에서 매우 중요한 요소이다. 이들 간에 이루어진 한글화 과정과 그 의미에 대한 입체적 분석이 필요하다.

앞서 언급한바 불연에서 활용하였던 〈옥추경〉의 이본을 검토하는 과정에서 문왕 팔괘 구분에 따른 단조직 결성의 흔적이 있었다. 그 상세한 기술은 뒤로 미룰 수밖에 없었는데, 『옥추보경』(〈자료 5〉)[1]에 남겨진 먹으로 지운 부분(말소표식)에 대한 분석이 필요했기 때문이다.[2] 분석이 지연된 것은 구인단기도와 법인절로 이어지는 무거운 주제이기에 거듭된 확인 절차가 요구되었기 때문이다. 이제 그 윤곽이 어느 정도 드러났기에 이를 밝혀 구인기도문과 구인기도의 의미에 대한 이해에 한 걸음 더 다가설 수 있게 되었다. 그런데 이를 밝히기 전에 먼저 검토되어야 할 사항들이 있다.

3경 중 특히 『옥추보경』은 기존 조선 전래의 〈옥추경〉과 많은 부분이 다르다. 가장 눈에 띄는 것은 장 · 절 구분에 있다. 이를 밝히기 위해서는 기존의 〈옥추경〉과의 비교가 전제되어야 한다. 이를 통해 불법연구회의 『옥추보경』이 가진 특징을 찾아낼 수 있다. 여기서는

1 앞서 다루었던 불연의 자료는 총 6종이다. 그중 논의의 주요 대상이 되었던 것은 아래의 자료다.
〈자료 2〉 『구천응원뇌성보화천존옥추보경(九天應元雷聲普化化天尊玉樞寶經)』, 필자 미상, 필사본, 표제: 옥추해(**옥경해 초)
〈자료 4〉 『옥추보경(玉樞寶經)』, 필자 미상, 필사본, 합철(合綴): 음부경해(陰符經解), 표제: 보경해(寶經解)(*** 보경해 합부)
〈자료 5〉 『옥추보경주해(玉樞寶經註解)』, 필자 미상, 필사본, 표제: 옥추보경(玉樞寶經)

2 말소표식은 다루어야 할 양이 많아 후고에서 다루기로 한다.

이본의 장 · 절 구분, 본문 외에 별도로 표기한 팔괘 등의 표시를 분석한다. 다만 이를 기술하는 과정이 번다하고 복잡하여 여기서는『옥추보경』을 먼저 다루기로 한다. 그다음에 〈자료 2〉『옥경해 초』를 분석한다. 말소 부위는 그 후에 분석이 이루어질 것이고 그때에야 비로소 단조직 결성 과정이 일목요연하게 드러날 것이다.

〈옥추경〉 기반 단조직과 그에 따른 구인기도에 대한 연구는 그간 온전히 밝히지 못했던 구인기도의 절차와 방법에 대해서도 일조할 것이다. 물론 이는 법인절이 가지는 새로운 의미 및 원불교가 지향하는 무아봉공의 실천 방식이 어떤 것이었던가 하는 점에 대한 논의로도 이어질 수 있다. 이외에도 구인기도식의 구체적인 절차가 어떠했는가 하는 점도 있다.

불법연구회 소장『보경해 합부』,『옥경해 초』,『옥추보경』의 관계와 팔괘

전해지는 내용상 〈옥추경〉의 형식은 크게 세 종류다. 원문만 전하는 것과 원문에 해설을 덧붙인 것, 그리고 원문 · 해설과 함께 그림이나 부전 등을 더한 것이다. 첫 번째 것은 '구천응원뇌성보화천존옥추보경'이란 경명으로 대체로 전해지고, 두 번째 것은 그 '집주본'으로, 세 번째 것은 소위 '상밀주해 옥추보경'(이후 '상밀주해'로 약칭)이란 경명으로 전해진다.

〈상밀주해〉는 국내에서 가장 널리 알려진 경이고, 1733년 묘향산 보현사에서 펴낸 목판 『그림옥추경』이 모본이다. 이 책은 다시 1570년에 무등산 안심사에서 나온 『옥추경』을 원본으로 하고 있다.[3] 일제강점기와 근현대의 활자판 『옥추경』이 이것을 저본으로 하고 있으나 체제는 다르다. 그림이 빠져 있고 해설도 생략됐다. 특이점은 〈천경〉과 〈지경〉을 각각 여러 장에 걸쳐 나누어놓았다는 점이다. 그 최초본은 최병두가 쓴 『상밀주해 옥추보경』(이후 『상밀주해』로 약칭함)이다. 본 논의에서 이 책이 중요한 것은 이것의 장절 구분이 불법연구회 〈옥추경〉의 장절 구분과 일치하고 있기 때문이다. 이는 다시 단조직으로 이어지고 있다. 본 서에서는 이를 기준으로 비교하기로 한다. 『상밀주해』의 장 · 절 구분을 살피고 『옥추보경』의 구성을 비교하면 어떤 과정을 거쳐 단조직이 구성되었는가를 알 수 있다.

[그림 Ⅲ-2-1]

『보경해 합부』 표지

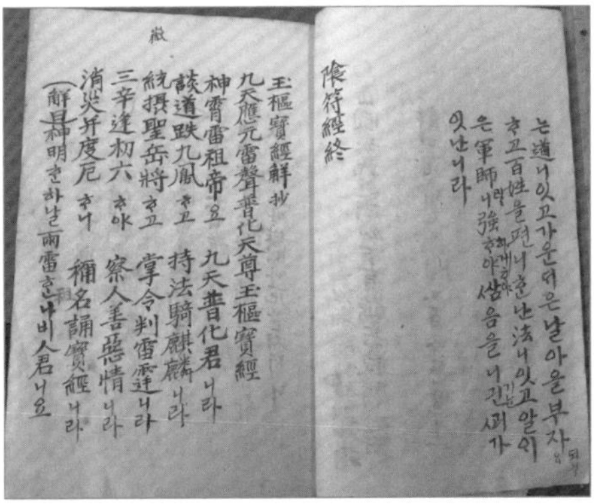

[그림 Ⅲ-2-2]

『보경해 합부』 <음부경> 마지막 장/<옥추경> 첫 장

3 구중회, 『옥추경 연구』, 동문선, 2006. 여기서 구중회는 다음과 같이 자료를 제시하고 있다: 1733년 목판 묘향산 보현사 집주본, 『그림옥추경』 원본 한문 표기. 1733년 목판 묘향산 보현사 집주본, 『그림옥추경』 수정본 한문 표기. 1838년 목판 묘향산 보현사 집주본, 『그림옥추경』(1736년 간행본) 원본 한문 표기.

『상밀주해』를 살피기 전에 여기서 다룰 불법연구회 소장본에 대해 약술할 필요가 있다. 관련된 것은 불연옥추3경 즉, 『보경해 합부』, 『옥경해 초』, 『옥추보경(주해)』 셋이다.

『보경해 합부』[4]는 〈음부경〉과 〈옥추경〉을 같이 묶어놓은 것이다([그림 Ⅲ-2-1] [그림 Ⅲ-2-2]). 한문 원문과 한글 번역을 단락별로 병술하며 전체를 번역해놓은 것이다([그림 Ⅲ-2-3] [그림 Ⅲ-2-4]).[5] 『옥경해 초』[6]는 위의 '보경해 합부'에서 〈옥추경〉 부분만을 떼어내어 엮은 것이다. 거의 그대로 옮겨왔다고 볼 수 있다. 한문 원문과 한글 번역이 교차로 이어진다([그림 Ⅲ-2-5] [그림 Ⅲ-2-6]).

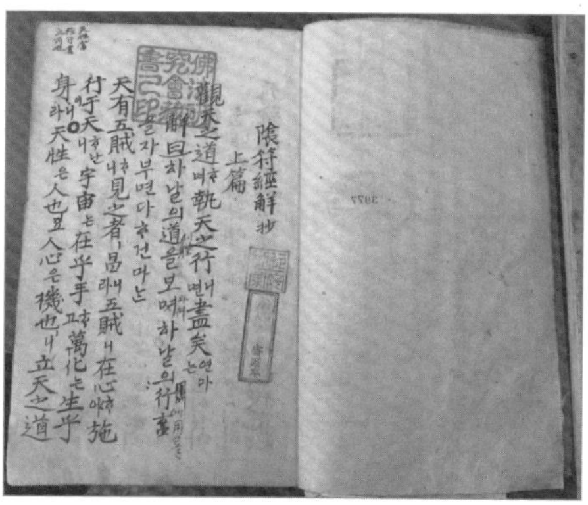

[그림 Ⅲ-2-3]
『보경해 합부』 <음부경> 첫 장

---

4 원광대학교 중앙도서관 서지; 『옥추보경(玉樞寶經)』, 필자 미상, 필사본, 1권 1책: 무계(無界), 반엽(半葉) 8행 17자; 25.9x18.1cm 선장(線裝), 저지(楮紙) 합철(合綴): 음부경해(陰符經解), 표제; 보경해(寶經解), 제의 뒤에 붙은 합부를 빠트렸다. 본 서에서는 이를 같이 쓴 『보경해 합부』로 칭한다. 〈자료 4〉

5 당시 원문을 한글로 번역한 것은 매우 드물었다. 한글 선호 불연의 전통을 엿볼 수 있는 사안이다. 또한 〈옥추경〉은 〈음부경〉과 합본으로 민중에 전해지곤 하였다. 불연의 이 자료는 그런 민중적 사상의 흐름에 부응했던 것으로 유가 전통의 연장선에서 벗어나 있음을 알 수 있다.

6 원광대학교 중앙도서관 서지; 『구천응원뇌성보화천존옥추보경九天應元雷聲普化化天尊玉樞寶經』, 필자 미상, 필사본, 1권 1책: 무계(無界), 반엽(半葉) 10행 20자; 31.2x19.3cm 선장, 표제; 옥추해(玉樞解) 이 책의 표제를 '옥추해'라 적고 있는데 오기다. '옥경해 초'로 바로잡아야 한다. 본 서에서는 이 제를 사용한다. 〈자료 2〉

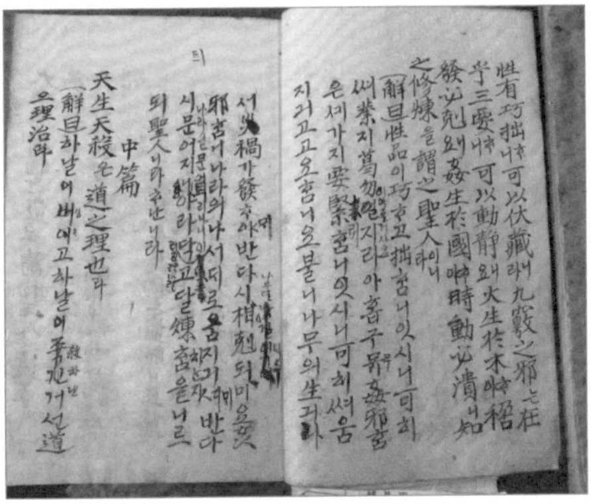

[그림 Ⅲ-2-4]
<음부경> 첫 장의 원문과 번역

[그림 Ⅲ-2-5]
『옥경해 초』 표지

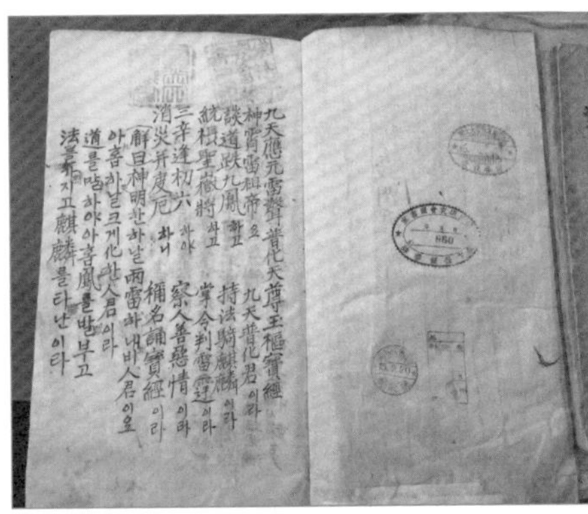

[그림 Ⅲ-2-6]
『옥경해 초』 첫 장

한글 번역 부위에 다시 한자를 군데군데 빨간색으로 달아 뜻을 더 분명히 하려 했던 흔적이 보이고, 책의 상부에 별도의 표식을 해놓았다([그림 Ⅲ-2-7] [그림 Ⅲ-2-8]). 이 부분은 뒤에서 상세히 다룬다. 『옥추보경』[7]은 그 내용이 『옥경해 초』와 거의 같다. 다만 한문으로 된 원문을 빼고 한글만을 옮겨놓은 것이다([그림 Ⅲ-2-9] [그림 Ⅲ-2-10]). 즉, 순수 한글만으로 이루어진 책이다. 이 책에도 별도의 표시가 있고, 장절 구분을 해놓았다. 이 장 · 절의 구분은 현재 먹으로 지워진 상태다. 후자를 '말소표식', 전자를 '첨부표식'이라 칭한다. 이 역시 뒤에서 상세히 다룬다.

앞의 세 경은 다시 크게 두 가지로 나뉜다. 장절을 구분한 것과 그렇지 않은 것이 그것이다. '합부'는 장절 구분이 아예 없고, '보경'은 장절 구분이 분명하다. 중간에 위치한 '초'는 과도기 모습을 보여준다고 할 수 있다. 즉, '보경'처럼 겉으로 드러나지는 않지만, 별도 표식을 통해 구분을 내정하고 있다.[8] '합부'는 '초'와 '보경'과 달리 장절 구분이 없던 책이었고, 초와 보경도 드러남과 그렇지 않음의 차이가 있어 그 발전 과정이 돋보인다고 하겠다. 발전단계는 앞선 세 단계가 아니라 한 단계가 더 있다. 말소표식이 그것이다. 장절을 지우고 다시 팔괘의 순을 적어놓았던 지점까지다. 이것의 의미는 추후 다루어질 것이다. 발전 과정은 다음의 순이 된다.

『보경해 합부』-『옥경해 초』-『옥추보경(주해)』(장절 말소 전)-『옥추보경(주해)』(장절 말소 후)

7 원광대학교 중앙도서관 서지; 『옥추보경주해(玉樞寶經註解)』 필자 미상, 필사본, 1권 1책: 무계(無界), 반엽(半葉) 10행 24자; 30x19.5cm 선장(線裝), 저지(楮紙), 표제; 옥추보경(玉樞寶經).

8 이 책의 내용 상단부에는 10개의 구분이 나타나는데, 보경과 달리 원상, 팔괘 등을 사용하였다. 이 점은 추후 상세히 살펴보기로 한다.

보경을 굳이 나누는 이유는 분명하다. 장절의 구분에 따라 단조직과 단기도의 상관성이 밝혀지기 때문이다. 또한 그에 따른 기도 방식의 발전 과정을 유추할 수 있기 때문이다. 실지로 말소 후의 보경은 단원들의 기록에서도 확인이 되며,[9] 집단단기도의 모습을 밝힐 수 있기 때문이다. 단기도와 집단단기도를 나누는 구분은 구인제자들의 기도와 이후 제자들의 기도가 달랐기 때문이다.

앞 세 종의 책을 필자는 한글화 과정에 집중하여 그 진화순을 증명한바, 『보경해 합부』–『옥경해 초』–『옥추보경』 즉, 〈자료 4〉–〈자료 2〉–〈자료 5〉의 순으로 한글화 과정이 완성된 것이고, 그 이유는 독경수행의 대중화를 위한 것이었다고 했다.

[그림 Ⅲ-2-7]
『옥경해 초』 우측 상단 표기 '震'

9 이경순과 이공주의 자료는 바로 이 마지막 본에 근거하고 있다. 말소 전의 보경으로 개별적 단기도를 수행하기 어려웠다. 이는 바꾸어 말해 완벽한 단기도 체계를 증명하는 단서이기도 하다. 즉, 말소 전의 보경은 구인제자가 법인기도를 할 당시의 체계를 보여주는 것이라는 의미다.

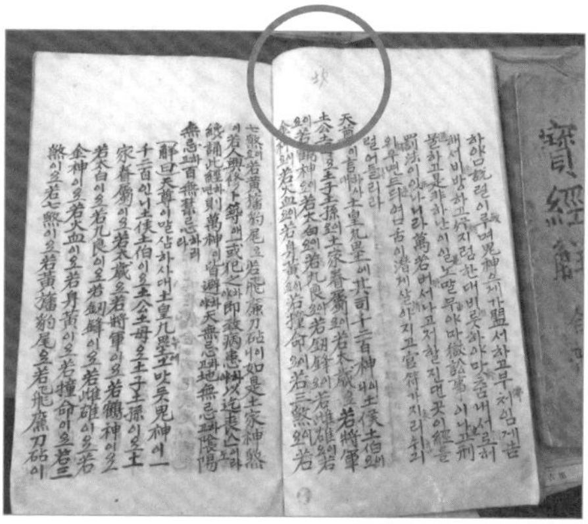

[그림 Ⅲ-2-8]
『옥경해 초』 중앙 상단 표기 '坎'

동시에 그것은 팔괘에 따른 단조직 구상의 과정이었다. 독경수행에는 일정한 형식과 방법이 따른다. 물론 이 방식은 전통적 독경신앙을 따른 것이다. 기도 초기에 '보경'을 사용하지 않고 '합부'와 '초'를 거쳤을 가능성은 열려 있다. 그 단초를 '초'에서 발견할 수 있었다.[10]

필자는 앞서 글에서 '보경'에 대해 언급을 한 바, 여기서 다룰 팔괘법에 따른 별도표식에 대해 설명하였다. 논의된 불법연구회 소장본 〈옥추경〉 5번(『옥추보경』을 가리킴)의 경우 특별한 표시 즉, 먹으로 장절을 지운 말소 부분과 별도의 장절을 첨부한 표식이 보이는데 말소된 부분을 아직 확인할 수 없다고 한 뒤 식별 가능한 첨부표식을 다음과 같이 제시하였다.

10 "해당본 어디에도 단조직과 관련된 표식이 찾아지지 않는다. 단조직 이전에 사용했던지 별도의 장절 표시를 가하지 않고 사용했던지의 문제로 좁혀지겠으나, 단조직 관련 활용 정도로 볼 때 〈자료 5〉 『옥추보경』과는 거리감이 있다." 이는 필자의 초기 연구 상황으로 아직 초에 표기되어 있는 첨부표식을 찾아내지 못했던 결과였다.

(長 一), (乾 三), (坎 六), (艮 七), (震 九), (巽 十), (离 十), (坤 十三), (兌 十四), (中 十五)

즉, 장 1, 건 3, 감 6, 간 7, 진 9, 손 10, 리 10, 곤 13, 태 14, 중 15의 순으로 먹붓으로 썼다. 이런 식으로 '장 1'에서 '중 15'까지 단락 구분이 매겨졌다. 이것은 기존의 것과 달리 독자적인 장절을 구분하는 용도로 적어놓은 것이다. 〈옥추경〉 전체를 위의 순서대로 총 10개 부분으로 나누었다.

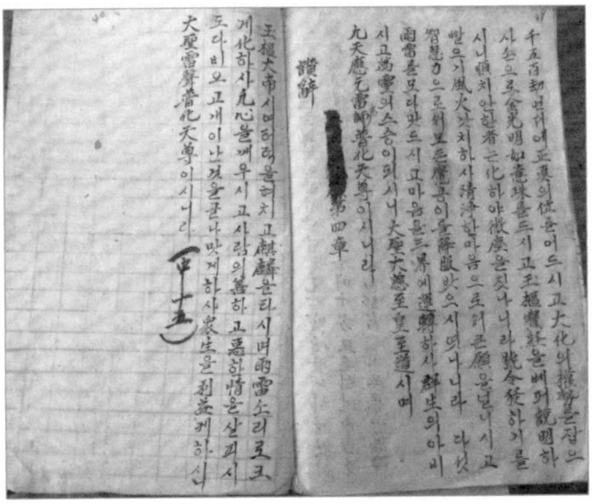

[그림 Ⅲ-2-9]
〈자료 5〉의 마지막 장, 먹줄과 왼쪽 장에 표식 '中 十五'

[그림 Ⅲ-2-10]
〈자료 5〉의 17번째 장, 두 개의 먹줄과 왼쪽 장에 표식 '長 一'

'보경'의 체계는 단조직을 전제한 것이다. 그러나 이것이 조선대의 〈옥추경〉과 어떤 관계가 있고 어떤 과정을 통해 10개의 장절 구분을 하였는가 하는 구체적인 설명은 빠져 있다.

長 一에 10개 장(章), 乾 三에 3개 장, 坎 六에 1개 장, 艮 七에 2개 장, 震 九에 2개 장, 巽 十에 1개 장, 离 十에 1개 장, 坤 十三에 1개 장, 兌 十四에 2개 장, 中 十五에 4개 장을 배정하고 있다.

이와 같은 구성은 일반적인 〈옥추경〉의 장절 구분법과 완전히 다르다. 한국의 경우 보통 크게 〈천경〉과 〈지경〉으로 나뉘고, 각각 〈천경〉 9개 장(章), 〈지경〉 15개 장(혹은 17개 장) 총 24개 장으로 구분된다.[11] 〈지경〉의 경우 보게장, 보응장을 장절에 포함했는가 여부에 따라 유동적이다. 앞서 보았듯이 불법연구회 〈자료 5〉(『옥추보경』)는 이와 달리 10개의 구획으로 구분하여 통상적인 〈옥추경〉 구분 방식을 따르지 않았다. 이는 소태산이 짠 단조직과 상응하고, 팔괘에 따른 팔방의 표시와도 일치한다.

기존의 장 · 절 구분과 달리 24개에서 10개의 장 · 절로 압축한 이유는 십인일단을 염두에 두었기 때문이나, 역시 구체적인 장절의 비교를 수행하지 못한 상태로 남아 있다. 여기서 그 구체적인 비교를 진행하며 기존의 24개 장에 해당되는 구분을 어떠한 방식으로 묶어

11 보게장, 보응장을 장절에 포함했는가 여부에 따라 다르다. 보통은 제외된 경우가 많다. 이는 가장 널리 알려진 보현사본을 모본으로 한 최병두의 것과 같다. 또한 불법연구회본은 이런 구분과 다른데 이는 추후 검토하기로 한다.

10개의 절로 만들어냈는지 살펴보자. 이 과정으로 기존 〈옥추경〉 자료와의 연계성 및 그 활용도를 확인할 수 있고, 또한 어떤 의도에 의해 장 · 절 구분이 진행되었나 확인이 될 것이다.

〈옥추경〉 이본을 분류하는 방식은 다양하다. 시기별, 출처별, 전승 주체별, 판본별, 원본 충실 정도별 등등 그 분류의 방식은 많다. 그러나 아직 이에 대한 연구는 이루어지지 않고 있다. 그중 이곳 논의에 유용한 내용상 분류는 다음이 될 것이다.

『상밀주해 옥추보경』과 장 · 절 구분

기존 『상밀주해 옥추보경』의 장 · 절 구분은 불연의 〈옥추경〉과 같은 체제이나 일부 차이점도 보인다. 이를 살피는 이유는 차이점의 추적보다 단조직 구성과의 상관성을 분명히 하는 데 있다. 한국의 〈옥추경〉 이본을 조사해보면 기존 〈옥추경〉은 장 · 절의 구분이 있는 것과 아예 없는 것이 있다. 없는 것이 원래의 모습이다. 24개의 장 · 절 구분은 후대의 공부인들에 의해 첨가된 것으로 알려져 있다. 이때 사용한 〈옥추경〉은 소위 『그림옥추경』을 저본으로 하여 재편집한 『상밀주해 옥추보경』[12] 계열이다. 여기서 이것을 택한 이유는 널리 알려진 본이란 점 이외에 내용을 종합적으로 전하는 충

12 추정 최병두, 『상밀주해 옥추보경』, 한림서원, 1922.

실도가 높고, 무엇보다도 가장 오래된 저본인 무등산 안심사본[13]과 묘향산 보현사본[14] 같은 계열의 전통적인 경이라는 데 있기도 하다. 또 이본은 근현대 〈옥추경〉의 전파에 큰 영향을 끼쳤기 때문이고, 불연옥추3경의 모본이기도 하다. 그 번역본은 여럿이 있다. 여기서는 허시성의 것을 토대로 한다.[15] 이에 따른 장 · 절 구분과 본문 내용은 다음과 같이 나뉜다.

제1부　천경

제1장　뇌자장(雷字章); 九天應元雷聲普化天尊玉樞寶經~爾時　九天應元雷聲普化天尊

제2장　재옥청천중장(在玉淸天中章); 在玉淸天中~並集七寶層臺

제3장　뇌사계백장(雷師啓白章) 時有雷師皓翁~願告쳘聞

제4장　선훈숙세장(仙勳夙世章) 天尊言 雷師皓翁~天尊寂然良久

제5장　심본차도장(心逢此道章) 天尊言 吾昔於千五百劫~爲爾宣說

제6장　지도심묘장(至道深竅章) 天尊言 爾諸天人~何道可談

제7장　도이성입장(道入誠入章) 天尊言 道者~唯一無二

제8장　연묘보장(演妙寶章) 天尊言 五今於世~四衆咸悅

제9장　설보경장(說寶經章) 天尊言 五今所說~化爲微塵

제2부　지경

제1장　학도희선장(學道希仙章) 天尊言 吾是九天貞明大聖~窸應基感

제2장　소구령장(召九靈章) 天尊言 身中九靈~宜誦此經

13 1570년 무등산 안심사 집주본, 『책제목 미상』, 원본 한문 목판본. 이것을 구중회는 『그림옥추경』 계열로 보고 있다(구중회, 『옥추경 연구』, 동문선, 2006, 87쪽).

14 1733년 묘향산 보현사 집주본, 『그림옥추경』 한문 원본 목판본.

15 허시성, 『옥추보경』, 명문당, 2017.

제3장	오행구요장(五行九曜章) 天尊言 若或有人五行奇蹇~解一切厄
제4장	침아고질장(沈痾痼疾章) 天尊言 沈痾伏枕~卽誦此經
제5장	관부장(官符章) 天尊言 天官符~官符永息
제6장	토황장(土皇章) 天尊言 土皇九壘~百無禁忌
제7장	혼합장(婚合章) 天尊言 世人夫婦~宜誦此經
제8장	조서장(鳥鼠章) 天尊言 若人居止~人物咸寗
제9장	벌묘견수장(伐廟遣祟章) 天尊曰 九天雷公將軍~其應如響
제10장	고로채장(蠱勞瘵章) 天尊言 天瘟地瘟~軍二鑑之
제11장	원행장(遠行章) 天尊言 若或有人治裝遠行~行藏協吉
제12장	항양우택장(亢陽雨澤章) 天尊言 亢陽爲虐~此經可欲以比之
제13장	면재횡장(免災橫章) 天尊言 世人欲免三災九橫之厄~壽可千歲
제14장	오뢰참감장(五雷斬勘章) 天尊言 世衰道薇~咸聽吾命
제15장	보경공덕장(寶經功德章) 天尊言 此功德經~悉得解說
	보게장(寶偈章) 於是雷師고翁對天尊前~時雷師고 翁說是偈己
	보응장(報應章) 상 · 하; 天尊言 此經傳世~天尊說是經畢~信受奉行
	신장퇴문(神將退文)

『상밀주해』에는 이외에 앞부분에 개경찬(開經讚), 계청송(啓請頌), 정심신주(淨心神呪), 정구신주(淨口神呪), 정신신주(淨身神呪), 안토지신주(安土地神呪), 정천지해예주(淨天地解穢呪), 개경현온주(開經玄蘊呪) 등이 더 있다. 이것을 한 개의 장으로 하고, 앞의 장절 구분표의 최하단 제15장 아래 보게장 이하를 다시 한 개의 장으로 보면 총 26개의 장으로 구성되어 있음을 알 수 있다. 그러나 기본적인 내용은 총 24개 장으로 나뉘어 있음이 확인된다.

『상밀주해』는 이외에도 앞부분에 〈옥추령부〉, 책 끝에 또 다수의 부적을 실어놨다. 이는 해를 부기한 집주본이기도 하다. 해경(海境) 백진인(白眞人)이 주(注)를 달고, 조천사장진군(朝天師張眞君)이 해의(解義)를, 오뢰사자장천군(五雷使者張天君)은 석(釋), 순양자부우제군(純陽子孚佑帝君)은 찬(讚)을 달아 분량이 원본보다 거의 열 배로 늘어나 3만여 자에 이른 것이 소위 〈그림옥추경〉의 이본으로 앞서 논한 두 번째 집주본의 일종이라 할 수 있다.[16]

『상밀주해 옥추보경』의 특징은 기존의 〈그림옥추경〉 원본을 간소화하고 장절 번호를 매기고 제목을 붙여 체계화하였다는 점에 있다. 또한 독경용으로 활용하기 위하여 병음을 하였고 집주 이외의 본문은 번역을 해놓았다는 점도 획기적이다. 이에 덧붙여 추사의 글을 앞부분에 더해 위엄을 갖추고자 한 여지가 돋보인다. 이 근대적 활판본이 가지는 가장 큰 가치는 서두에 부기한 〈옥추령부〉에 있다 할 것이다. 이 부는 아마도 최병두가 직접 넣은 것으로 경의 위엄은 물론 신앙적 대상으로 확정하고자 한 의도가 있다고 여겨진다. 필자가 찾은 본은 1922년도가 가장 이른 것인데 그보다 앞선 시점으로 초간본이 올라갈지는 아직 의문이다.

원래의 〈옥추경〉은 총 3,100여 자를 조금 웃도는 정도의 길지 않은 경책이다. 그중 〈천경〉은 1/3, 〈지경〉은 2/3 정도의 양에 해당하고, 이를 총 24 혹은 26개 장으로 나눌 때 장별로 평균 120여 자가 부여된다. 그런데 이 장 · 절 구분은 '구천응원뇌성보화천존옥추보경'이란 제목으로 원나라 때 나온 본에는 없던 부분이다. 이 단순한 경에

16 〈그림옥추경〉은 그 저본이 『구천응원뇌성보화천존옥추보경 집주(九天應元雷聲普化天尊玉樞寶經 集注)』(출전; 정릉도장(正綾道藏) 통진부 통(洞眞部) 옥결류(玉訣類))가 된다.

추가된 것은 (장절 구분) 이외에도 훨씬 더 다양하다. 여러 명에 의해 이루어진 해석, 찬 등과 덧붙여진 각종 그림 및 부적의 추가가 그것이다. 〈그림옥추경〉의 '신상도'와 '변상도' 다양한 '부적' 등이 해당된다. 〈옥추경〉에 이런 추가적 작업이 시대에 따라 더해지면서 다양한 이본이 양산되고, 그 결과 이본의 경향은 복잡하게 전개된다.[17] 그러나 이들은 전부 '구천' 당시의 본문은 거의 원형 그대로 유지하여 전하기 때문에 경의 내용을 파악하는 데는 혼선이 없다. 앞서 제시된 장 · 절별 단락 내용이 여기에 해당된다. 그러나 원문이 완벽하게 일치하는 것은 아니고 어떤 경우는 첨삭이 대량 가해진 경우도 있다. 이본 중 계룡산본 〈옥추경〉이 그 대표적인 예에 해당된다.

본문은 〈천경〉과 〈지경〉으로 나누지만, 이 양분도 원경에는 원래 표시되어 있지 않았다. 〈천경〉은 진리에 대한 형이상학적 설명으로 되어 있다. 즉, 도가적 분위기로 유 · 불 · 선의 진리를 두루 통섭한 내용으로 원만한 설명과 깊이 있는 내용이 주를 이룬다 할 수 있다. 인간과 천지자연에 두루 작용되는 진리적 원리(혹은 구천 당체)가 있으니 이를 암송하며 기억하고 깨달아야 한다는 내용으로 되어 있다. 〈지경〉은 이런 원리에 따라 세상 이치가 돌아가는데, 인간은 이에 순응해야 하나, 때로 그 변화에 미혹하거나 상황이 급변할 때 '구천응원뇌성보화천존'을 외우면 문제를 해결할 수 있다는 방법을 제시한 것이다. 두 가지가 어우러진 이 책은 이론과 실천을 겸비한 특이한 체제를 갖추고 있다 할 수 있다. 이런 실전적 해결책 덕분인지 〈옥추경〉은 조

17 이규경(李圭景, 1788-?)의 『오주연문장전산고(五洲衍文長箋散稿)』(민족문화추진회 편, 민족문화문고간행회, 명문당, 1992)에 언급했듯이 이미 17-8세기 당시도 많은 이본이 유전되었던 정황이 있다. 이외에도 다음 참조; 구중회, 『옥추경 연구』, 동문선, 2006.

선에서 크게 각광받고, 나아가 관련된 각종 수련법이 양산된다. 선비들에게는 권선서로, 민간에서는 재액초복과 귀신퇴치경으로, 무속에서는 특별한 경책으로, 도꾼들에게는 통령의 수단으로 발전된다. 근세 신종교는 이런 조선 후기의 분위기를 계승한 면모를 보이는데 불연의 〈옥추경〉 단기도는 이런 전통에 기반한 것이라 할 수 있다.

『옥추보경』의 장 · 절 구분

여기서 다룰 불법연구회 〈옥추경〉은 앞서 말했듯 『옥추보경』을 중심으로 하나, 『보경해 합부』, 『옥경해 초』에 대한 언급도 일부 필요하다. 앞서 논의된바 이들은 한글 번역 과정을 보이며 순차적으로 재구성되고 있다. 그중 『옥추보경』은 마지막 단계의 경이고 체계도 가장 잘 짜인 면모를 보인다. 이를 기준으로 하여 살핀 후 나머지를 분석하는 순으로 진행하는 이유가 여기에 있다.

『옥추보경』은 애초에 어떤 순에 의해 장 · 절 구분이 되어 있었다. 구분에 따라 장 · 절의 제목을 붙여놨지만 모두 먹으로 지워 알아볼 수 없다(말소표식, [그림 Ⅲ-2-9] [그림 Ⅲ-2-10]의 말소 부분 참조). 먹으로 지운 말소 부위는 모두 27개 부분이다([표 Ⅲ-2-1]). 그러나 장 · 절 구분을 모두 지운 것은 아니고 일부가 남아 있어 구분의 규칙성을 알아볼 수 있는 여지를 남겼다. 장의 이어짐에 따라 남아 있는 배열을 순서대로 옮기고 편의상 『옥추보경』 1-10의 번호를 매겨 표를 만든 것이 [표 Ⅲ-2-2]다. 즉, [표 Ⅲ-2-2]는 말소표식

묶음이다.

『옥추보경』의 장절 구분을 가져와 그대로 옮기면 다음과 같다. 먹으로 지운 부분을 말소표식이라 처리한다.

[표 Ⅲ-2-1] 말소표식 나열

말소표식(먹줄) 第壹章, 말소표식 第二章, 말소표식 第三章,
말소표식 第四章, 말소표식 第五章, 말소표식 第六章, 말소표식 第七章,
말소표식 第八章, 말소표식 第九章, 말소표식 第十章 말소표식 第壹章
말소표식 第二章, 말소표식 第三章, 말소표식, 말소표식 第一章,
말소표식 第二章, 말소표식 第一章, 말소표식 第二章, 말소표식 第一章,
말소표식 第一章, 말소표식 第一章, 말소표식 第一章, 말소표식 第二章,
말소표식 第一章, 말소표식 第二章, 말소표식 第三章, 말소표식 第四章.

총 27개 장이다. 중간의 14번째 '말소표식'은 별도의 장 표시가 없어 밑줄로 표시하였다. 장 표시가 없을 뿐 내용이 없는 것은 아니다. 이들을 자세히 보면 어떤 규칙성이 있다. 즉, 장절 구분이 있었음을 알 수 있다. 이를 분류하면 다음과 같은 결과를 얻는다. 말소표식을 빼고 같은 절에 속하는 것을 묶어 '보경 1-10'으로 대치하면 다음과 같다.

[표 Ⅲ-2-2] 말소표식 묶음

보경 1. 말소표식 第壹章, 말소표식 第二章, 말소표식 第三章, 말소표식 第四章, 말소표식 第五章, 말소표식 第六章, 말소표식 第七章, 말소표식 第八章, 말소표식 第九章, 말소표식 第十章

보경 2. 말소표식 第壹章, 말소표식 第二章, 말소표식 第三章

보경 3. 말소표식 (장 · 절 생략)[18]

보경 4. 말소표식 第一章, 말소표식 第二章,

보경 5. 말소표식 第一章, 말소표식 第二章

보경 6. 말소표식 第一章

보경 7. 말소표식 第一章

보경 8. 말소표식 第一章

보경 9. 말소표식 第一章, 말소표식 第二章

보경 10. 말소표식 第一章, 말소표식 第二章, 말소표식 第三章, 말소표식 第四章[19]

편의상 보경 1-10을 절(節)로 구분하여 나머지 '말소표식 第一章, 말소표식 第二章…' 등을 장(章)으로 나누면 총 10개 절과 27개 장으

---

18 이 부분은 단락의 구분이 확실하나 구분 표시가 빠졌다. 아마도 기입 누락이 아닌가 한다. 그 근거로는 '보경 6-8' 세 단락의 경우 第一章이란 표기는 원래 있었던 글씨가 아니라 뒤에 추가한 글씨다. 필체 역시 첨부표식과 일치하며 약자로 적혀 있다. 이 부분은 원래 '보경 3' 坎六처럼 한 개 章으로 되어 있어 말소표식 후에 장 표시가 남아 있지 않았기 때문에 부기해야 하는 상황이었다.

19 물음 표시는 장 · 절 구분은 되어 있으나 第一章 등의 표시가 없는 단락임.

로 구성되어 있다. 앞서 제시한 『상밀주해 옥추보경』의 단락 구분 즉, 24-26개와 유사하나 여기서는 27개이고, 이것을 다시 10개로 묶었음을 알 수 있다. 즉, 24 혹은 26개를 10개로 재조정한 것이다. 10개의 단락으로 묶었다는 점에서 먼저 인지되는 것은 십인일단의 단조직이다. 〈옥추경〉이 한글화 과정을 통한 구인기도와 관련이 있다는 점에 한 걸음 다가갈 수 있다. 그러나 이를 최종적으로 확인하기 위해서는 먹줄을 친 말소표식이 밝혀져야 한다. 말소표식은 먹으로 짙게 그어져 있어 원문이 무엇인지 알아볼 수가 없다. 다만 첨부표식과 옥경해의 장 · 절 구분을 분석하고 난 후 추정하여 복원할 수밖에 없는 상황이다. 후고를 기약한다.

앞선 10개의 구성은 나름의 규칙과 특징을 보인다. 〈천경〉에 해당되는 부분은 보경 1에 해당되고, 보경 2-10까지는 〈지경〉에 해당된다. 여기 보이는 특징은 〈천경〉을 모두 하나의 장으로 묶어낸 점이다. 보경 2, 4, 5, 9, 10에서는 『상밀주해 옥추보경』의 구분을 몰아서 둘 혹은 넷을 묶었음을 알 수 있다. 이렇게 해서 전체 27개의 장을 10개로 압축해낸 것이다. 그런데 한 가지 언급할 점은 재묶음 과정이 단락별 구분을 단위로 하지 않았다는 점이다. 『상밀주해』의 단락을 중간에 잘라 앞뒤로 나누어 묶어낸 부분이 확인되기 때문이다. 예를 들어 '보경 1'의 2-4장의 경우 『상밀주해』 2-5장의 단락을 새로 잘라내어 엮은 것이다. 이외에도 새로 더하거나 잘라낸 것이 더 있다.

이처럼 '보경'의 구분은 기존 〈옥추경〉의 단락 구분과 완전히 다른 체계를 갖추었다. 이는 십인일단 조직에 따른 재구성을 염두에 둔 데서 비롯된 것으로 단원별 독경 분량의 조절과 내용상의 통일을 위한 조정이었을 것이라 추정된다. 이들이 어떻게 같고 다른가 비교를 통해 살펴보자. 『옥추보경』과 『상밀주해 옥추보경』을 순차적으로 '보경' / '상밀주해'의 형식으로 나누었다. 여기서는 '말소표식'을 생략한다.

보경 1.	第壹章	계청송[20]
	第二章	천경(天經, 이하 표기 생략) 2 재옥청중장(在玉淸中章)-3 뇌사계백장(雷師啓白章) 일부
	第三章	3 뇌사계백장(雷師啓白章) 일부-4 선훈숙세장(仙勳夙世章) 일부
	第四章	4 선훈숙세장(仙勳夙世章) 일부-5 심봉차도장(心逢此道章)
	第五章	6 지도심요장(至道深窈章)
	第六章	7 도입성입장(道入誠入章)
	第七章	8 연묘보장(演妙寶章)
	第八章	9 설보경장(說寶經章)
	第九章	지경(地經, 이하 표기 생략) 1 학도희선장(學道希仙章)
	第十章	2 소구령장(召九靈章)
보경 2.	第壹章	3 오행구요장(五行九曜章)
	第二章	4 침아고질장(沈痾痼疾章)
	第三章	5 관부장(官符章)
보경 3.	(장 · 절 생략)	6 토황장(土皇章)

20 이 부분은 『상밀주해 옥추보경』의 앞부분에 있는 계청송만을 옮겨 맨 앞에 배치한 것이다. 몸과 입과 마음을 정결히 한다는 절차의 정심신주나 정구신주, 정신신주 등은 생략하였다.

보경 4.	第一章	7 혼합장(婚合章)
	第二章	8 조서장(鳥鼠章)
보경 5.	第一章	9 벌묘견수장(伐廟遣祟章)
	第二章	10 고노채장(蠱勞瘵章)
보경 6.	第一章	11 원행장(遠行章)
보경 7.	第一章	12 항양우택장(亢陽雨澤章)
보경 8.	第一章	13 면횡장(免橫章)
보경 9.	第一章	14 오뢰참감장(五雷斬勘章)
	第二章	15 보경공덕장(寶經功德章) 일부
보경 10.	第一章, 第二章, 第三章, 第四章 보경공덕장(寶經功德章) 일부, 보게장(寶偈章), 보응장(報應章) 상 · 하, 지심귀명례(至心歸命禮).	

둘의 비교에 보이는 차이점은 앞부분의 〈천경〉과 뒤쪽에서 일어났다. 즉, 보경 1의 1장에서 4장에 걸친 부분에서 일부를 생략하거나 묶어서 5개 장을 4개 장으로 했다. 그 구체적인 비교는 생략한다.[21]

그런데 눈에 띄는 특징 중 하나는 보경 1의 9장과 10장인 『상밀주해』의 〈지경〉 1장과 2장이다. 〈지경〉의 내용임에도 〈천경〉을 위주로 한 보경 1의 절(節)에 귀속시킨 점이다. 원래 〈천경〉은 진리에 대한 원리적인 측면을 설하고 〈지경〉은 실천적인 기도 내용과 방법을 제시한 것인데, 이런 배합은 원래의 취지와 배치되는 파격이다.

21 본 서의 목적이 여기에 있지 않기 때문에 추후 별고에서 다룰 부분이다.

이 역시 훗날 상세한 비교를 통해 설명할 부분이나, 내용상 같이 묶일 여지가 있다는 점을 일단 언급할 수 있으며 불연의 창의적 구분법이었다. 보경 10번의 1-4장에 걸친 부분 역시 앞부분처럼 일부를 첨삭하며 4개 장을 구성하였는데, 보경 9번의 2장에 해당되는 내용 일부를 보경 10번으로 편입시킨 점도 눈에 띄는 부분이다. 한 가지 더 언급할 부분은『상밀주해』의 맨 앞을 장식하는 구천에 대한 설명 부분 즉,『상밀주해』1장 뇌사장이 보경에서는 완전히 빠져 있다는 점이다.

이런 장 · 절 구분은 앞서 언급했듯이 전통적인 구분법이 아니다. 이는 10개 구성으로 재분배하는 과정에서 피할 수 없었던 절차가 아니었나 한다. 즉, 단조직을 염두에 두고 내용적 유사성을 다시 묶어내는 과정 혹은 단원별 기도경문의 양을 조정하기 위한 것이다. 이에 대해서는 뒤에서 더 다루면서 명료해지겠지만 왜 기존 단락을 살리지 않고 굳이 이를 나누어 번거함을 자초하였나 하는 점은 물어야 한다. 결론적으로 볼 때 8개에 해당되는 각 단원 기도문의 양을 맞추기 위해 조정한 것으로 보인다. 구인기도는 9인이 동시에 진행하는 것이었다. 그리고 기도의 동시성을 매우 중요시하였다. 동시에 시작해서 동시에 끝나야 했다. 주문기도의 시간적 안배가 주요했는데, 이 점이 기도문 재조정을 초래한 것은 아닌가 한다.[22] 구인기도는 공간성도 중요시되었다. 그러나 '『옥추보경(주해)』(장절 말소 후)'에 따른 집단기도 시에는 시간적 동시성이 중요한 요소였다는 종교적 재해석이 재고될 필요가 있다 하겠다. 물론 10→24개로의 장절 구분은 독

22 시간의 엄정성은 구인기도의 기록에서 엿볼 수 있다.

경 형식을 위한 것이었음이 증명된다.

또 한 가지 특이한 부분은 보경 10번의 맨 마지막 '지심귀명례' 부분이다.[23] 이는 보통 불교적 의례와 민간의 독경의례 시 사용하는 것인데 여기에 수록되어 있다. 그런데 이 지심귀명례는 다른 이본 경에 잘 보이지 않고 소위 계룡산본에 다수 등장하는 예찬송이다. 앞서 나열한 허시성의 번역에는 '신장퇴문'으로 마무리된다.[24] 계룡산본은 중국의 〈천경〉과 〈지경〉의 양분 체계가 아니라 천지인의 삼분 체계를 구성하고 있다. 구중회에 따르면 이것은 조선에서 3수 체제에 맞춰 새로이 만들어낸 한국적 〈옥추경〉이라 평한 바 있다.[25] 그렇다면 소태산은 이것을 참고하지 않았나 하는 추정이 가능하다. 그러나 불법연구회가 이 계룡산본을 모본으로 번역 작업을 했는지는 아직 확인하기 어렵다. 최병두의 『상밀주해 옥추보경』[26]에도 이런 흔적이 남아 있어 둘의 상관성을 한번 따져볼 필요가 있다.

두 '보경'의 상관성과 '집단단기도'

『옥추보경』은 불법연구회의 『보경해 합부』→『옥경해 초』→『옥추보경』으로 이어지는 한글화의 과정 중 마지막 본이다. 이 책에는 앞

23 이외에 보경 10에는 보게장 등이 수록된다. 이는 앞의 허시성 구분에는 장절로 포함되지 않았다. 그래서 필자는 『상밀주해 옥추보경』을 24 혹은 26개 장으로 유격을 두어 기술하였다.

24 본 서 Ⅲ-2의 '『상밀주해 옥추보경』과 장 · 절 구분' 참조.

25 구중회, 『옥추경 연구』, 동문선, 2006, 96-97쪽.

26 최병두, 『상밀주해 옥추보경』, 한림서원, 1922.

서 살폈듯이 장 · 절의 10개 단락 나눔이란 특이점(말소표식 포함) 이외에 별도의 표시가 더 있다. 이 표식은 10개의 장 · 절에 맞춰 각각 별도의 표식을 절(節) 말미에 첨부하였는데, 그 표시는 다음과 같다(이후 '첨부표식'이라 칭함).[27] 이는 한글화와 동시에 단조직 구성이 동시에 이루어졌음을 알 수 있는 단서가 된다.

(長 一), (乾 三), (坎 六), (艮 七), (震 九), (巽 十一), (離 十), (坤 十三), (兌 十四), (中央 十五)

총 10개의 표식이다(예; [그림 Ⅲ-2-9] [그림 Ⅲ-2-10] 참조). 총 27개의 장을 10개 단위로 묶어낸 단락의 끝에 괄호를 쳐서 표기하였다. 그리고 글씨는 얇은 붓으로 쓴 달필체다. 이것은 십인일단의 조직에 정확히 부합하는 배열이다. 또한 구분법이 문왕 팔괘의 순과 일치하며 방언조합 시기 구인기도의 단조직과도 일치한다. 맨 앞과 뒤에 있는 '장 1'과 '중앙 15'는 단장 소태산과 중앙 송규를 가리키며 나머지는 팔방 여덟 제자의 기도문을 가리킨다. 『상밀주해 옥추보경』의 장 · 절을 빼고 넣고 혹은 나누고 하면서 재편한 이유는 십인일단의 구성에 맞추기 위해 조절하였던 것임을 재확인할 수 있는 자료다. 또한 한글본 『옥추보경』은 구인기도 시 활용되었으리란 추정이 가능해진다. 즉, 구인선진의 단기도는 한문이 아닌 한글로 기도하였음을 암시한다.

27 첨부표식은 『옥추보경』과 『옥경해 초』에 두루 존재하기 때문에 각각 『옥추보경』 첨부표식, 『옥경해 초』 첨부표식이라 칭한다. 아울러 앞서 언급된 먹으로 지운 『옥추보경』의 단락 부분은 말소표식이라 칭했다.

이 10개의 첨부표식을 보경 1-10번 순에 맞춰 비교하면 다음과 같다.

경/ 단원	1	2	3	4	5	6	7	8	9	10
『옥추보경』 장 · 절	보경 1	보경 2	보경 3	보경 4	보경 5	보경 6	보경 7	보경 8	보경 9	보경 10
『옥추보경』 첨부표식	長 一	乾 三	坎 六	艮 七	震 九	巽 十一	離 十	坤 十三	兌 十四	中央 十五

그런데 특이한 점은 각 팔괘번의 뒤에 붙인 숫자 예를 들어 長 一의 1, 乾 三의 3 등이다. (一), (三), (六), (七), (九), (十一), (十), (十三), (十四), (十五) 즉, 1, 3, 6, 7, 9, 11, 10, 13, 14, 15의 숫자가 그것이다. 이 숫자는 앞의 보경 1-10의 번호순과 일치하지 않는다. 어떤 것을 의미하는지 정확히는 알 수 없어 미뤄두며 많은 고구를 한 바 있다.[28] 그러나 그것은 최병두의 〈옥추경〉과 비교를 하며 실마리를 찾을 수 있었다.[29] 최병두는 〈천경〉과 〈지경〉을 모두 1절에서 15절로 나누었다. 즉, 뒤의 숫자는 단조직을 하기 전의 원본 장절을 일부러 표시해놓은 것이다.

이 구분을 내용별로 비교할 때 둘이 일치함을 알 수 있다. 그러나

28 처음에는 이 숫자가 무엇을 의미하는지 도무지 알 수가 없었다. 단조직, 단원 구성, 팔괘별 숫자 순서 등 별생각을 다했다. 이것이 풀어지지 않고서 논의를 더 진행하기 어려웠다. 이것이 장절 구분의 기준이 된다는 점은 당시 활판으로 간행된 최병두의 것이 널리 확산되었다는 점에 착안하였고 그것이 기준 역할을 할 수밖에 없었던 점을 알게 되었다. 소태산은 당시 최신 저술을 바로바로 입수하여 보았다고 추정된다.

29 처음에는 어떤 의미인지 막연하였다. 이본들 간의 장절 구분을 비교하다가 우연히 발견하게 되었는데 이런 작은 표시가 결코 아무 의미가 없는 것이 아님을 알게 되었고, 또한 불연 소장 이본 간의 진화 양상을 가늠할 수 있는 귀중한 흔적이 됨을 알게 되었다. (뒤에서 설명됨)

한편으로 굳이 이런 표시를 해놓은 이유가 무엇인지가 궁금하지 않을 수 없다. 둘의 상관성을 표기하기 위한 것과 훗날 원본(예; 최병두의 『상밀주해 옥추보경』)을 보고도 10개의 구분으로 쉽게 나눌 수 있도록 하기 위한 것이 아니었나 추정이 가능하다. 이렇게 보면 소태산이 최병두의 것을 참고하였을 가능성이 더욱 커진다. 그리고 훗날 몰려들 많은 제자도 이 기준에 맞추어 (집단)단기도를 계획하였음을 알 수 있다.[30]

이 숫자는 앞서 나열한 『상밀주해 옥추보경』을 번역한 허시성의 구분순과도 일치하는데 최병두의 것을 모본으로 하였기 때문이다. 예를 들어 '乾 三'의 3은 '3 뇌사계백장'의 3을, '坎 六'의 6은 '6 토황장(土皇章)'의 6을 따라 쓴 것이다. 이것은 기존의 구분법을 살려 후일 제3자가 참고하기에 용이하도록 한 것이거나, 여럿이 다른 책을 사용할 경우 통일성을 꾀하기 위함이라 여겨진다. 편의상 앞에 팔괘단조직을 위치시켜 다시 써보자.

보경 1. 長 一/ 천경 전체 + 지경 1 학도희선장(學道希仙章), 2 소구령장(召九靈章)

보경 2. 乾 三 第壹章/ 3 뇌사계백장(雷師啓白章), 第二章/ 4 선훈숙세장(仙勳夙世章), 第三章/ 5 심봉차도장(心逢此道章)

보경 3. 坎 六 (장 · 절 생략)/ 6 토황장(土皇章)

30 조선 후기 〈옥추경〉은 매우 대중적이었고 많은 필사본이 있었다(이능화, 『조선무속고』, 창비, 2008). 제자들이 가지고 있던 다양한 이본들의 기준을 설정하여 단기도의 일사불란함에 혼란을 피하기 위함이었다고 판단된다.

보경 4. 艮 七 第一章/ 7 혼합장(婚合章), 第二章 8 조서장(鳥鼠章)

보경 5. 震 九 第一章/ 9 벌묘견수장(伐廟遣祟章), 第二章 10 고노채장(蠱勞瘵章)

보경 6. 巽 十一 第一章/ 11 원행장(遠行章)

보경 7. 離 十 第一章/ 12 항양우택장(亢陽雨澤章)

보경 8. 坤 十三 第一章/ 13 면횡장(免横章)

보경 9. 兌 十四 第一章/ 14 오뢰참감장(五雷斬勘章), 第二章 15 보경공덕장(寶經功德章)의 일부

보경 10. 中央 十五 第一章, 第二章, 第三章, 第四章/ 15 보경공덕장(寶經功德章)의 일부, 보게장(寶偈章), 보응장(報應章) 상/하, 지심귀명례(至心歸命禮), 찬사(讚辭)

팔괘의 뒷 숫자 즉, 1, 3, 6, 7, 9, 11, 10, 13, 14, 15는 각각 1 학도희선장, 3 뇌사계백장(雷師啓白章), 6 토황장(土皇章), 7 혼합장(婚合章), 9 벌묘견수장(伐廟遣祟章), 11 원행장(遠行章), 12 항양우택장(亢陽雨澤章), 13 면횡장(免横章), 14 오뢰참감장(五雷斬勘章), 15 보경공덕장(寶經功德章)의 장절에 부합함을 알 수 있다.

최병두의 〈옥추경〉을 그대로 번역한 허시성의 것을 가져와 정리하면 위와 같이 〈천경〉과 〈지경〉의 구분순으로 정리된다. 장 1에서 중앙 15까지의 뒷자리 숫자가 허의 장절 번호와 정확히 일치함을 확인할 수 있다. 이는 소태산이 최병두의 자료를 기준으로 하였다는 점을 확인시켜주는 단서다. 이에 대한 상세한 논의 역시 후고를 기다려야 한

다. 다만 한 가지 별도의 설명이 필요한 부분은 '보경 7. 離 10 第一章/12 항양우택장(亢陽雨澤章)'의 부분이다. 위의 규칙에 따르면 '리 10'이 아니라 '리 12'가 되어야 한다. 일단 이는 기입의 실수로 보인다. 또한 〈천경〉에 해당하는 부분과 〈지경〉 1-2장이 '보경 1'이면서 '장일'로 압축되었고, 맨 뒤의 '보경 10'이 '중앙 십오'로 된 부분은 차이를 보인다.

보경 9와 10은 약간의 언급이 필요하다. 이를 다시 보면 다음과 같다.

보경 9. 兌 十四
第一章/ 14 오뢰참강장(五雷斬勘章), 第二章 15 보경공덕장(寶經功德章)의 일부

보경 10. 中央 十五
第一章, 第二章, 第三章, 第四章/ 15 보경공덕장(寶經功德章)의 일부, 보게장(寶偈章), 보응장(報應章) 상/하, 지심귀명례(至心歸命禮), 찬사(讚辭)

즉, 15 보경공덕장(寶經功德章)이 두 군데로 나뉘어 실렸다. 보경 9 兌 十四와 보경 10 中央 十五에 15를 왜 나누어 실었는지는 미정이다. 여기서 요점은 '중앙 15'의 뒤쪽 숫자가 '15장 보경공덕장(寶經功德章)'의 장절 구분과 일치함을 확인할 수 있다는 점이다. 이렇게 한 이유가 어디에 있는가는 앞서 언급했듯이 단원별 기도문의 양과 기도 시간을 맞추기 위해 조정한 것이란 추정을 하였다.

앞서 살폈듯이 불법연구회의 〈옥추경〉은 『보경해 합부』–『옥경해 초』–『옥추보경』의 순으로 한글화가 이루어졌다. 지금 팔괘의 표시가 이루어진 『옥추보경』 이전의 책인 『보경해 합부』와 『옥경해 초』에는 기존 〈옥추경〉과 같은 장 · 절의 표시가 없다. 반면 초의 경우 팔괘와 관련된 별도의 표식은 있다. 이에 대해서는 뒤에서 다룰 것이나, 또 다른 점은 뒷번호가 없다는 점이다. 순서가 크게 다르지 않게 나열된 구분에 『옥추보경』에서는 굳이 번호를 매겨야 할 필요가 있었나 하는 점은 여전히 의문이다. '초'에서 보경으로의 진화 과정에서 보이는 현저한 차이는 팔괘의 순을 조정한 점, 최병두의 장절순을 따라 부기한 점 등이다. 말소와 첨부표식은 그다음의 진화 과정이다.[31]

아마도 체계가 다른, 장 · 절 구분이 있기도 하고 없기도 한 책을 동시에 여럿 사용할 경우, 혼란을 피하기 위한 것은 아니었나 추정한바, 최병두의 장절 구분을 기준으로 하여 통일한다는 뜻이 담겼다. 이는 다시금 경책이 통일된 하나만을 사용한 것이 아니고, 여러 권을 동시에 사용하였을 개연성이 있음을 암시한다. 또 구인기도 시 최대 아홉에서 열 권의 경책이 필요했거나 적어도 수 권을 사용하였던 것이고, 나머지는 자기 소장본 혹은 필요 부분을 필사하거나 하여 활용하였던 것이기 때문이다. 뒷자리의 숫자로 기준을 잡으려 했던 것은 다양하게 전해오던 필사나 판본 차이가 있었음을 의미하기도 한다. 제자들 중에는 이미 〈옥추경〉을 소유하던 사람이 있었을 가능성이 있다. 실례로 팔산은 득도를 위해 앞산에 올라 주문수행(음

31 이 둘은 동시에 일어났을 것이다. 그러므로 장절의 구분을 위해 팔괘의 뒤에 번호를 적었던 것이고, 이후의 기준으로 삼고자 했던 것임을 알 수 있다. 이 점은 동시에 말소표식이 어떤 내용이었던가 하는 유추를 가능하게 하기도 한다. 즉, 이는 역시 팔괘순에 의한 장절 구분을 부여했을 것이란 추정을 할 수 있다 하겠다.

양복술)을 한 적이 있다는 기록도 전해오는데 이와 관련이 있다.[32] 다양한 이본을 어느 하나로 기준 잡아 통일성을 꾀했어야 했던 점에서 구인기도 시 〈옥추경〉의 주도면밀한 활용에 대한 확신이 더해진다. 또한 길룡리뿐만이 아니라 경성과 만덕산, 변산과 신룡동에서의 다른 제자들도 〈옥추경〉을 알고 있거나 소유하고 있었을 가능성이 있다. 이들이 단기도를 수행할 때도 최병두본의 기준이 자연스레 적용되었을 것이다.

이 경우 단기도는 길룡리에서의 구인단기도와는 다른 형식으로 이루어졌을 것이다. 길룡리의 경우 시공간의 정확한 설정과 엄수가 필수였고 넓은 공간성의 조건도 갖추었으나, 훗날 단기도는 적어도 공간성의 축소가 불가피했을 것이다. 아울러 그 진행 형식도 달랐을 것이다. 하여 두 단기도의 명칭을 구분할 필요가 있었던 것이 아니었나 여겨진다. 구인단기도와 다른 '집단단기도' 혹은 '집단기도'가 그것이다. 이 점이 바로 장절을 먹줄로 그어 말소하게 된 이유가 아닌가 추정된다. 이렇게 보면 보경은 구인단기도에서 집단기도로의 변화 과정을 보여주는 증표가 되는 셈이 된다.

이 집단단기도 형식은 또 9인이라는 인원을 특정할 필요가 없었다. 상황에 따라 적을 수도 많을 수도 있었을 것이다. 경성의 경우 이공주를 중심으로 했던 것은 9인을 미처 채우지 못했던 것 같고, 신룡동에서의 기도는 그 숫자가 훨씬 넘었을 것으로 생각된다. 그래서 9인이 시행했던 단기도의 형식이라기보다는 정해진 공간 내에서 일정한 인원이 집단적인 주문기도를 올렸던 것으로 봐야 한다. 이는 분명

32 박용덕, 『원불교 초기교단사 1-소태산의 대각 방언조합운동의 전개』, 원광대학교출판국, 1997, 253쪽.

9인 제자가 올렸던 것과는 차이를 보이는 것이다. 그러나 이 둘은 또한 많은 유사점을 보여준다. 같은 〈옥추경〉 기도문을 사용하였다는 점, 단체로 그리고 전통적 주문수행을 하였다는 점은 둘이 동일 계통임을 보여주는 것이다. 집단기도는 구인단기도의 형식을 응용한 형태였을 것이다. 그러나 집단기도 시 이런 형식의 기도는 당시 성행하던 새로운 형식의 기독교 통성기도 형식과도 비교가 되는 것으로, 이에 대한 후고를 기대할 만하다. 물론 이 통성기도나 철야기도 형식은 독경신앙의 전통 위에서 가능했다.

맺음말

기존 〈옥추경〉의 단락 나누기는 대체로 24개 장 · 절로 구분된다. 여기에 찬사나 주문, 인경 등을 부가하여 늘어나기도 하지만 별도의 장 · 절로 표기하지는 않았다. 불법연구회의 것은 이들 중 일부를 수용하여 27개 단락으로 늘렸다. 그러나 이를 다시 10개의 단락으로 나누어 십인일단 조직에 맞게 재구성하였고 이 나눔은 최종적으로 구인기도를 목적으로 한 것임을 알 수 있었다. 이처럼 불연의 '옥추 3경' 중『옥추보경』의 팔괘식 구분은 기존의 구분법과 달리 단조직에 기준한 재구성을 감행한 결과물이었다.

'보경'의 단락 나눔은 단기도 시 독경의 시간을 공동으로 맞추기 위한 것이었으나, 길룡리 단기도와 달리 경성과 신룡동 집단단기도의 경우 시간의 중요성, 공간의 중요성이 크게 요구되지 않았다. 말소 부위는 이를 위한 재조정이었다. 말소표식은 구인단기도에서 집단기도로의 진화를 암시하는 증표이며 동시에 최병두의 것과 일치하는 것으로 그의 경책을 기준으로 삼았던 것임을 알 수 있었다.

장절의 숫자는 이본마다 달랐다. 다양한 이본의 통일된 기준 설정을 최병두의 『상밀주해 옥추보경』으로 하였던 점을 밝혔다. 이런 점은 당시 〈옥추경〉의 활용이 매우 빈번했음을 반증하며 활용의 주도면밀한 정황을 같이 보여준다. 아울러 최병두의 자료를 기준으로 하였다는 사실은 매우 흥미롭다. 그의 책이 1922년에 출판되었기 때문이다. 이 점은 훗날 고구가 요구된다.

다양한 이본의 존재는 길룡리 외에 여러 지역에서의 〈옥추경〉 집단기도와 수행의 흔적을 엿볼 수 있는 단서이며, 길룡리 단기도의 역사와 정신을 잇고 계승했던 점이기도 하다. 단기도 활용의 창의성이 엿보이며 초기교서 발행 전 구도의 모습을 역력히 볼 수 있는 자료이다. 그러나 이와 관련한 말소표식이 어떤 내용으로 구성되어 있는지를 살피지 못한 한계가 있다. 이 점을 극복하였을 때 보다 분명한 설명이 가해질 것이다. 동시에 단기도의 발전단계로 보면 불연옥추3경은 다시 다음과 같은 구분이 필연이다.

『보경해 합부』–『옥경해 초』–『옥추보경(주해)』(장절 말소 전)–『옥추보경(주해)』(장절 말소 후)

이와 같은 구분에 따른 종합적인 해석은 장절 말소의 부분이 드러난 이후에 가능해질 것이다. 최병두의 '상밀주해'본의 상관성도 이후에 더 자세히 드러날 것이다. 즉, '상밀주해'의 관여가 『옥경해 초』와 『옥추보경(주해)』(장절 말소 전)의 중간에 관여됐는지 혹은 『옥추보경(주해)』(장절 말소 전) 과 『옥추보경(주해)』(장절 말소 후)의 사이에 관여되었는지의 문제다. 이는 소태산의 '상밀주해' 참고 시점과 함께 단 조직의 창의적 작업이 밝혀지는 분수령이 되기 때문이다.

〈옥추경〉은 재액 초복과 권선서 이외에 조선 민중의 득도에 대한 열망의 핵심경이었다. 이는 자료가 밝혀지면서 더 분명해지고 있다. 구인기도 시기 〈옥추경〉 독경식 기도법과 주문기도문의 활용은 재평가되어야 한다. 또한 이것이 십인 조직 과정과 직접적인 관련을 가진 점은 소중한 정보다. 이것은 음부공사와 법인절을 낳은 산실이며 오늘날 원불교 단조직의 시초와 직결되기 때문이다.

한 가지 덧붙여야 할 점은 구인기도와 집단기도의 동이점에 대한 것이다. 구인단기도 역시 집단기도라 할 수 있으나 둘은 큰 차이를 가진다. 그 방식이 달랐기 때문이다. 특히 시공간을 설정한 점과 그렇지 않았던 점의 차이다. 더 중요한 점은 공동으로 독경을 통해 음부의 인증을 받아냈다는 점이다. 여기서 공동이란 어떤 지도자의 정신이나 사상을 계승한 것이 아니라 전체가 하나 되어 직접 하늘의 응답을 공동으로 받아내었다는 사실이 주목된다. 소태산이라는 지도자에 의해 주도가 되기는 하였으나 하늘의 음성을 같이 받아냈다는 데에 더 방점이 찍혀야 한다는 의미다. 이는 사상이나 각의 종적 계승이 아니라 횡적 계승이라는 점에 주안점이 있다는 의미다. 소태산은 이를 유도하였다. '나로 말미암아 하늘에 이르게 한 것'이 아니라 '우리가 함께 하늘에 이른 것'이다. 이런 정신은 이후 집단단기도에서도 유지되었다. 이러한 파격적이고 혁신적인 각(覺)의 평등성은 현대와 미래의 문화세기에 주목되어야 할 덕목이 아닌가 판단된다. 이러한 관점에서 법인절에 대한 재평가도 이루어져야 할 것이다.

Ⅳ

〈옥추경〉 사상과 단조직 형성

1. 불법연구회 단기도의 〈옥추경〉 기도문 자료와 그 분석
2. 일원상과 〈옥추경〉 상관성 연구

1
불법연구회 단기도의 〈옥추경〉 기도문 자료와 그 분석

불법연구회 시기 구인단기도의 기도문이 〈옥추경〉과 관련이 있다는 점은 앞선 글을 통해 밝힌 바 있다. Ⅱ-1 '불법연구회 구인기도 기도문 연구'에서는 이공주와 박용덕과 교사의 기도문을 비교하는 데 집중하였다. 그 결과 단기도 기도문은 기존의 교사 기록과 달리 〈옥추경〉 경문이 활용되었음이 드러났다. 이런 정황은 Ⅲ '한반도의 〈옥추경〉과 불법연구회 소장 〈옥추경〉'에서 보다 구체적으로 밝혀진다. 불법연구회 당시 상용하던 〈옥추경〉 자료를 검토한 결과 문왕 팔괘법에 따른 단조직의 계획에 따라 기도문을 할당했던 단서들을 찾아 제시할 수 있었기 때문이다. 그 구분은 단장과 중앙 및 건, 감, 건, 리, 손, 리, 곤, 태의 10개 부분이었다. 그중 중앙단원에 해당되는 부분이 이공주, 이경순의 것과 정확하게 일치한다. 김대거의 것

은 단장에 해당되고 김영신의 것은 단장과 중앙 및 다른 단원의 것들이 산재해 있다.[1]

앞선 글에서는 그동안 밝혀지지 않았던 불법연구회의 〈옥추경〉 기도에 대한 실체를 드러냈지만, 이와 관련된 자료들이 정립되지 못했다. 이를 한데 모아 정리할 필요가 있다. 이공주, 김영신, 이경순, 김대거에 의해 산발적으로 기록된 자료를 살펴 〈옥추경〉 활용의 실체를 확정하고 다각적 의미를 연구할 필요가 있기 때문이다.[2] 또한 이 작업은 먼저 교사의 기록에 누락된 사실을 드러내는 일차자료 정리라는 가치를 가지며, 후학들에 의한 심도 있는 〈옥추경〉 활용 연구를 기대할 수 있다. 초기교단사의 열악한 자료적 정황을 볼 때도 그렇지만, 관련된 것으로 유일 자료들이란 점에서 더욱 중요하다. 더구나 관련 내용이 교단사에 전혀 언급이 되어 있지 않아 더 필요하다. 정작 더 긴요한 점은 〈옥추경〉 단기도가 원불교의 특징을 온전하게 드러내는 법인절과 관련이 있다는 점이다.

자료 중 이경순의 것은 특히 중요하다. 그의 기도문은 1920년대 후반에 필사된 것으로 보인다.[3] 이 자료는 희귀성을 고려하여 사진을 싣고 내용 전문을 옮긴다. 이 기록은 불법연구회의 필사 자료 『옥추보경』이 원본이다. 거기서 팔괘에 따라 나눈 단원별 기도문이 실제하고 있었다는 사실을 입증하고 있어 더욱 큰 가치가 인정된다. 그리고

---

1 목차에서 이들의 기도문 제목을 각각 이렇게 적었다: 이공주의 '중앙교주 기도문', 김영신의 기도문, 이경순의 '중앙교주 중앙단원 기도문', 김대거의 '중앙단원 기도문'. 중앙교주, 중앙단장, 중앙단원, 무표시 기도문(김영신) 등을 보면 관련 용어 사용에 혼선이 있었던 것 같다. 용어가 정립 · 정착의 과정에 있었음이 엿보인다. 필자는 원자료에 표시된 용어를 그대로 가져와 사용하였고, 관련 설명은 뒤에서 정리한다.

2 필자는 이들 자료를 『원광』지를 통해 소개한 바 있다(「민속학으로 본 구도역정기」, 『원광』(2017), 하반기 기사 참조).

3 뒤의 '이경순의 중앙교주 중앙단원 기도문' 참조.

다른 데에서는 찾아볼 수 없는 별도의 표시들이 있다. 이는 어떻게 기도가 진행되었는지 알 수 있는 단서를 제공하고 있어 더욱 귀중하다.

불법연구회의 구인단기도와 여기서 다루는 단기도와는 편의상 구분이 필요하다. 구인단기도의 기도문은 아직 확증하기 어려운 데 반해, 이후의 제자들에 의해 이루어진 단기도의 기도문은 자료로 확실히 전해져오기 때문이다. 이는 구인단기도의 기도문이 〈옥추경〉이었을 것이란 유추와는 별개의 문제이다. 이들 단기도 기도문에 대한 일목요연한 정리는 추후 초기교단의 〈옥추경〉 활용 정도를 가늠할 수 있게 하는 소중한 자료다. 나아가 구인기도의 사상사 문화사적 의의를 모색하는 데도 도움이 될 수 있을 것이다.

자료들은 모두 1928-1935년 상간에 이루어진 기도문이다. 시대순이나 연장순별 나열은 본 서의 목적이 아니다. (이공주, 김영신, 이경순, 김대거는 입교의 순에 따른 것이기는 하다. 그렇지만 그 순서 역시 큰 변수는 아니다.) 초기 소태산의 제자들은 〈옥추경〉 수행에 모두 동참했다는 사실과 활용 정도의 확인이 더 중요하다 하겠다.

이공주의 '중앙교주 기도문'

이공주는 그의 자서전이라 할 수 있는 『구타원대봉도 일대기, 한마음 한길로』[4]에 〈옥추경〉 기도에 관한 내용을 기술하면서 다음의 기도문을 실었다.

---

4 청하문총간행회 편, 『구타원대봉도 일대기, 한마음 한길로』, 원불교출판사, 1984, 75-78쪽.

이공주의 기도문 자료

0 靈寶局 萬物建判養成所 中央敎主 李共珠

0 甲子乙丑丙寅丁卯戊辰己巳 … 癸亥(甲子全文) 定天奉命

0 祈願文[5]

第一章

天尊(천존)이 말씀하시되 이 경 있는 곳에 마땅히 천지. 사명으로 하여금 처소를 따라 수호케 하고 뇌부가 按察(안찰)하기로 다 달라서 때로서 상고하여 살피나니라. 만일 사람의 집에 이 경이 있어 지성(至誠)으로 봉안(奉安)하면 곧 상서기운이 뜰에 가득하고 경사구름이 집머리에 그늘하여 화패(禍敗)의 난(亂)이 맹동(萌動)치 못하고 고 길(吉)한 복(福)이 모아들며 죽음을 당하여도 지옥에 들지 아니하나니 어찌 써 지옥에 가지 아니하니뇨 죽으면 곧 생할 것이요 생하면 다시 선도에 돌아오고 선도에 돌아오면 지존을 받아 영통을 얻고 영통을 얻으면 출입 기거할 때에 항상 이 경을 가질 것이니 모든 사람의 흠앙하는 바요 귀신의 두려워하는 바이라, 모든 험난함을 만난다 하여도 일심으로 천존의 이름을 일컬으면 구천응원뇌성보화천존이 다 해탈을 얻게 하리라. 이에 뇌사호옹이 대답하사 천존 전에 글 귀(句)를 설하여 가로되

위 없는 옥청왕이 삼십육천을 거느리사 구천(九天) 널리 화(化)한 인군으로 얼굴을 십방(十方)에 화(化)하시나니라. 털을 헤치고 기린(麒麟)을 타시며 붉은 다리로 층층(層層)한 빙(氷)을 밟으시고 손으로 구천기운을 잡으사 풍(風)을 휘파람하고 우뇌를 채찍질 하나니라. 능히 지혜력으로 모든 마공(魔公)의 정신을 항복 받으시고 장야(長夜)에 귀령(鬼靈)을 제

5 각 줄 국문음:
0 영보국 만물건판양성소 중앙교주 이공주
0 갑자을축병인정묘무진기사 … 계해(갑자전문) 정천봉명
0 기원문

도하사 중생을 이익케 하시나니라. 은하수 물결에 일천 눈과 일천 달수레비퀴와 같으시니라. 미래세상을 맹세하여 길이 천존의 교화를 포양(布揚)하리라.
때에 뇌사호옹이 게(揭)를 설하여 마치니라.
(기원문 제2장부터 제4장까지는 생략)

불법연구회 시기 이공주는 매우 중요한 역할을 한다. 그의 문집 『구타원대봉도 일대기, 한마음 한길로』에 그 자세한 내력이 기록되어 있다. 제목에서도 보듯이 오로지 소태산과 진리를 향한 오롯한 마음가짐이 어떠했는가를 알게 한다. 참고로 그는 기록과 수집에 있어 매우 꼼꼼하고 정확하다는 특징을 보여주는데, 여기에 기록한 기도문도 그가 평소 모아두었던 기도문 자료를 근거한 것이기에 자료의 정확성에는 의심의 여지가 없는 것이다.

위의 기록은 〈옥추경〉의 내용 중 〈지경(地經)〉에 해당되는 부분이다.[6] 〈옥추경〉은 원래 한문본이지만 이공주의 기도문은 한글로 되어있다. 이 한글 번역은 불법연구회에서 자체로 진행했다.[7] 허시성의 번역본과 비교해 볼 때 상기 기도문은 '제15장 보경 공덕장(寶經 功德章)'의 일부와 그 뒤에 바로 이어지는 '보게장(寶偈章)'을 더한 내용이다.

6 〈옥추경〉은 많은 이본이 있다. 대체로 경은 〈천경〉과 〈지경〉으로 나뉘어지나, 여기에 〈인경〉이 추가되는 이본도 있다. 불법연구회의 소장본『옥추보경』은 〈인경〉이 포함된 이본과도 관련이 있어 보인다.

7 현재까지의 국문번역본은 다음의 것들이 있다. 이기목,『옥추보경연해』(온고당, 1991), 허시성,『도교경전의 정수 옥추보경』(경서원, 2009), 황내진,『그윽한 소리』(대흥기획, 1991).

그런데 이공주의 기록에 보면 말미에(괄호 부분) '2장부터 4장까지는 생략'한다고 되어 있어 기도문은 뒤로 계속 이어지고 있었음을 알 수 있는데, 〈옥추경〉의 연속이라면 2-4장까지의 내용은 '보게장' 이후의 내용이 될 가능성이 크다. 그러나 어디까지인지는 알 수 없다. 원본 〈옥추경〉은 그 뒤에도 많은 양을 전하고 있기 때문이다. '보게장'에 이어지는 내용은 '보응장(報應章)' 상(上), '보응장' 하(下)와 '신장퇴문(神將退文)' 그리고 〈인경(人經)〉이 해당된다. '보응장' 상·하와 '신장퇴문'은 원래 한문 원본의 지경에 해당되는 부분이나 〈인경〉은 없는 것으로 알고 있다.[8]

이공주의 기도문과 일치하는 '보경공덕장'과 '보게장'은 〈옥추경〉의 뒷부분에 나오는 내용으로 앞서 설한 내용에 대한 위력과 주의점 및 주요점 등을 재삼 당부하고 강조하는 결말 부분이다. 팔방 단원이 앞부분을 읽었을 경우, 이를 다시 한 번 반복하여 개괄하고, 다짐하는 절차인데, 팔방 단기도 시 중앙의 역할과 상응하는 내용으로 구성되어 있음을 알 수 있다. 2-4장까지의 내용을 포함할 경우 더욱 그런 의도와 일치되고 있음을 알 수 있는 것이다.

앞서 자세히 살핀바 이공주의 기도문이 〈옥추경〉의 일부분인 점을 들었고, 경성 창신동에서 했던 경성 회원의 구인기도 양상이 어떠했는지도 살폈다. 또한 구인기도는 조선의 전통적인 기도의 형식을 따르고 있었음도 밝혔다. 교사에도 기록된바 '축문'과 별도의 주문으로서의 〈옥추경〉 기도문 존재의 가능성도 제시하였다.

미처 다루지 못한 것으로, 밑줄을 그은 '정천봉명'에 대한 설명을

8 구중회, 『옥추경 연구』(집문당, 2006).

부기할 필요가 있다. 다른 기도문에는 나오지 않는 것으로 이공주의 기도문에만 있는 유일한 표현이기 때문이다.

온전한 자료로 남아 있는 이경순의 것과 비교할 때 이공주의 제1장 부분은 거의 일치한다. 생략된 2-4장의 것은 이경순의 것을 미루어 채울 수 있다. 앞서 추정한 바처럼 '보경공덕장'과 '보게장'에 이어지는 '보응장'과 '찬사'가 해당된다. 앞서 논한 문왕 팔괘법에 따른 분류와도 일치함을 논한 바 있다. 다만 이공주의 것에는 갑자전문 뒤에 정천봉명이 추가되어 있는 점이 눈에 띈다. 이 단어의 유무가 중요한 것은 아니나, 차이를 지적하면서 그 의미를 집어볼 필요는 있다. 차이는 이외에도 더 있지만 큰 의미는 없는 것들이다. 예를 들어 이공주가 받은 기도문은 이경순의 것과 달리 어투의 발전된 모습이 보인다. 기도문 접수 시기의 선후 문제가 있는 이본이기 때문이다.

정천봉명(定天奉命)이란 '정해진 하늘의 명령을 받든다'는 의미다. 갑자전문이 시공의 우주 총체를 의미한다고 했을 때, 이는 다시금 진리당체를 의미하는 것이어서 정천(定天)으로 개념화할 수 있을 것이다. 정천봉명을 갑자전문 바로 뒤에 이어 붙인 것도 그런 의미가 있는 것이다. 하늘의 뜻에 따라 받들겠다는 의지의 소산이다.

이 부분은 나아가 스승인 소태산의 뜻을 받든다는 의미로도 풀어볼 수 있다. 소태산은 진리의 화신이며 동시에 정천(定天)이 된다. 그렇다면 이는 '스승의 뜻을 받들어 봉명한다'는 의미를 더한 것이라 할 수 있다. 이공주의 당시 기도에 임하는 결연한 자세를 엿볼 수 있는 대목이다. 드러난바 의지의 표현처럼 이공주는 초기 제자 중 특별한 위치를 차지했다. 이 문구는 원래 소태산으로부터 받았던 기도문에는 없었으나 이공주가 부기한 듯하다. 〈옥추경〉 원전에도 없을뿐더러 이경순의 자료에도 나와 있지 않다. 이공주는 갑자전문을 외면서 말미에 정천봉명을 더해 진리를 따르고 스승을 따르겠다는 결연한 의지를 보였다.

한편 소태산은 친모에게 정천(定天)이란 법명을 드렸다. 정해진 하늘로 규정하고 모신 것이다. 자신에게 있어서 어머니는 진리로서의 정해진 우주였다. 진리의 당체로서의 자신을 낳고 키웠으니 그러한 명명이 자연스럽다고 할 것이다. 자신이 진리당체이므로 그 선대는 당연히 정해진 하늘이 된다. 이런 부모자식의 상하관계는 '정천봉명'이라 선언한 이공주와 소태산과의 관계 즉, 부모-자식 혹은 우주진리-진리답습의 존재로 다시 드러나고 있음을 읽을 수 있다.

김영신의 기도문

김영신은 불법연구회 초기 교단의 선진이다. 그의 영민함과 교단을 위한 혈심은 널리 알려진 바와 같다.[9] 〈옥추경〉 기도와 관련하여 매우 중요한 자료를 남기고 있다.

『대종경』「교의품」 16장에서 김영신이 여쭙기를 "사은 당처에 실지불공하는 외에 다른 불공법은 없나이까." 이에 대한 답은 교의품 16장에 상세히 설명되어 있다. 불법연구회 시기에 익산과 경성에서 두루 활용되던 〈옥추경〉 기도는 이런 진리불공법의 일환이었던 것 같다. 교의품 16장에 나오는 송경과 주문에 해당되는 것이 앞서 제시했

9 원불교신보사(박혜명 편집), 김영신 편, 『구도역정기(원불교신서2)』, 원불교출판사, 1988.

던 이공주의 중앙단원으로서의 〈옥추경〉 주문이었던 것이기도 한데, 김영신의 예를 들어 다시 확인하기로 하자.

구룡헌(九龍軒) 대강당-공회당에서는 아침 좌선, 예회, 야회 외에도, 특별히 날을 잡아 기도를 드리기도 하였다.
기도 때는 저녁 시간을 잡았고, 방 한가운데 상위에 청수동이를 놓고 양가에는 촛불 두 개 켜놓고 그것을 중심으로 둘러앉았다. 남자부와 여자부는 상호 반대 위치에서 마주 보고 각자의 단별 방위를 따라 자리 잡아 앉았다.
이 기도식에는 종사주 친히 좌정하시어 기도 알리는 죽비를 딱 치면 우리는 일제히 방위별로 『옥추보경』을 소리 내어 외웠다.

여기에 이어지는 기도문은 다음과 같다.

김영신 기도문 자료

김 1. [천존님 말씀하사 천존이라 하심은 대자하심으로 대존대성이라 하시니 중생의 아비가 만령의 스승이 되며 이제 모든 하늘이 다 어질게 보나니라] 하고 외우는 사람도 있었고,
김 2. [신명한 하늘 우레 할아버지 임금이요 아홉하늘 크게 화한 임금이라 도를 말하며 아홉봉우리를 밟고 법을 가지고 기린을 타나니라] 아예 첫머리부터 시작하는 방위도 있으며,
김 3. [천존이 말씀하사되 도란 자는 정성으로써 지키며 부끄러움으로써 쓰나니 정성을 써매 어린 것 같고 묵묵함을 써매 굴한 거 같으

니 대범이 같이 한즉 더불어 얼굴을 잊을 것이요 가히 더불어 나를 잊을 것이요…](‘김1-3’은 편의상 필자 부기함)

김영신에 의해 암기된 경문 ‘김 1’에서 ‘김 3’까지는 〈옥추경〉 경책의 앞부분에 나오는 제2장 ‘재옥청천중장’에서 제7장 ‘도이성입장’까지에 나오는 내용의 일부분에 해당되는 것들이다.

맨 처음 구절은 〈옥추경〉 ‘재옥청천중장’이고, 이어 각각 ‘뇌사계백장’, ‘도이성입장’의 일부가 암송된 것이다. 여기에 해당되는 부분은 불법연구회 시기 활용하던 『옥추보경』(불법연구회 한글화 자료) 구절과 거의 동일하다. 이를 그대로 옮겨보면 다음과 같다.

보경 1. “천존이 말삼하사 대천존이 대자함으로 천존대성하사 군생의 아비되시고 만령의 스승이 되시니 이제 모든 하날이 다 어질게 보나니라”

보경 2. “신명한 하날 우레 한아비 인군이요. 아홉 하날 크게 화하난 인군이시니라. 도를 마쌈하야 아홉봉을 밟으시고 법을 가지고 기린을 타시니라….”

보경 3. “천존이 말삼하사대 도란 자난 정성으로써 들어가고 묵묵함으로써 직히며 부드러운 것이로써 쓰나니 정성을 쓰매 어린것 갓고 묵묵함을 쓰매 어룰한것 갓고 부드러운 것을 쓰매 굴한것 가트니 대범 이가치 한즉 가히 더부러 얼골을 이즐것이요 가히 더부러 나를 이즐것이요 가히 더부러 이짐을 이

> 질것이니…"(보경 1-3도 편의상 부기한 기호임. 원문을 그대로 옮겼다. 여기 '보경'은 불법연구회 소장본『옥추보경』을 일컫는다).

김 1-3을 보경 1-3과 비교해보면 거의 일치하고 있음을 알 수 있다. 김영신은 불법연구회 소장『옥추보경』의 구절을 거의 그대로 암기하고 있었다. 앞의 두 개는(김 1-2) 받침과 단어적 변수를 빼고는 거의 보경 1-2의 내용과 일치하며, 세 번째의 것은(김 3과 보경 3) 내용 일부가 빠진 정도다. 수십 년이 지나서도 기억해낸 그의 뛰어난 암기력이 돋보인다고 하겠다. 당시의 기도가 얼마나 집중된 긴장도가 있었나 하는 점을 추정케 한다. 김영신이 소태산으로부터 받았던 것은 불법연구회 자료『옥추보경』이었음이 역시 확인되는 대목이다.

그런데 이것은 이공주가 외웠던 중앙교주로서의 경문이 아니다. 앞서 언급했듯이 이공주의 것은 〈옥추경〉 맨 뒷부분이다. 즉, 〈지경〉과 〈인경〉 부분에 해당한다. 김영신의 것은 〈천경〉에 해당하는 것으로, 〈옥추경〉의 앞부분에 해당하며 도와 진리에 대한 원리를 설한 부분이다.

단별 사방에 단원들이 외우는 경문은 각기 달랐다. 봉사 경문 외우듯 한다는 말처럼 제각기 다른 독경으로 방 안은 장바닥처럼 시끄러웠다. 정신을 바짝 차리고 외우지 않으면 다른 독경과 섞갈렸다. 그러므로 우리들은 자연 일심을 가누어 독경하지 않을 수 없었다. 우리는 꼭 기미년 간척사업 준공 후 백일기도를 하던 구인선진이나 된 심경으로 이 기도에 온 정성을 들였다.[10]

이들의 〈옥추경〉 기도가 얼마나 열정적이었던가를 다시 한번 확인할 수 있는 대목이다. 길룡리에서는 산상기도를, 경성에서는 창신동 작은 동산에서, 익산에서는 공회당에서, 장소는 각각 사정에 따라 바뀌었지만, 독경을 통한 정신통일과 정신무장의 여정 즉 진리불공 기도는 한결같이 이어졌음을 알 수 있다.[11] 초기 훈련법은 정신 집중을 통한 일심공부가 주를 이루었던 것은 아닌가 추정된다.

옥추보경 중의 주요 부분을 외는 이도 있었다. 아무튼 우리는 이 기도에서 많은 심력을 얻은 것은 사실이다. 나도 이때 어쩐지 힘을 얻은 것같이 여겨졌다. 생각하면 다 종사주 크신 위력을 입는 것이 아닌가 여겨진다.[12]

10 원불교신보사(박혜명 편집), 앞의 글.

11 만덕산 초선 당시 긴 기간 동안 진행했던 동·하선 기간에도 이런 형식의 기도를 이어왔을 가능성이 있겠으나 그 어떤 기록이 없어 추정만 할 따름이다. 추후의 논의가 필요한 부분이다.

12 원불교신보사(박혜명 편집), 앞의 글.

밑줄을 그은 두 부분은 각 단원은 〈옥추경〉의 일부 구절을 외기도 했다는 말이다. 즉, 〈옥추경〉 기도는 구인기도 시처럼 공통 송경의 부분이 있었고, 각기 별도의 해당 주문이 있었던 것으로 이해된다. 김영신은 바로 이 공통주문의 부분(〈천경〉 부분)을 기억해낸 것이다. 이 공통 부분은 동시에 단장에 할당된 것으로 뒤에 나오는 김대거의 것과 일치한다(5. 김대거의 '중앙단원 기도문'). 이를 미루어 볼 때 김영신은 자신에게 주어진 중앙으로서의 기도문을 기억해내지 못했거나, 기록하지 않았다. 공통주문은 누구나 완벽히 외워야 했던 것임을 아울러 간접적으로 알 수 있는 대목이다. 또한 각 단원에게 주어진 기도문은 상황에 따라 달라졌을 가능성도 있음이 지적되어야 한다. 이는 구인기도 시 단원별 기도 방향이 일정치 않았던 점을 상기시킨다.

이런 사정은 〈옥추경〉의 독경법이 원래 그러했기 때문으로, 이 역시 도통공부의 전통을 따라 한 방법이었다. 이런 식의 수행법은 조선 말까지 이어오던 방법으로 세기말적 혼란기 수많은 도꾼을 양산했고, 이어 근래에 계룡산 수행의 주류를 형성했던 바이기도 하다. 이는 오늘날 단학, 국선도, 뇌호흡, 요가 같은 영성운동의 일환으로 분화 발전하고 있다.

이경순의 '중앙교주 중앙단원 기도문'

〈옥추경〉 기도를 한 이경순에게 주어졌던 〈옥추경〉 기도문은 다음 페이지의 그림과 같다(그림 참조).

[그림 Ⅳ-1-1]은 표지에 해당되고, [그림 Ⅳ-1-2]는 첫 장이다. 표지에는 '보경'이라고만 적혀 있는데 왜 '옥추'를 뺐는지는 의문이다. 첫 장에는 갑자전문(甲子乙丑丙 寅丁卯戊辰己巳 … 癸亥) 60자가 적혀 있고 이어 다음과 같은 순이다.

'이경순'의 중앙단원 기도문

靈寶局 萬物建判養生所
中央教主 李敬順
中央團長祝願 第一章[13]
기원문(〈옥추경〉 〈지경〉 일부)

이것을 이공주의 기록과 비교해보면 최소한의 차이만 있을 뿐 거의 일치하고 있음을 알 수 있다.

'이공주'의 중앙단원 기도문

0 靈寶局 萬物建判養生所 中央教主 李共珠
0 甲子乙丑丙 寅丁卯戊辰己巳 … 癸亥(甲子全文) 定天奉命
0 祈願文
0 第 一 章[14]

13 영보국 만물건판양생소, 중앙교주 이경순, 중앙단장축원 제1장.

14 청하문총간행회 편, 『구타원대봉도 일대기, 한마음 한길로』, 원불교출판사, 1984.

둘을 비교할 때 그 구성이 거의 일치한다. 이공주는 갑자전문 부분을 약술하였지만, 이경순은 60갑자 전문을 온전히 기록해놓았다. 이경순의 경우 이공주와 달리 육갑전문 배열이 앞 장에 위치해 있다. '중앙교주 이경순' 하단에 별도의 표시가 '육갑보(六甲補)'라 적혀 있는데, 육갑전문의 구송순을 표시한 것으로 보인다. 즉, 이경순은 육갑전문을 이공주와 같이 '중앙교주 이경순'을 고한 뒤 구송한 것이다. 다른 차이는 '중앙단장축원 제1장'이라 한 부분이 이공주의 것 '제1장'과 다르나 장절 구분의 차이로 보인다. 이를 통해 이경순의 〈옥추경〉 기도는 이공주의 것과 거의 일치하고 있음을 알 수 있다.

이경순의 기도문은 전문을 온전히 기록해 매우 중요한 사료적 가치를 가진다. 그 실체가 드러났으므로 그 전문을 옮겨 기록하기로 한다. (먼저 영인본 내용을 그대로 옮기고 기록의 서지사항을 알아본다.)

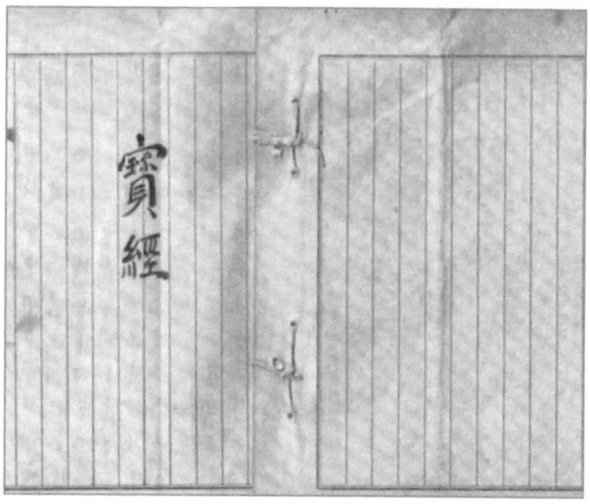

[그림 Ⅳ-1-1]

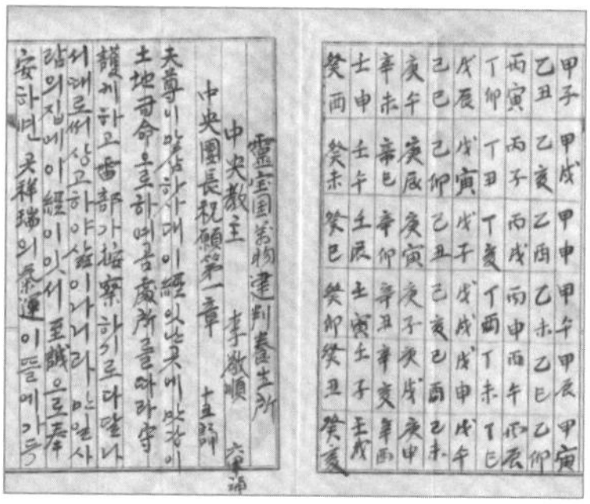

[그림 Ⅳ-1-2]

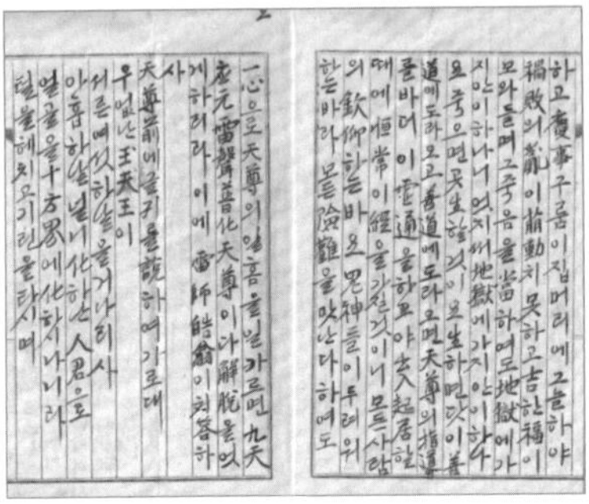

[그림 Ⅳ-1-3]

이경순의 자료 사진(1-7쪽이고 [그림 Ⅳ-1-1]에서 [그림 Ⅳ-1-7]의 순과 일치함)[15]

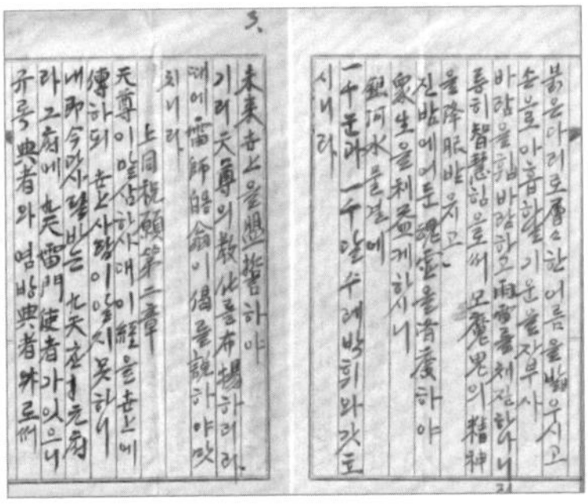

[그림 Ⅳ-1-4]

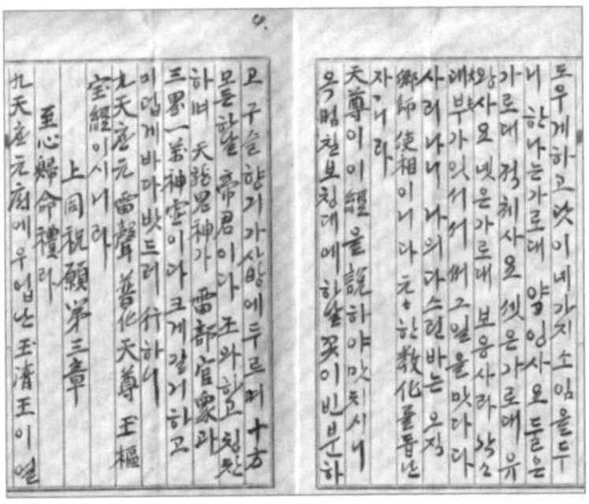

[그림 Ⅳ-1-5]

15 이경순, 「보경」 12장 필사본. 이 자료의 원본은 현재 어디에 있는지 미정이다. 이 영인 자료를 받은 출처는 모 교무다(본인의 이름을 밝히기 꺼려 밝힐 수 없음을 양해 바람). 그는 이경순 선진을 오랫동안 모셨고 열반 후 그의 자료를 정리하던 중 얻은 것이라며 필자에게 건네주었다. 무슨 이유인지 본인의 성명이 노출되는 것을 꺼렸음을 부기한다.

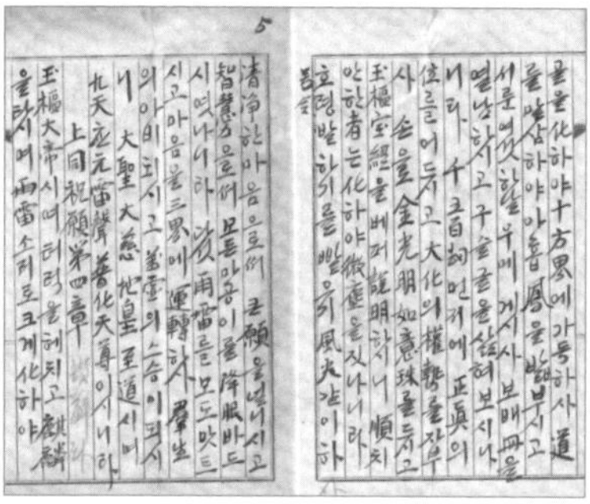

[그림 Ⅳ-1-6]

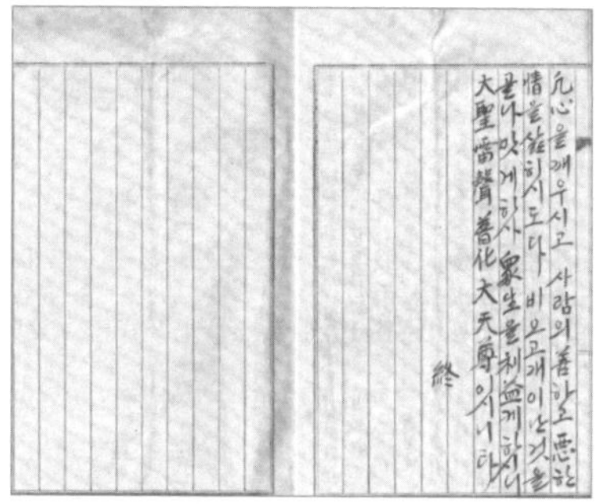

[그림 Ⅳ-1-7]

이경순의 기도문 자료 전문

(1쪽) 寶經

(2쪽) 甲子 乙丑 丙寅 丁卯 戊辰 己巳 庚午 辛未 壬申 癸酉
甲戌 乙亥 丙子 丁丑 戊寅 己卯 庚辰 辛巳 壬午 癸未
甲申 乙酉 丙戌 丁亥 戊子 己丑 庚寅 辛卯 壬辰 癸巳
甲午 乙未 丙申 丁酉 戊戌 己亥 庚子 辛丑 壬寅 癸卯
甲辰 乙巳 丙午 丁未 戊申 己酉 庚戌 辛亥 壬子 癸丑
甲寅 乙卯 丙辰 丁巳 戊午 己未 庚申 辛酉 壬戌 癸亥

(3쪽) 靈寶國萬物建判養生所
中央教主 李敬順 (六甲補)
中央團長祝願 第一章 (十五誦)
天尊이 말삼하사대 이 經잇난곳에 맛당이 土地司命으로 하여곰 處所를 따라 守護케 하고 雷部가 按察하기로 다달나서 때로써 상고하야 삶이나니라 만일 사람의 집에 이 經이 잇서 至誠으로 奉安하면 곳 祥瑞의 氣運이 뜰에 가득

(4쪽) 하고 慶事구룸이 집머리에 그늘하야 禍敗의 亂이 萌動치 못하고 吉한 福이 모와들며 그 죽음을 當하여도 地獄에 가지 안이하나니 엇지써 地獄에 가지 안이하나요 죽으면 곳 生할 것이요 生하면 닷이 善道에 도라오고 善道에 도라오면 天尊의 指導를 바더이 靈通을 하고야 出入起居할때에 恒常 이 經을 가질것이니 모든 사람의 欽仰하는바요 鬼神들이 두려워하는 바라 모든 險難을 맛난다하여도

(5쪽) 一心으로 天尊의 일홈을 일카르면 九天應元雷聲普化天尊이 다 解脫을 엇게하리라 이에 雷師皓翁이 대답하사
天尊前에 글귀를 說하여 가로대
우없난 玉淸王이
서른여섯하나를 거나리사
아홉하날 널리 化하난 人君으로
얼골을 十方界에 化하시나니라
털을 헤치고 기린을 타시며

(6쪽) 붉은 다리로 層層한 어름을 밟우시고
손으로 아홉하날 기운을 자부사
바람을 휩바람하고 雨雷를 채질하나니라
릉히 智惠힘으로써 모 魔鬼의 精神을 降服받으시고
진밤에 어둔 魂靈을 濟度하야
衆生을 利益케하시니
銀河水물결에
一千눈과 一千달수레박휘와 갓흐시니라

(7쪽) 未來世上을 盟誓하야
기리 天尊의 敎化를 布揚리라
때에 雷師皓翁이 偈를 說하야 맛치니라

上同祝願 第二章

天尊이 말삼하사대 이 經을 世上에 傳하되 世上사람이 알지못하니 내 卽今 다사릴바는 九天應元府라 그 府에 九天雷門使者가 잇으니 규록 典者와 염방 典者로써

(8쪽) 도우게하고 닷이 네가지 소임을 두니 한나는 가로대 약잉사요 둘은 가로대 적체사요 셋은 가로대 유왕사요 넷은 가로대 보응사라 각각 大夫가 잇서서 써 그 일을 맛다 다사리나니 나의 다스린 바는 오직 卿師 使相이니 다 元元한 敎化를 돕난자니라

天尊이 經을 設하야 맛치시니 옥범칠보칭대에 하날꼿이 빈분하

(9쪽) 고 구슬향기가 사방에 두르며 十方 모든 하날 帝君이 다 조와하고 칭찬하며 天龍鬼神과 雷部官衆과 三界一萬神靈이 다 크게 길기하고 미덥게 바다 밧드러 行하니

九天應元雷聲普化天尊 玉樞寶經이시니라

上同祝願 第三章

至心歸命禮라

九天應元府에 우업난 玉淸王이 얼

(10쪽) 골을 化하야 十方界에 가득하사 道를 말삼하야 아홉 鳳을 밟부시고 서룬여섯 하날 우에 게시사 보배 册을 열남하시고 구슬글을 삶혀보시나니라 千五百劫 먼저에 正眞의 位를 어드시고 大化의 權勢를 자부사 손으로 金光明 如意珠를 드시고 玉樞寶經을 베펴 說明하시니 順치 안한 者는 化하야 微塵을 짓나니라

호령발하기를 빨으기 風火같이하사

(11쪽) 淸淨한 마음으로써 큰 願을 널리시고 智惠力으로써 모든마공이를 降服바드시엿나니라 다섯 雨雷를 모도 맛트시고 마음을 三界에 運轉하사 群生의 아비되시고 萬靈의 스승이 되시니 大星 大

慈 地皇 至道시며 九天應元雷聲普化天尊이시니라

上同祝願 第四章 (讚辭라)

玉樞大帝시여 터럭을 헤치고 麒麟을 타시며 雨雷소리로 크게 化하야

(12쪽) 凡心을 깨우시고 사람의 善하고 惡한 情을 삶히시도다 비오고 개이난것을 골나 맛게하사 衆生을 利益케 하시니 大聖雷聲普化天尊이시니라

終

필자는 원문을 원래대로 옮기도록 노력했다. 띄어쓰기나 줄바꿈 등의 첨삭을 절제하였고, 원문에 충실하고자 페이지별 구분(괄호 쪽수)을 가했다. 표지까지 총 12쪽 분량이고 [그림 Ⅳ-1-1]에서 [그림 Ⅳ-1-7]의 순의 나열과 일치한다.

필사본은 세로 10줄 노트 12쪽에 세로쓰기로 작성되었다. 필체는 먹으로 쓴 얇은 붓글씨체이며 매우 달필에 해당된다 하겠다. 필체의 흐트러짐이 전혀 보이지 않아 수미가 일정한 것을 볼 때 정성을 들인 흔적이 보인다. 각 줄당 15자 정도의 글씨를 새겼다. 표지와 공백을 빼면 총 1,600자 정도의 양이다.

필사책의 제목은 '보경'으로 되어 있으나 '옥추보경'의 약자로 보인다. 기도문은 〈옥추경〉의 〈지경〉 중 뒷부분과 〈인경〉의 일부를 엮은 것으로 이공주의 것과 동일하다. 기도문은 총 4개 장으로 구성되었는데 '갑자전문'을 더하면 5개 장으로 볼 수도 있다. 4개 장은 각각 '중앙단장축원 제1장, 상동축원 제2장, 상동축원 제3장, 상동축원 제

4장'으로 표기하였다. 필사하는 과정에서 나온 일부 오탈자는 붉은색 글씨로 추가 첨삭한 흔적이 있으나 극히 일부에 해당된다. 소장자가 사용 시 기도문을 매우 조심스럽고 소중하게 다룬 흔적이 역력하다. 맞춤법과 표기법은 현대어법과는 큰 차이가 있다. 일부 표현은 잘 이해가 되지 않는 부분도 있을 정도다. 이에 대한 현대어역이 다시 필요하나 생략한다.

이경순 자료에 보이는 특이 표시 즉, 기도문 자료 중 괄호로 묶은 부분은 매우 중요한 의미를 지닌다. 본문에 보이는 표시, 즉, [그림 Ⅳ-1-2]와 [그림 Ⅳ-1-6]에 보이는 (육갑보)[16], (십오송), (찬사라) 세 종에 대한 설명은 별도 분석이 필요한 부분이다. 다만 셋은 각각 육갑전문을 중앙교주 이경순을 고한 뒤 송한다는 의미이고, 십오송은 본문을 15번 반복한다는 의미, 찬사라는 마무리 강조의 의미를 지니는 것 정도로 이해된다 할 수 있다. 이 부분은 매우 중요한 것으로 기도 과정을 재구성할 수 있는 단서를 제공한 것으로 추후 분석이 요구되는 부분이다.

김대거의 '중앙단원 기도문'

김대거의 기도문은 그의 『법문집』 5집에 잘 기록되어 있다. 내용 전문을 그대로 옮긴다.[17]

16 한자가 불분명하여 '육갑송(六甲誦)'으로도 읽을 수 있겠으나, 둘 다 그 의미에는 차이가 없다.

17 법무실, 제2부 연도수덕, 9 옥추보경 편, 『대산종사법문집』 5, 원불교출판사, 1994.

김대거의 기도문 자료

玉樞寶經의 要點

道者는 以誠而入하고 以默而守하고 以柔而用하나니
(도자) (이성이입) (이묵이수) (이유이용)
도는 정성으로써 들어가고 묵묵으로써 지키고 부드러움으로써 쓰나니

用誠似愚하고 用默似訥하고 用柔似拙하니
(용성사우) (용묵사눌) (용유사졸)
정성을 씀에 어리석은 것 같고 묵묵함을 씀에 어눌한 것 같고 부드러움을 씀에 졸한 것 같으니

夫如是則可與忘形이오 可與忘我요 可與忘忘이니라.
(부여시즉가여망형) (가여망아) (가여망망)
무릇 이같이 한즉 가히 더불어 몸을 잊고 가히 더불어 나를 잊고 잊었다 하는 것도 잊을 것이니라.

入道者 知止하고 守道者 知謹하고 用道者 知微하니
(입도자)(지지) (수도자)(지근) (용도자)(지미)
도에 든 자 그칠 줄 알고 도를 지키는 자 삼가할 줄 알고 도를 쓰는 자 미묘한 것을 아나니

能知微則 慧光生하고 能知謹則 聖智全하고
(능지미즉)(혜광생)(능지근즉)(성지전)
능히 미묘한 것을 안즉 혜광이 나고 능히 삼가할 줄 안즉 성지가 온전하고

能知止則 泰定安하고 泰定安則 聖智全하고
(능지지즉)(태정안) (태정안즉)(성지전)
능히 그칠 줄 안즉 크게 정하여 편안하고 크게 정하여 편안한즉 성지가 온전하고

聖智全則 慧光生하고 慧光生則 與道爲一하니
(성지전즉)(혜광생)(혜광생즉)(여도위일)
성지가 온전한즉 혜광이 나고 혜광이 난즉 도와 더불어 하나가 되나니

是名眞忘이라 惟其忘而不忘이라.
(시명진망) (유기망이불망)
이것을 참으로 잊은 것이라 오직 그 잊어서 잊지 않음이라.

忘無可忘하고 無可忘者 卽是至道니라.
(망무가망) (무가망자)(즉시지도)
가히 잊어서 잊을 것이 없고 가히 잊을 것도 없는 자 곧 이 지극한 도니라

道在天地나 天地不知하고
(도재천지) (천지부지)
도가 천지에 있으나 천지도 알지 못하고

有情無情이 惟一無二니라.
(유정무정) (유일무이)
유정 무정이 오직 하나요 둘이 아니니라.

『대산종사법문집』 5집, 제2부 연도수덕, 9 옥추보경 편에 옮겨놓은 위의 "옥추보경의 요점"은 〈옥추경〉 제7장 '도이성입장'과 그대로 일치한다. 이 대산의 기도문은 앞서 논한 김영신이 기억해낸 마지막의 것(김 3)과 일치하나 다른 단원들의 기도문과는 다르다. 즉, 다른 중앙단원은 〈옥추경〉의 끝부분인 〈지경〉을 대상으로 한 반면 김대거는 〈옥추경〉의 앞부분인 〈천경〉을 대상으로 하였다. 중앙단원이라 동일하게 표기한 점은 뒤에서 살피겠으나 오기일 가능성이 있고 각각 중앙단원과 단장(혹은 총단장)에 해당된다 하겠다. 불법연구회 단조직

에서 단장과 중앙의 관계를 상기하면 될 것이다.

옮겨온 내용 유정 무정 일여의 법문은 『대종경』은 물론 정산과 대산의 법문집에 두루 나오는 개념이자 동일 근원의 사상이다. 『대종경』 「천도품 15장」은 그 핵심적 설명을 하고 있다. 이외에 초기교서 『수양연구요론』에서도 이 〈옥추경〉의 '도이성입장'을 인용하였다.[18]

대산의 『법문집』에는 '도이성입장' 해석에 이어 긴 해설을 곁들였다. 그 앞부분에 다음과 같은 기록이 있다.

> 1. **〈옥추경〉-도교의 경문, 〈수양연구요론〉, 기도문-중앙단원**
> 불교의 정수를 〈반야심경〉이라고 한다면, 도교의 정수는 이 〈옥추경〉이라고 할 수 있을 것이다. 대종사님 당시 〈옥추경〉을 많이 말씀하셨다.

김대거가 '수양연구요론'이라 언급한 것은 〈옥추경〉과 관련성을 표시한 것이다. 필자의 눈에 띄는 부분은 밑줄을 그은 기도문-중앙단원이란 부분이다. 이것은 중앙단원으로 〈옥추경〉 기도를 할 때 소태산으로부터 받았던 기도문이란 의미일 것이다. 소태산으로부터 받은 중앙단원의 기도문이었음을 표시한 것이고, 앞서 언급했듯이 김대거도 이경순처럼 이른 나이에 〈옥추경〉 공부를 하였다.

알려져 있듯이 대산의 서술은 노트를 정리하듯 한 요약이 많다. 위의 인용 부분은 이런 요약에 해당된다. 대산도 김영신처럼 〈옥추경〉 기도를 적극적으로 기록하지는 않았다. 그러나 『법문집』의 내용

18 소태산, 제1 정정요론 상, 『수양연구요론』, 불법연구회, 1927.

을 보면 그 누구보다도 기도 과정을 자세히 기록하고 있음을 알 수 있다. 대산의 경우 〈옥추경〉 풀이에서 〈옥추경〉 기도를 했다는 적극적인 표현을 하지는 않았지만, 밑줄 그은 정도의 표기로 이를 인정하고 있다는 정황은 충분히 포착할 수 있다. 또한 그의 〈옥추경〉 해설을 보면 〈옥추경〉 기도 경험을 바탕하지 않고는 할 수 없는 설명들이 주를 이룬다.

단원별 기도문과 불법연구회 자료 『옥추보경』 및 단기도의 시기

앞서 제시한 단원들의 기도문은 〈옥추경〉 앞부분과 맨 뒷부분에 해당되는 것으로 각각 단장과 중앙단원의 것이었다. 〈옥추경〉의 나머지는 각 단원에 해당되는 여덟 명분의 것이다. 단조직에 따라 건, 감, 곤, 리, 손, 리, 곤, 태의 팔괘에 해당되는 단원으로 앞선 글에서 구분한 바와 같다.

지금까지 남아 있는 자료는 중앙단원과 단장의 것이지만, 나머지 단원의 기도문은 김영신의 자료를 통해서도 유추할 수 있었던바, 이런 유추를 뒷받침하는 자료가 불법연구회 소장자료에 남아 있어 각 단원의 기도문을 확정할 수 있게 된 것이다. 즉, 〈'건방단원 기도문', '감방단원 기도문', '간방단원 기도문', …'태방단원 기도문' 그리고 맨 앞과 끝에 '단장'과 '중앙단원의 기도문'〉 여기서 단장의 기도문은 앞서 언급한 바처럼 총단원이 암기했어야 하는 부분으로 모두 같이 외웠을 것이다. 단장은 이와 함께 전 단원의 기도를 관리 감독하는 역할을 하였을 것이다. 중앙단원이 자신의 기도문으로 시간적으로 마지막을 장식하였는지 모두 동시에 진행하였는지는 알 수 없다. 기도 내용으로 볼 때는 마지막 마무리를 하는 것이 맞다. 식을 마치고는 헌배를 하거나 소지를 올리거나 하는 등의 절차도 있었을 것이다.

불법연구회 소장 〈옥추경〉은 단조직 순서에 맞춰 구분되었다. 그 구분은 단장과 중앙 및 건, 감, 건, 리, 손, 리, 곤, 태의 10개 부분이었다. 그중 중앙단원에 해당되는 부분이 앞서 살펴본 이공주, 이경순의 것과 정확하게 일치한다. 김대거의 것은 단장에 해당되고 김영신의 것은 단장과 중앙 및 다른 단원의 것들이다.

단기도의 기도문이 어떻게 분배되었으며 그 각각은 어떤 내용이었는지 살폈다. 단장과 중앙의 자료만이 남아 있고 다른 단원의 기도문이 남아 전하지 않는 이유는 알 수 없다. 다만 맡은 바 직책의 비중 정도에 비례하는 것은 아닐까 유추된다. 그리고 각 단원의 기도문은 중앙과 단장에 비해 그렇게 길지 않다. 모두 암기한 상태로 기도에 임했기 때문에 따로 기록하지 않았을 가능성도 있으나 추후 별도의 자료가 나올 가능성도 열려 있다.

이를 미루어 볼 때 길룡리에서의 구인단기도 시기 이와 같은 구분과 분배로 기도문이 구성되지 않았나 추정할 수 있다. 이에 대한 논의는 물론 이미 앞선 글에서도 다룬 바 있으나 지금 남아 있는 불법연구회의 자료가 길룡리 시기의 것이냐 아니냐의 여부는 남아 있다고 했다. 이를 확정할 수 있는 자료는 부재하나, 설사 불법연구회의 것이 당시의 것은 아니라 할지라도 그 조직체계가 동일한 점을 고려할 때 같은 계통으로 보아도 무방하다.

왜냐하면 길룡리 이후 단기도는 경성에서 한 것이 유일한 기록이나, 단조직을 구분해놓은 불법연구회의 자료가 경성을 위해 작성된 것은 아니었을 것이기 때문이다. 창신동의 지형은 팔방을 응할 공간이 아니었고, 여성들을 대상으로 했다는 점이 더욱 그렇다. 밤 10-11시의 산기도는 상상하기 어렵다. 팔방의 산기도는 물론 일정 거리를 두고 떨어져 할 수 있는 물리적 여건도 아니었다. 한편 단기도가 이루어진 지역은 익산 신룡동이기도 했다. 여기서도 단기도는 팔방의 설정이 무의미할 정도로 군집하여 이루어졌다(김영신의 자료).

이 당시 단조직은 팔방의 의미와 거리가 있다. 경성의 단원들은 십인을 채 채우지도 못했다. 팔방을 응한 온전한 집단기도의 형식이 아니었다. 단체 기도의 의미를 더 부여해야 할 상황이다. 마치 철야기도를 연상시킨다. 이를 통해 알 수 있는 점은 단기도가 십방을 응한 공간적 기도의 의미와 함께 단원의 일심 독려를 위한 집단적 독경기도였음을 알 수 있다는 점이다. 그러므로 불법연구회의 자료 『옥추보경』은 길룡리 전통을 이은 것으로 봐야 한다. 산기도가 끝난 이후 십방의 의미가 사라진 상황에서 새로이 단조직에 맞춘 구성을 할 필요는 없었다.

이런 식의 기도가 길룡리, 경성, 익산에서만 이루어졌던 것은 아니었을 것이다. 변산에서, 초선지 만덕산 기도 시에도 활용되었을 것이다. 이 경우는 팔방의 개념이 살아있을 수 있다. 그러나 그것도 길룡리와 같은 넓은 거리를 상정할 수는 없었을 것이다. 독경 위주의 집단기도가 주를 이루었다.

돌이켜보면 당시의 공부는 아직 교재가 마련되지 않았던 시기여서 적당한 기도 방식이 정해져 있지 않았다. 유일하게 추정할 수 있는 것은 길룡리에서의 공부법과 기도법이었다. 당시 수행방법은 불교식 좌선이나 독공 혹은 당시 유행하던 주문수행 등을 들 수 있을 텐데, 이에 대한 기록 역시 부재하여 알 수 없는 일이다. 오로지 추정할 수 있는 자료는 당시의 정황을 미루어 알 수 있는 민간 전래의 〈옥추경〉 독경 기도가 확실하다. 불법연구회에 남아 있는 한글본 〈옥추경〉은 이 시기에 사용했던 자료다. 그곳에 남아 있는 팔괘 구분은 길룡리의 것을 계승하였을 것이다.

팔괘에 따른 십인일단 조직은 소태산이 만든 유일한 조직이다. 동학이나 증산 계통에서도 이런 조직의 활동이나 기도법은 보고되고 있지 않다. 길룡리에서 활용한 단조직은 방위개념이 강조되었다. 그것은 창생을 제도한다는 상징적 의미가 컸기 때문이다. 그리고 그 결과로 음부공사의 인증이 있었다. 이렇게 시공을 아우른 기도와 영계의 인증은 일단 확정이 되었다. 이후에는 이 의식을 반복하기만 하면 된다. 그대로 재현할 필요는 없는 것이다. 조직을 위한 결속력 다지기나 영적 수련을 위해서 이어가야 할 항목이 되었다. 오히려 그 전통을 계승해야 하는 입장에 있었다. 변산과 만덕산에 이어 경성과 익산에서도 〈옥추경〉 기도가 이어져야 하는 이유가 여기에 있었다. 이러한 독경 기도법이 언젠가부터는 점차 사라지게 되었는데 그 이유가 어디에 있는지는 별고에서 다루어야 할 부분이다.

이경순은 매우 이른 나이에 〈옥추경〉 기도를 접한 것 같다. 이는 김대거의 경우와 매우 유사하고, 시기적으로도 겹친다. 김대거가 출가한 건 1929년 16세의 일이다. 이때부터 소태산 열반 시까지 내총부에 머물면서 공부했다. 이경순[19]도 1929년 15세 때 익산으로 온다.

---

19 이 부분은 추후 살피기로 한다.

그는 1940년 서울로 첫 부임을 떠날 때까지 약 10여 년간을 총부에서 공부한다. 김영신이 경성에서 총부로 내려온 시기는 이보다 이른 1928년이었고 당시 나이는 20세였다. 1934년 부산으로 발령받을 때까지 약 6년여를 머문다. 이들이 신룡동 불법연구회에 들어오자마자 〈옥추경〉 기도를 했는지는 불분명하다.

김영신의 경우를 미루어볼 때 적어도 1928-1934년 사이에 옥추경 기도식이 이루어졌고 대단히 열성적으로 진행되었음을 알 수 있다. 당시의 정황을 볼 때 이 집단기도식의 기도 형식과 틀은 안정적으로 정착이 되어 있던 것 같다. 김영신은 이때 이미 20세에 이르렀다. 〈옥추경〉 기도를 할 수 있었을 것이다. 그가 익산에 오기 전에 이미 〈옥추경〉 집단기도식은 이루어지고 있었다는 의미이기도 하다. 이것은 이공주의 다음 발언을 상기하게 한다. 이공주의 기록에 보면 다음과 같은 내용이 전한다.

> 원기 13년(戊辰) 4월 15일경에 대종사님께서는 이공주 선생과 4-5인의 여자 회원들에게 말씀하시기를 '여자 중에서도 초창기 구인기도 시와 같이 기도를 드려 보면 어떻겠느냐?' 하시었다.
> 이에 여자 회원들이 '지시해주시면 그대로 거행하여 보겠습니다' 하고 말씀을 드리니[20]

1928년은 소태산이 경성을 처음 방문한 지 4년째 되는 해다. 경성의 회원들도 이미 익산의 정황을 잘 알고 있었다. 기록은 소태산이

20 청하문총간행회 편, 『구타원대봉도 일대기, 한마음 한길로』, 원불교출판사, 1984.

이공주 등에게 기도를 하명한 것으로 되어 있으나 실제로는 회원들의 요구를 수용한 것으로 봐야 한다.

이 기도식은 성공을 거두지 못하고 조기에 종결되었다. 회원들 간에 일어난 특이 상황과 혹은 일부 역부족의 상황[21]이 작용했기 때문이었다. 회원들이 익산의 효과적인 기도식 소식을 듣고 요청하였다. 소태산은 이를 마지못해 들어주었던 것으로 봐야 한다. 그러므로 속히 그만둘 것을 명령하였고 중지되었다. 익산의 효과적인 수행 소식을 익히 전해 듣고 익산으로 올 수 없는 상황에서, 그들도 경성에서 그 기도식을 하고자 했던 것으로 푸는 편이 자연스럽다. 경성에서 이공주를 비롯한 단기도식도 1928년 봄(원기 13년 4월 15일)으로 기록되었다. 시기가 서로 겹치고 있음도 이를 암시한다. 익산 신룡동에서의 집단단기도는 적어도 1928년 이전부터 시작되었을 가능성을 배제할 수 없고, 1934년까지 혹은 이경순의 경우를 미루어 볼 때 1939년까지도 기도의 지속 시기로 산정할 수 있다.

여기서 하나 고려해야 할 사안은 초기교서가 1932-1934년에 이어서 나온다는 사실이다. 1927년에 〈수양연구요론〉이 나오지만, 그것은 이론서에 가깝다. 〈육대요령〉과 〈삼대요령〉의 공부법이 나오면서부터는 그에 따른 수행법에 집중하였을 가능성이 크다 하겠는데 〈옥추경〉 기도식과의 조율이 이루어진 시기라 할 수 있다.[22] 이렇게

---

21 〈옥추경〉 기도는 일종의 주문기도로 그 과정이 매우 위험한 경우도 많다. 각별한 지도인의 지도가 동반되어야 하는 것으로 알려져 있다. 이 기도 중 혼절하거나 건강을 상실하는 경우가 많았다고 한다.

22 소태산, 『수양연구요론』, 기독교창문사, 1927. 소태산, 『보경육대요령』, 성광인쇄소, 1932. 소태산, 『보경삼대요령』, 불법연구회, 1934.
『수양연구요론』의 도에 대한 이론과 전래의 〈옥추경〉 수행 기도법이 서서히 사라지고, 이론과 실천 둘을 결합한 『육대요령』의 공부 · 수행법으로 대체되었던 것 같다. 이후 〈옥추경〉과 그에 대한 공부 수행의 기록도 아예 잊힌 것 아닌가 하는 추정을 할 수 있다. 이는 마치 오늘날 『수양연구요론』이 잊힌 것과 같다.

볼 때 신룡동 〈옥추경〉 기도는 이르면 1928년부터 늦게는 1934년까지 지속적으로 이루어졌을 것으로 판단된다. 앞서 제시한 기도문들은 모두 이 시기에 활용되었던 자료들인 셈이다. 교서 제정 이후에는 그 양상이 점점 달라지며 잊혀간 것으로 보인다. 그러므로 김대거와 김영신은 나이가 어렸지만, 이 시기 〈옥추경〉 기도를 수행하였을 가능성이 있다.

이경순의 부친은 이춘풍이다. 그는 소태산이 변산 봉래정사에서 익산으로 오자 그곳을 관리하던 분으로 이미 〈옥추경〉을 한글로 번역한 당사자였다. 부친의 영향도 있었겠지만, 이경순의 〈옥추경〉 기도는 총부에서 집단적으로 했던 경험에 의거한 것으로 봐야 한다. 아울러 이공주의 경우 김경신의 보고에서 본 바와 달리 서둘러 종결되었다. 이를 미루어 볼 때 집단적인 주문기도의 형태는 길룡리와 경성과는 다른 형태였음도 추정할 수 있다. 이는 〈옥추경〉 활용의 정도가 상황에 따라 변화하였음을 알려주는 대목이다.

그 변화의 양상은 용어의 불일치에서도 엿볼 수 있다. 앞선 자료는 이공주와 이경순의 경우 〈옥추경〉의 〈지경〉 부분이고, 김영신과 김대거의 것은 〈옥추경〉의 〈천경〉 부분이다. 그렇다면 오늘의 단조직의 순에 따라 볼 때, 전자 둘은 '중앙단원'으로 후자 둘은 '단장'이라 표기되어야 했으나 그렇지 못했다. 이공주는 '중앙교주', '기도문'으로 이경순은 '중앙교주', '중앙단장'으로 김경신은 단순히 '기도문'으로 김대거는 '중앙단원'으로 각각 용어를 달리 사용하고 있다. 김경신은 기억에 의한 것이므로 그렇다고 할 수 있으나 나머지는 중앙교주, 중앙단원, 중안단장 등의 용어를 기도문의 분류와 다르게 혼용하여 사용하였다. 이는 초기 교단의 단조직 미정립의 정황 드러난 것으로 보이나 추후 검토가 요구되는 사안이다.

영광 이후의 기도는 조직원의 결속력을 다지고 수행을 도모하기 위한 것이었다. 결속력과 수행은 어느 면에서는 둘이 아니다. 일심 모으기와 정신무장, 나아가 신통력 획득에 이르기까지 그 수행적 효과는 다양했으리라. 기도를 통해 통일된 의식과 일심을 고취하고 공동체성을 확인하는 의의가 주를 이루게 되었다. 이것은 원불교 법인절 백지혈인의 신성성보다 더 강조되어야 할 항목이 아닌가 한다.

〈옥추경〉 기도를 상정할 때 고려해야 할 요소는 많다. 즉, 준비물(팔괘도, 등불, 향, 정화수, 돗자리…), 기도 시간, 다른 기도문 기도 절차(절, 자세, 소지…) 및 정신무장에 이르기까지 살펴야 할 점이 한둘이 아니다. 이에 대한 검토는 후학의 추후 논구로 미뤄둔다.

맺음말

법인절로 이어지는 구인기도는 원불교의 특징을 온전히 드러내는 사건이다. 한 개인의 천지감응이 아니라 집단적 감응이라는 점에서 더욱 그렇다. 그리고 그것은 신성성보다 결속과 정신무장 그리고 일심정신에 있다. 인간이 모여 천의를 움직인다는 상징을 드러낸 것이다.

구인기도가 어떤 형식으로 이루어졌는가 하는 점은 이 방면 연구자와 관계자들의 과제였다. 남겨진 자료가 일천하여 이를 재구하기가 쉽지 않았고, 교사에도 온전한 기록이 없었기 때문이다. 필자는 이와 관련된 구인기도 기도문 연구를 진행하던 중 그것이 〈옥추경〉

과 밀접한 관련이 있음을 밝혀낼 수 있었다.

〈옥추경〉 기도는 조선 말기의 도꾼들에 의해 채택된 방법으로 조선 내내 이어지던 전통에 근거한 것이었다. 소태산의 구도기에 수행하였던 것으로도 보이는 〈옥추경〉 기도는 그의 각 후 구인이 중심이 된 단기도의 형식으로 거듭난다. 그리고 백지혈인이라는 이적을 나투기도 한다.

그동안 여기저기 산재했던 〈옥추경〉 기도문 자료를 모두 모아놓았다. 그간 논자는 연구 과정에서 포착된 자료를 분석하는 데 집중하였으나, 자료를 한곳에 모아 자료의 객관화와 공유화가 필요함을 깨달았다. 자료의 일천화도 문제지만 이에 대한 교사의 기록이 부재한 점은 결정적인 결함이기 때문이다. 이를 근거로 이후 관련 연구가 이어지기를 기대한다.

전통사상과 전통적인 수행의 연장선에 신종교의 지도자들이 위치했다는 지적은 지극히 자연스러운 것이나 그 연구가 일천한 점은 아쉬운 점이다. 메꿔져야 할 틈이자 단절이다.

앞서 필자는 불법연구회가 소장하고 있는 자료를 분석하여 단조직의 구분과 일치하는 기도문 배정이 있었음을 확인하였다. 구인기도와 〈옥추경〉 기도문 상관성은 이제 거의 확실한 사실이다. 여기에 동참했던 구인 단원의 후배들인 이공주, 김영신, 이경순, 김대거 등의 자료는 〈옥추경〉 기도가 이후로도 지속적으로 활용되었음을 알려준다. 후배들이 했던 기도식은 그러나 구인기도가 산정에서 이루어진 것과 달리 집단으로 이루어졌음도 알 수 있었다.

초기 교서가 1932-34년에 나오기 전까지 약 10여 년 동안의 수행법 중에는 〈옥추경〉 주문수행 혹은 〈옥추경〉 독송기도 혹은 〈옥추경〉

기도로 명명할 수 있는 일종의 주문수행이 주를 이루었다. 이 수행이 조선의 전통을 잇기는 하였으나 그대로 옮겨오지는 않았던 것 같다. 팔방 지정의 산기도라든지 집단적 팔방기도나 집단기도 같은 변화를 상황에 따라 응용하였던 흔적이 발견되었다. 당시에 유행하였던 것으로 보이는 기독교의 철야기도나 통성기도와 같은 형식적 닮은꼴도 추후 눈여겨볼 대목이다(그러나 이 역시 전통의 연장에 있다).

불법연구회의 초기 교서와 수행법이 나오면서부터는 이 방법은 서서히 사라져갔던 것으로 보인다. 〈옥추경〉의 사상이나 기도법이 불법연구회에 어떤 영향을 어떻게 끼치고 있었던가는 아직 알지 못한다. 추후의 연구가 기다려진다 할 것이다.

당장 구인단기도 절차가 어떠했던가를 재구하는 것이 먼저다. 또한 〈옥추경〉의 사상과 수행법이 끼친 영향 관계를 밝히는 것도 중요하다. 혹시 당시 수행법을 그동안의 역사 과정에서 소홀히 할 여지가 있거나, 잊고 있었던 것은 아닌가 하는 점이 지적될 수 있다. 만약 그런 것이 포착된다면 찾아 복원하는 일이 결코 작은 일이 아니다. 그것이 법인절과 직결된다는 점 하나만으로도 그 무게감은 작지 않다. 아울러 과연 원불교가 법인절의 진정한 의미를 온전히 계승하고 있는가 하는 질문도 필요하다. 혹시 초기의 미세한 교단적 상황에 쏠려 백지혈인의 이적과 그 신성성에만 집중하지 않았나 하는 되돌아봄이 필요한 시점이다.

앞서 소개한 자료는 중앙단원과 단장의 것이지만, 나머지 단원의 기도문은 김영신의 자료와 불법연구회 소장 필사본『옥추보경』을 통해서도 유추할 수 있었던바, 각 단원의 기도문을 확정할 수 있게 되었다. 즉, '건방단원 기도문', '감방단원 기도문', '간방단원 기도문', …

'태방단원 기도문' 총 8방(건[乾], 감[坎], 간[艮], 진[震], 손[巽], 리[離], 곤[坤], 태[兌] 문왕 팔괘순)에 따른 기도문 그리고 맨 앞과 끝에 '단장의 기도문'과 '중앙단원의 기도문'이 그것이다.[23] 여기서 단장의 기도문은 앞서 언급한바 총단원이 모두 암기했어야 하는 부분으로 십인 전단원이 모두 같이 외웠을 것이다. 우주의 진리를 주 내용으로 하기 때문이다. 아울러 불법연구회의『옥추보경』은 구인단기도 시 사용하였던 기록으로 보는 편이 합당하다고 정리하였다. 이경순의 필사 자료는 가장 중요한 것으로 영인 자료를 보강하여 자료 공유를 꾀하였다. 그 자료적 가치는 육갑전문과 함께 기도문 전문을 실었다는 점과 특히 기도문 외에도 특별한 별도의 표시가 있는 점이다. 즉, '15송', '육갑보(송)', '찬사라' 등의 표시는 당시 단기도의 순서를 가늠할 수 있는 중요 요소이기 때문이다. 이후 더 심도 있는 연구가 이어지길 바라며, 또 다른 기록이나 자료가 더 나올 수 있기를 기대해본다.

23 원불교의 단조직은 단장과 단원이 구분되어 있다. 그러나 '불법연구회' 시기 이 둘은 서로 혼용되었는데, 여기서는 일단 용어의 정착 과정에서 비롯된 것으로 보았다.

2

일원상과 〈옥추경〉 상관성 연구

불연 소장본 『옥경해 초』 분석

일원상은 원불교의 신앙과 수행 대상이고 표본이자 대표적인 상징이다. 일원상에 대한 의미는 교전에 상세히 적혀 있고, 그의 출현에 대한 논의도 이어졌다. 그간 다루어지지 않은 자료를 검토하여 일원상 출현의 또 다른 가능성을 타진해보기로 한다. 여기서 다루어질 자료는 불법연구회 소장본『옥경해 초』다.

필자는 불연 소장 〈옥추경〉 자료를 지속적으로 다루어왔다. 이를 통해 밝혀진 것은 단조직과 법인성사의 구인기도 및 집단단기도 수행 등에 〈옥추경〉이 깊이 관여되어 있었다는 점이었다. 불법연구회 소장본『옥경해 초』 또한 이와 관련된 자료이나 일원상과 관련해 특별히 주목해야 할 점이 있어 심도 있는 논의가 필요하다.

『옥경해 초』는 필자 미상의 필사본으로 1권 1책 반엽(半葉) 10행

20자, 펼치면 20행 20자 총 32장에 해당된다. 원전인 『구천응원뇌성보화천존옥추보경』보다 양이 늘어난 이유는 한글로 번역해놓았기 때문이다. 즉, 한문 원문과 한글 번역본을 병치시키며 적고 있다.[1] 표제는 『옥경해 초(玉經解 抄)』라 적혀 있다. 특이점은 표제 하단에 초(抄)라 적어 어디서 옮겨 적었음을 시사하고 있다. 그것은 『보경해 합부』를 보면 바로 확인이 된다.[2] 『합부』는 〈옥추경〉에 〈음부경〉을 합하였고 둘을 모두 번역한 것으로 『옥경해 초』는 이 합부에서 〈옥추경〉 부분만 떼어 적은 것이다. 둘 간에 보이는 차이는 거의 없다. 즉, 원문과 번역이 거의 그대로 옮겨져 일치하고 있다. 단기도와 주문 독경의 필요로 그랬던 것으로 추정했다. 본 서에서는 원명을 살려 『옥경해 초(玉經解 抄)』라 부르기로 한다. 『옥경해 초』의 장절은 다른 이본들처럼 '10인 1단'의 기도를 염두에 둔 장-절 구분을 한 경이다. 다른 것들과 다른 점은 여기에서 원상들이 발견된다는 점이다. 그것도 단장의 위치에 원상을 부여하고 있다. 이에 대한 분석이 가해진 후 일원상과의 상관성을 살펴보자.

팔괘에 대한 논의는 이미 불법연구회 소장 『옥추보경』 분석을 통해 살핀 바 있다. 『옥경해 초』의 그것을 다시 다룬다는 것은 중복의 우려가 있으나 내용을 보면 그렇지 않음을 바로 알 수 있다. 비록 중복의 지루

---

1 『고서 목록』에는 다르게 적어놓았다. 표제를 '옥추해(玉樞解)'로 적었으나 책 내면에는 '구천응원뇌성보화천존옥추보경'이란 원명을 사용하고 있다. 그러나 이 표기는 틀렸다(김오봉, 『고서 목록』, 원광대학교중앙도서관, 1994, 58쪽과 72쪽).

2 〈자료 4〉 『옥추보경(玉樞寶經)』, 필자 미상, 필사본, 1권 1책: 무계(無界), 반엽(半葉) 8행 17자; 25.9x18.1cm 선장(線裝), 저지(楮紙), 합철(合綴): 음부경해(陰符經解), 표제: 보경해(寶經解) / 『옥추보경(玉樞寶經)』은 〈음부경해(陰符經解)〉와 합철(合綴)되어 있는 특징이 있다. 여기서 해란 번역이 되었다는 의미다. 앞선 〈자료 2〉와 같은 형식이다. 원문을 단락별로 나누어 앞부분에 원문, 번역을 이어서 하는 형식이다. 앞서 2를 설명하면서 언급했듯이 2의 원본에 해당하는 것으로 추정된다. 원문의 장절 구분과 그의 번역이 거의 일치하고 있기 때문이다. 불법연구회 인장을 같이 사용한 것을 봐도 그렇다. 〈음부경〉을 앞에, 〈옥추경〉을 뒷부분에 위치시켰다.

함이 존재해도 분석 과정은 피하기 어렵다. 엄연히 다른 책일뿐더러 중요 자료이기 때문이다. 둘은 같으면서도 다르다고 할 수 있으나 중요한 것은 둘의 같고 다름이 아니라 그 차이가 보여주는 진화 과정에 있다.

『옥경해 초』의 특징

『옥경해 초』를 두고 필자는 앞서 다음과 같이 적은 바 있었다. '초'를 처음 봤을 때는 단조직과 관련해서 아무것도 발견하지 못했다.

"기도의 초기에 5(『옥추보경』)를 사용하지 않고 4(『보경해 합부』)와 2(『옥경해 초』)를 거쳤을 가능성은 열려 있다. 그러나 해당 본 어디에도 단조직과 관련된 표식이 찾아지지 않는다. 단조직 이전에 사용했던지 별도의 장절 표시를 가하지 않고 사용했던지 하는 문제로 좁혀지겠으나, 단조직 관련 활용 정도로 볼 때 〈자료 5〉와는 거리감이 있다."[3]

하지만 연구를 거듭한 결과 『옥경해 초』에서도 단기도의 단서를 발견할 수 있었다. 책의 상단부에 작은 글씨로 희미하게 표식을 기입하여 놓았는데, 진화 과정을 예견하고 주의 깊게 관찰해야 발견할 수 있었다. 이렇게 보면 『합부』에 있던 〈옥추경〉과 이를 옮겨썼던 『옥경해 초』는 완전히 일치하는 것이 아니다. 어떤 의도를 가지고 〈옥추

3 〈자료〉 2, 4, 5는 다음을 가리킨다.
〈자료 2〉『구천응원뇌성보화천존옥추보경(九天應元雷聲普化化天尊玉樞寶經)』, 필자 미상, 필사본, 표제: 옥추해 (**옥경해 초).
〈자료 4〉『옥추보경(玉樞寶經)』, 필자 미상, 필사본, 합철(合綴): 음부경해(陰符經解), 표제: 보경해(寶經解)(***보경해 합부).
〈자료 5〉『옥추보경주해(玉樞寶經註解)』, 필자 미상, 필사본, 표제: 옥추보경(玉樞寶經).

경〉만을 떼어서 초를 엮은 것임을 알 수 있다.

『옥경해 초』의 장-절은 내면적으로 기획되었다. 밖으로 드러나기 전 계획 단계로 보인다. 그 구분을 알아보기 위해서는 〈그림옥추경〉을 기준으로 할 필요가 있다. 〈그림옥추경〉은 조선대 이래 전형적인 경전이었다. 근현대의 활자본과 번역본에 이르기까지 중심 역할을 했다. 그러므로 이를 기준으로 비교하는 것이 객관적인 타당성을 가진다 할 수 있다.

초는 장절 구분이 없다. 초와 옥추보경 둘은 앞서 살폈듯이 그 계승관계가 확실하다. '초'에서 '보경'으로의 전환은 앞에 없던 장절을 '보경'에 만들어넣었다. 그 구분이 총 27개의 장으로 이루어져 기존의 〈그림옥추경〉의 체계에서 크게 벗어나지 않았다. 일부는 창의적으로 이루어진 부분이 있다. 즉, 장의 숫자는 같으나 구분별 단락은 그렇지 않다. 그 예로 '15장 공덕장'을 들 수 있다. 필자는 이를 산상기도 기도문의 분량 조절에 있었을 거라 추정하였고, 훗날에 경성 창신동, 신룡동 등지에서 계속 이어진 '집단적 단기도'의 구성을 전제하였기 때문이라 했다(Ⅱ-1 각주 7 『성계명시독』 참조).

『옥경해 초』의 편재는 외견상으로는 특별한 구분이 없으나, 내적으로는 이미 이 구성을 염두에 두고 있었다. 앞서 언급한바 '초'의 필사본 상단에 일련의 표식을 부기한 데서 찾아볼 수 있다.

이 표식은 [표 Ⅳ-2-1]과 같은 것으로 이에 대해서는 후술하기로 하고, 이에 기준한 두 경의 장절을 분류하면 [표 Ⅳ-2-2]와 같이 나타난다. 이를 통해 보면 『옥경해 초』의 장절 구분은 보경의 장절 구분을 염두에 두고 기획한 것을 알 수 있다. 그런데 왜 '보경'에는 있는 구분이 '초'에는 본격적으로 드러나지 않았는가 하는 점이 의문이다.

추정컨대 '보경'(후기본)은 최병두의 『상밀주해 옥추보경』을 계승한 것이 아닌가 한다. 만약 '초'도 '보경'처럼 '상밀주해'를 계승하였다면 장절 구분을 하였을 것이다. 그렇지 않은 것은 '초'가 다른 것을 계승하였기 때문일 것이다. 그것을 필자는 『구천응원뇌성보화천존옥추보경』 판으로 추정한 바 있다. 여기에는 '초'처럼 그 어떤 구분도 없기 때문이다.[4]

『상밀주해』를 펴낸 최병두에 대해서는 자세한 기록이 없으나 당시 도가계의 실력자로 널리 알려져 있었던 것 같다.[5] 특히 그가 책의 서두에 첨부한 '옥추령부'는 이 경과 옥추부를 위주로 하는 신앙 조직을 염두에 둔 점을 엿볼 수 있다. 그 여세가 어느 정도였는지는 잘 알려지지 않았으나 오늘까지 그 세는 비기전수의 형식으로 남아 있는 것으로 알고 있다.

만약 불법연구회나 소태산이 이것을 참고하였다면 이는 작지 않은 사건이다. 현재 『고서 목록』[6]에는 최병두의 『상밀주해』 이본들이 다수 존재하는 것으로 파악된다. 이는 그 상관성을 드러내는 단서로, 이 점 또한 추후 상세한 논의가 필요하다.

1-4-2의 과정을 거쳐 5의 단계로 진행되었는데 둘 사이에는 최병두의 영향이 있었던 것으로 정리할 수 있겠다. 다만 단조직의 흔적은 이미 2의 『옥경해 초』에서 포착되므로 이와는 무관하다. 그리고 구인단기도는 1919년의 일이니 〈자료 4〉는 그 흔적을 보여주는

---

4 『구천응원뇌성보화천존옥추보경(九天應元雷聲普化天尊玉樞寶經)』, 필자 미상, 필사본, 1권 1책: 무계(無界), 반엽(半葉) 10행 20자; 31.2x19.3cm 선장, 표제: 옥추해(玉樞解).

5 최병두, 『옥추경의 주문과 부적』, 아카식, 2015. 채성훈, 『홍연정결 기문둔갑 옥추경 제례』, 다크아트, 2017. 구중회, 『옥추경 연구』, 동문선, 2006.

6 김오봉, 『고서 목록』, 원광대학교 중앙도서관, 1994.

유일한 자료라 할 수 있다. 구인단기도 성사는 이후 2-5의 단계를 거쳐 경성 창신동, 만덕산, 길룡리 등지에서 제자들을 훈련하는 '집단단기도'의 전통으로 이어졌을 것이다. 이렇게 보면 최병두의 영향은 『옥추보경(주해)』(장절 말소 전)-『옥추보경(주해)』(장절 말소 후)의 중간이 될 수도 있다.

『옥경해 초』의 첨부표식

『옥경해 초』에는 일체의 장절 구분이 없다. 그 대신 다음의 표시가 순서대로 되어 있다. 한문으로 된 본문의 상단부에 표기된 것들이 그것이다([그림 Ⅳ-2-1] [그림 Ⅳ-2-2] 참조).

[그림 Ⅳ-2-1]
우측 상단의 표시 '震'

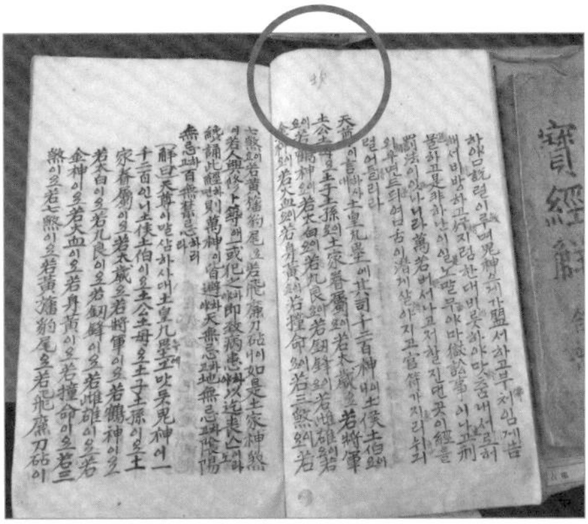

[그림 Ⅳ-2-2]
우측 좌상의 표시 '坎'

[그림 Ⅳ-2-3]의 경우 글자가 아닌 원상을 그려넣었다. 뒤쪽에 나열한 팔괘와 달리 원의 형상을 그려넣었다는 점은 특기할 사항이다. 맨 뒤에 중앙을 더한 것은 십인의 조직을 염두에 두고 기입한 것이다. 특이한 점은 '장(長)'이 보이지 않는다는 점이다.

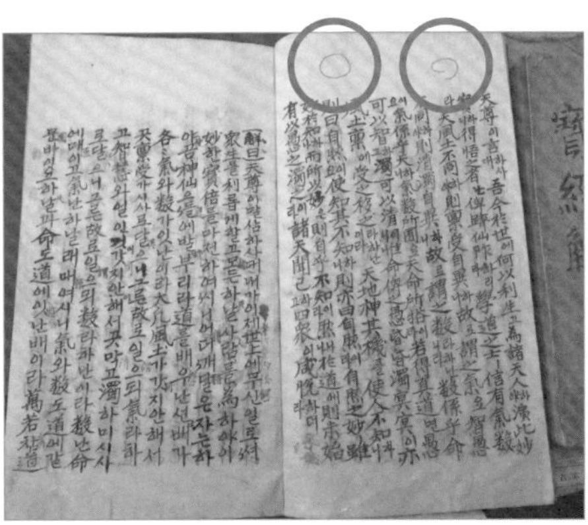

[그림 Ⅳ-2-3]
우측 상단 표시 '원상'

그런데 이 원상은 하나가 아니고 여럿일뿐더러 그 구성도 다양하다. 또한 팔괘의 순이 일반적인 순과 다르게 적혀 있다. 보통은 '보경'에서 그랬던 것처럼 長, 乾, 坎, 艮, 震, 巽, 離, 坤, 兌의 순으로 된다. 그러나 여기서는 어떤 규칙도 찾기 어려운 震, 坎, 兌, 坤, 離, 乾, 艮, 巽의 순으로 되어 있다.[7] 이를 10인 1단 단조직의 형식으로 바꾸면 다음과 같은 배열이 나온다([표 Ⅳ-2-1] 참조). 비교는 이미 앞서 분석을 가해 단조직의 구성이 확인된 『옥추보경』을 기준으로 한다.

[표 Ⅳ-2-1] 『옥경해 초』에 표기된 원상과 팔괘순

단 번호	1	2	3	4	5	6	7	8	9	10
장절 표시	◎, ○, ○, ○, ○, △, ○	震	坎	兌	坤	離	乾	艮	巽	中央

별도표식을 단조직에 맞추어 나열한 결과 단원 2-9에 이르는 팔괘는 순서가 다를 뿐 8개의 단원 배정은 확실하다. 마지막 10을 중앙이 차지하는 것도 일치한다. 즉, 2-10에 이르는 단원의 배정은 팔괘에 입각한 구인단원의 배정표가 된다. 둘의 가장 큰 차이는 단장에서 갈린다. 즉, 단원 1에 해당되는 '장'과 '원상' ○의 차이이다. 이것으로 볼 때 원상은 장을 대신하여 그려놓은 것으로 일단 추정된다.

『옥경해 초』의 팔괘는 『옥추보경』의 그것과도 다르고 기존의 팔괘순과도 다르다. 8 또한 '장'의 자리에 원상을 그려넣은 것이 크게 다

7 이것이 가지는 다른 의미가 있는지 하는 여부는 여기서 다루지 않고 후고를 기다린다.

8 선천, 후천의 팔괘순과도 다를 뿐 아니라, 정역의 순과도 일치하지 않는다. 임의로 배열한 것으로 보이나 여기에도 일정의 규칙이 있었으리란 추정은 열어두어야 한다.

르다. 앞서 보았듯이 『옥경해 초』에는 『옥추보경』과 같은 장 · 절 표시가 없다. 당연히 '보경'처럼 먹으로 지워낸 부분도 없다. 『옥경해 초』에 표기된 팔괘는 단락의 위 즉, 책 상부의 공백 부분에 표기하였고 경계를 정하지 않았다. 또한 한글이 아닌 한문 원본 위에 표시해놨다는 점도 다르다. 앞서 살핀 바와 같이 『옥경해 초』는 원문과 번역을 단락별로 병치시키며 나열한 책이다. 이를 미루어 볼 때 『옥경해 초』는 초기 활용경이거나 단조직을 염두에 둔 기획 단계를 보여주는 경이 아니었나 한다. 그 근거는 '장 1'과 원상 '○'의 차이에서 드러난다.

[표 Ⅳ-2-2] 『옥추보경』과 『옥경해 초』의 단원별 팔괘순

경/단원	1	2	3	4	5	6	7	8	9	10
『옥추보경』	長 一	乾 三	坎 六	艮 七	震 九	巽 十一	離 十	坤 十三	兌 十四	中央 十五
『옥경해 초』	○(원상)	震	坎	兌	坤	離	乾	艮	巽	中央

이 차이는 두 책에서 드러나는 가장 큰 차이라 할 수 있다. '장'의 호칭 대신 원상 '○'을 그려넣었으므로 둘의 상관성은 확실하고 서로 일치하는 것이다. 원상은 아직 '장'이란 호칭을 사용하기 이전의 것으로 보이는데 그것이 의미하는 바는 작지 않아 보인다. 단조직의 수장을 ○으로 표기한 것은 아직 조직이 확정되지 않았거나, '장'의 성격이 정립되지 않았던 초기의 모습이라 추측할 수 있기 때문이다. 그러나 이 원상은 앞서 본 바처럼 하나가 아니라 다수다. 이것이 설명되어야 다음 논의를 이어갈 수 있을 것이다. 이를 위해서는 원상의 나

열이 어떻게 구성되었고, 그것들이 무엇을 의미하는지는 『그림옥추경』의 장절 구분과 비교하며 알아보는 것이 타당하다. 편의상 원상에 번호를 순서대로 붙여 나열한다.

| 제1부 천경 |

	제1장	뇌자장(雷字章); 九天應元雷聲普化天尊玉樞寶經~爾時九天應元雷聲普化天尊
	제2장	재옥청천중장(在玉淸天中章); 在玉淸天中~並集七寶層臺
	제3장	뇌사계백장(雷師啓白章) 時有雷師皓翁~願告칠聞
	제4장	선훈숙세장(仙勳夙世章) 天尊言 雷師皓翁~天尊寂然良久
	제5장	심본차도장(心逢此道章) 天尊言 吾昔於千五百劫~爲爾宣說
원상 1 ◎	제6장	지도심묘장(至道深窈章) 天尊言 爾諸天人~何道可談
원상 2 ○	제7장	도이성입장(道人誠入章) 天尊言 道者~唯一無二
원상 3 ○○	제8장	연묘보장(演妙寶章) 天尊言 五今於世~四衆咸悅
	제9장	설보경장(說寶經章) 天尊言 五今所說~化爲微塵

| 제2부 지경 |

	제1장	학도희선장(學道希仙章) 天尊言 吾是九天貞明大聖~窸應基感

원상 4 ○ (三精 九龍)	제2장	소구령장(召九靈章) 天尊言 身中九靈~宜誦此經
초 2 震	제3장	오행구요장(五行九曜章) 天尊言 若或有人五行奇蹇~解一切厄
	제4장	침아고질장(沈痾痼疾章) 天尊言 沈痾伏枕~卽誦此經
	제5장	관부장(官符章) 天尊言 天官符~官符永息
초 3 坎	제6장	토황장(土皇章) 天尊言 土皇九壘~百無禁忌
초 4 兌	제7장	혼합장(婚合章) 天尊言 世人夫婦~宜誦此經
	제8장	조서장(鳥鼠章) 天尊言 若人居止~人物咸寧
초 5 坤	제9장	벌묘견수장(伐廟遣祟章) 天尊曰 九天雷公將軍~其應如響
	제10장	고로채장(蠱勞瘵章) 天尊言 天瘟地瘟~軍二鑑之
초 6 離	제11장	원행장(遠行章) 天尊言 若或有人治裝遠行~行藏協吉
초 7 乾 (원상 5 △)	제12장	항양우택장(亢陽雨澤章) 天尊言 亢陽爲虐~此經可欲以比之
초 8 艮 (원상 6 ○)	제13장	면재횡장(免災横章) 天尊言世人欲免三災九横之厄~壽可千歲
초 9 巽	제14장	오뢰참감장(五雷斬勘章) 天尊言 世衰道薇~咸聽吾命
	제15장	보경공덕장(寶經功德章) 天尊言 此功德經~悉得解說

초 10 中央	보게장(寶偈章) 於是雷師고翁對天尊前~時雷師고 翁說是偈己 보응장(報應章) 상 · 하; 天尊言 此經傳世~天尊說是經畢~信受奉行 신장퇴문(神將退文)

'원상 1-6' 표시는 필자가 편의상 매긴 명칭이다. 원상이 집중되어 있는 부분은 〈천경〉과 〈지경〉 2장까지로 '보경'에서 장이 차지하고 있는 영역에 해당된다. 원상 부분을 제외한 '초 2-10'은 '보경 1-10'으로 나눈 형식과 일치하며 9인 단원 기획과도 일치한다. 둘의 구분을 표로 그려보면 [표 Ⅳ-2-3]과 같다.

원상은 〈천경〉 1-9장 모두와 〈지경〉 1-2장에 걸쳐 표시되었다. 대부분 〈천경〉에 해당된다. 이는 또한 보경의 '장'에 해당되는 부분과 일치한다. 이를 통해 볼 때 원상은 장을 대신해 그려놓은 것임을 알 수 있다. 그러나 원이 하나가 아니라 다수인 점은 다른 설명이 필요하다.

원상의 표시 부분을 살펴보면 이론적인 내용으로 이루어져 있음을 알 수 있다. 즉, 중요 부위와 진리에 해당되는 부분에만 원상을 표시했다는 점이다. 초기의 원상은 단지 장이라는 특정인을 대신한 것 같지는 않다. 원상은 '진리', '도', '무극', '진공', '원리', '으뜸', '장', '경의 중요 부분' 등을 의미하는 것이다. 즉, 원상은 단장을 의미하는 동시에 진리를 의미함을 알 수 있다. 그 구체적 내용은 뒤에서 살핀다.

초 2의 제3장 오행구요장(五行九曜章)은 〈지경〉에 해당된다. '보경'에서 우리는 장에 해당되는 부분이 〈지경〉 2장까지였고 제2단원인 乾방이 이 3장에 해당됨을 보았다. 나머지도 거의 같은 순으로 일치한다.

[표 Ⅳ-2-3] 『옥경해 초』, 『옥추보경』 및 『그림옥추경』의 장절 비교표

경/단원	1	2	3	4	5	6	7	8	9	10
옥경해 초	○相	초 2	초 3	초 4	초 5	초 6	초 7	초 8	초 9	초 10
옥추보경	보경 1	보경 2	보경 3	보경 4	보경 5	보경 6	보경 7	보경 8	보경 9	보경 10
그림 옥추경	천경 1-9장 지경 1-2장	지경 3-5장	지경 6장	지경 7-8장	지경 9-10장	지경 11장	지경 12장	지경 13장	지경 14-15장	보게장 등

『옥경해 초』의 경우 팔괘의 표시를 한문 원문 상단에 했다. 이는 기입자가 한글보다 한문을 더 용이하게 다룰 수 있는 사람이었음을 입증한다. 팔괘를 염두에 두고 구분하였다는 점을 알 수 있다. 그러나 그것은 아직 초기의 기획 단계에 해당한다. 아직 기도문의 정확한 구분을 하지 않고 그 대강을 표시하고자 했다. 기도문의 확정에 앞서 내용적 단락 구분을 1차로 나눈 흔적임을 알 수 있다. 이런 기획은 그다음 한글본인 『옥추보경』에서 완성된다. 이를 통해서도 구인기도 시 한글본을 독경용으로 염두에 두고 있었음을 알 수 있다. 『옥추보경』에 이르러서야 구체적인 10개의 단별 나눔이 이루어졌기 때문이다. 또한 팔괘에 따른 단별 기도문을 독경주문으로 활용하기 위해서는 단계적 작업이 필요했음도 알 수 있다. 『옥경해 초』에서 팔괘의 순이 일정하지 않은 점은 시론적 특징을 가진다 할 수 있겠으나 여기서 다루기는 어렵다.

『옥경해 초』와 단조직의 변화 과정

첨부표식은 『옥추보경』에만 보이는 것이 아니고, 『옥경해 초』에도 같은 팔괘 표식이 있음을 앞서 보았다. 그 표식 방식도 『옥추보경』과 달랐다. 『옥추보경』은 단락의 구분이 이미 정해진 아래 표시하여 어디서 어디까지 나누어지는지 확실하게 알 수 있으나, 초는 그렇지 않다. 또한 보경의 경우 이미 정한 장 · 절 구분을 지우고 부가적 표기를 하였던 반면, 초는 그를 위한 초안이었을 가능성이 엿보인 점은 앞서 살핀 바다.

『옥추보경』에서의 구분은 팔괘순의 구분과 일치하며, 그 본문 내용의 시작과 끝이 분명하다. 『옥경해 초』의 경우 문장 단락의 상부에 표시하여 어디서 어디까지인지 불분명하다. 그러나 이는 큰 문제는 아니다. 둘은 같은 장 · 절 구분 체계를 유지하고 있었기 때문이다. 이는 결국 앞서 살핀 『그림옥추경』과의 차이가 크지 않은 점을 의미하기도 한다. 『옥경해 초』는 『옥추보경』과 같이 나누고 더한 구체적인 지점이 일치된다. 이들의 관계를 비교하면서 확인을 해보자.

『옥경해 초』와 『옥추보경』 및 『그림옥추경』을 비교하여 나열하면 나음과 같다.

초 1. ○/ 보경 1. 長 一	천경 전체, 지경 1 학도희선장(學道希仙章), 2 소구령장(召九靈章))
초 2. 震/ 보경 2. 乾 三	3 뇌사계백장(雷師啓白章), 4 선훈숙세장(仙勳夙世章), 5 심봉차도장(心逢此道章)
초 3. 坎/ 보경 3. 坎 六	6 토황장(土皇章)
초 4. 兌/ 보경 4. 艮 七	7 혼합장(婚合章), 8 조서장(鳥鼠章)
초 5. 坤/ 보경 5. 震 九	9 벌묘견수장(伐廟遣祟章), 10 고노채장(蠱勞瘵章)
초 6. 離/ 보경 6. 巽 十一	11 원행장(遠行章)
초 7. 乾/ 보경 7. 離 十	12 항양우택장(亢陽雨澤章)
초 8. 艮/ 보경 8. 坤 十三	13 면횡장(免横章)
초 9. 巽/ 보경 9. 兌 十四	14 오뢰참감장(五雷斬勘章) 第二章 15 보경공덕장(寶經功德章)
초 10. 中央/ 보경 10. 中央 十五	보게장(寶偈章), 보응장(報應章) 상 · 하, 지심귀명례(至心歸命禮)

앞서 『옥추보경』을 보경 1-10으로 구분하였듯이 『옥경해 초』를 초 1-10으로 나누어 표기하였다. 설명했듯이 초는 한문과 번역을 병치시켰으며 보경은 그중 한글 번역 부위만을 떼어 기록한 것이다. 그래서 둘의 구성은 거의 일치한다. 크게 다른 점은 팔괘의 순서와 장절 구분의 구체성, 장과 원상의 대치관계 등이다. 이 원상은 다시 여

러 개의 원상으로 이루어진 점이 특이하므로 원상에 대해 살펴보자.

『옥경해 초』는 팔괘의 표식 외에 여러 군데 동그라미를 가하여 다른 단락과 차별을 둔 의도가 있다고 했다. 총 여섯 군데다. 표식은 다음의 것이다. ◎, ○, ○○, ○, △, ○의 순으로 각각 다음의 단락에 위치해 있다. 편의상 원상 1-6으로 표시하여 나열한다.

원상 1 ◎	보경 1. 長 一, 第五章 / 천경 6 지도심요장(至道深窈章)
원상 2 ○	보경 1. 長 一, 第六章 / 천경 7 도입성입장(道入誠入章)
원상 3 ○○	보경 1. 長 一, 第七章 / 천경 8 연묘보장(演妙寶章)
원상 4 ○ **三精九龍**	보경 1. 長 一, 第十章 / 지경 2 소구령장(召九靈章)
원상 5 △	보경 8. 坤 十三, 第一章 / 지경 13 면횡장(免橫章)
원상 6 ○	보경 9. 兌 十四, 第二章 / 지경 15 보경공덕장(寶經功德章)

원상 1-4까지는 보경 1에 해당되고, 주로 〈천경〉에 해당된다. 원상 5-6은 〈지경〉의 부분이다. 원상의 표시 부분은 핵심 내용과 진리에 해당하는 것들이다. 원상이 〈천경〉 부분에 집중되어 있는 점을 볼 때 진리를 설한 부분을 중시하여 가한 흔적으로 여겨진다. 또한 이 원상은 앞선 『옥추보경』의 '장'에 해당되는 부분으로 자신을 가리키는 상징이었던 바이기도 하다. 다만 원상 1-3의 중첩과 쌍은 그 심도와 특징을 표기한 것으로 보인다. 원상 1의 중첩은 가장 핵심이 되는 부분이란 점을 강조한 것이고, 원상 3의 두 원상은 한 문단에 두 단락의 중요 부위가 있음을 의미한다. 그래도 특이한 것은 이 가운데 원상 1 ◎과 원상 4 ○ 三精九龍에 대한 것이다. 원상 4는 'O' 이외에

'삼정구룡'이란 글씨를 더 새겨놓은 특이점이 있다. 원상 6은 보경공덕장으로 삼강오륜의 중요성을 강조한 부분으로 비록 〈지경〉에 위치해 있지만, 진리적 당체를 언급하고 있기에 원을 새긴 듯하다.[9] 세모를 표시한 '13 면횡장'은 북두칠성 신앙에 관한 내용이다. 전통적 신앙의 요체이기는 하지만 진리당체에서 비켜 있기에 원상을 그려넣지 않았던 듯하다. 이를 통해 볼 때도 원상은 불변의 진리적 내용에만 부가하였음을 알 수 있다. 그러므로 원상은 주로 〈천경〉에 표기되어 있다고 할 수 있다. 원상 6은 〈지경〉인데도 표시가 있다. 그것은 '15장 보경공덕장'이 진리적 내용을 담고 있기 때문이다. 〈지경〉 15장이 중요한 것은 아니다. 즉, 진리적 내용의 숭앙을 강조한 것이지 중앙을 강조하기 위함은 아니었다. 그러므로 원상 6은 보경의 중요지점이 아니고 그 안에 있는 진리 요소를 강조하기 위함이었다. 여기서 다시 알 수 있는 것은 원상은 진리와 동격임을 지칭한다는 점이다. 훗날 원상이 장이 될 가능성이 내포되어 있었다.

한편 초의 경우 '장'이란 명칭이 처음부터 정해지지 않았음이 주목된다. 그 이유는 '장'만이 진리와 등치되지 않았기 때문이다. 집단을 지칭했을 가능성이 있다. 즉, 진리는 집단과 등치 관계를 의미한다. 즉, 십인일단은 그 자체로 진리 당체가 되는 것이다. 진리의 형이상학과 형이하학의 동시적 의미를 담고 있었던 것은 아닌가 생각된다.

---

9 〈지경〉은 본래 진리적 설명을 하는 영역이 아니다. 이는 이미 〈천경〉에서 다루었기 때문이다. 〈지경〉은 이 진리에 근거하여 세상을 온전히 살아갈 수 있도록 희구하고 해결하는 내용을 주로 한다. 즉, 세상사의 난제를 헤쳐갈 방책의 제시다. 이 난제 중에는 인간의 정신생활을 방해하는 것을 해결해 달라는 내용이 들어 있다. 사술이 횡행하는 세상에서 정도를 만나고 정도가 구현되기를 바라는 즉, 올바른 신앙과 종교생활을 할 수 있도록, 정도가 세상에 널리 퍼지기를 희구하는 바람의 내용이 이 보경공덕장에 해당한다. 그러다 보니 세상의 윤리기강에 대한 언급이 없을 수 없다. 그것은 주로 삼강오륜에 해당되는 내용이다. 소태산은 이것을 진리로 보고 원을 부여한 것이다. 이로써 소태산의 진리를 정확하게 집어내는 탁월함을 엿볼 수 있다 하겠다.

원상 1 ◎은 가장 중요하다는 의미와 함께 핵심 진리에 해당하는 표시라 여길 만하다. 실제로 이 〈천경〉 '6장 지도심요장(至道深窈章)'은 〈옥추경〉의 핵심 진리를 설한 부분이다. 그 내용을 옮겨보자.

천존(天存)이 말씀하시대
너희 천인(天人)이 지극한 도(道)를 듣고자 하나니
지극한 도(道)는 깊고 깊으나 다른 데에 있는 것이 아니라
너희가 도(道)를 듣고자 하는데 들음이 없는 것이 곧 이 도(道)니라.
들음도 없고 봄도 없는 것이 참 도(道)며 듣고 봄이 멸(滅)하면 오직 하나라.
너라는 존재도 오히려 있지 아니하거든 하물며 도(道)에 있어서랴.
들을 수 없는데도 듣고자 한다면 어찌 도(道)를 말할 수 있으리요.[10]

지극한 도, 지도(至道)는 도덕경(道德經)의 '도가도 비상도(道可道非常道)'를 연상케 한다.[11] 밑줄 그은 부분처럼 듣고 봄이 멸한 오직 하나인 그것은 진리의 모습으로, 말이 아닌 원상적 모습 'O'으로 그려 놓은 것이다. 소태산은 이 부분에 이중의 원을 그려 진리 표현의 핵심 중 핵심임을 표시하였다.[12]

원상 2는 '〈천경〉 7 도입성입장(道入誠入章)', 원상 3은 '〈천경〉 8 연묘보장(演妙寶章)'에 각각 표기되었는데 역시 진리적 내용에 해당

10 허시성, 『옥추보경』, 명문당, 2017, 122쪽.

11 즉, '말로 할 수 있는 도(道)는 이미 도(道)가 아니다.' 〈옥추경〉이 도가계의 경임을 확인할 수 있는 대목이다.

12 구인기도는 소태산이 기획하였고 주도하였다. 이때 사용된 〈옥추경〉 필사본들이 불법연구회에 소장되어 전해온다. 그 책에 적힌 팔괘와 단조직의 흔적은 소태산 외의 다른 누군가가 할 수 있는 일이 아니다.

된다. 이 둘은 앞의 '6장 지도심요장'을 이어 내용을 보충하는 형태로 되어 있다. 그 내용 일부를 옮겨본다.

천존께서 말씀하시기를
너희들 모든 하늘과 사람들이 지극한 도(道)를 듣고자 하나 지극한 도는 깊고 절묘하다.
도(道)는 먼 곳에 있지 않나니
네가 듣고자 하나 들을 수 없는 것이 이것이니, 들을 수 없으나 볼 수 있는 것, 이것이 참다운 도(道)니라.
듣고 보아도 또한 어리석어 잘 듣고 보지 못하나니, 오직 너에게(있을) 뿐이다.
너도 또한 있지 아니한데 어찌 하물며 도(道)가 있으랴.
들려주어도 듣지 못하는데 어찌 도(道)를 가히 말하겠는가.[13]

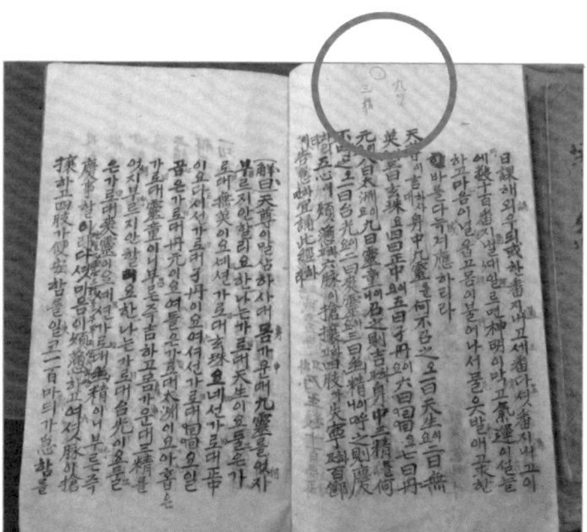

[그림 IV-2-4]
우측 상단 원상과 '삼정구룡'

13 天尊言하사대 爾諸天人이 欲聞至道하니 至道는 深窈하야 不在其他라 爾旣欲聞인대 無聞者是라 無聞有見이 卽是眞道며 聞見亦泯이 惟爾而已라 爾尙非有하나니 何況於道리요 不聞而聞하니 何道可談이리오 (최병두, 『옥추경의 주문과 부적』, 아카식, 2015).

원상 4 '○, 三精九龍'은 글자 배치를 위에 표시한 것과 달리 수직으로 하였다. 즉, 원상을 위에, 그 아래 왼편에 삼정, 오른편에 구룡을 두 줄로 적어놓았다([그림 Ⅳ-2-4] 참조). 〈지경〉 2 소구령장(召九靈章)에는 삼정구룡에 관한 것을 설명한 부분이 있다. 삼정구룡은 통령기도 시 사용하는 주문을 담고 있는 부분으로 신통력을 얻기 위해 만든 특별한 주문기도법으로 발전한 것이다. 조선대 도꾼들에 의해 전승된 전통적인 통령법과 관계가 있는 것 같으나, 추후의 연구가 이루어져야 알 수 있다. 다만 여기서 표기된 삼정구룡 부분이 어떠한지 해당 부분을 옮겨본다.

> 천존이 말씀하시대
> 몸 가운데에 아홉 가지 영(靈)을 어찌 부르지 못 하리요 하시니.
> 첫째는 천생(天生)이며 둘째는 무영(無英)이요 셋째는 현주(玄珠) 넷째는 정중(正中)이라고 하며 다섯째는 혈단(孑丹) 여섯째는 회회(回回)라고 하며 일곱째는 단원(丹元) 여덟째는 태연(太淵)이라 하고 아홉째는 영동(靈童)이라고 하나니
> 부르면 길(吉)하나리라.
> 몸가운데의 삼정(三精)을 어찌 부르지 않으리요 하시니
> 첫째는 태광(台光)이라고 부르고 두 번째는 상령(爽靈)이라 하며 세 번째는 유정(幽精)이라 하나니.
> 부르면 경사가 있나니라.
> 다섯 가지 마음이 번거로워 답답하거나 여섯 가지 맥(脈)이 몹시 어지러우며
> 사지(四肢)가 편안함을 잃고 백마디가 불편(不便)하며 마땅히 이 경(經)을 독송(讀誦)하라.[14]

14 허시성, 『옥추보경』, 명문당, 2017, 〈지경〉 2 소구령장.

내용에 따르면 인간의 정신이 산란하고, 육맥이 어지럽고 사지와 뼈마디가 뻑뻑할 때는 세 가지 정과 아홉 가지 용(龍)을 외우라는 것이다. 이 삼정구룡은 각각 태광, 상령, 유정의 삼정과 천생, 무영, 현주, 정중, 혈단, 회회, 단원, 태연, 영동의 구룡을 가리킨다. 이를 불러 외우면 문제가 해결된다는 내용이다.[15]

이들 원상이 중요 표시일 뿐 단장을 의도하였다고 단정하기는 어렵겠다는 이견이 있을 수 있겠으나 다음의 설명은 이를 반박한다. 즉, 팔괘의 나열과 중앙의 지정은 분명 단조직을 염두에 두고 표시한 것이다. 단조직은 10인 일단의 개념을 전제로 한다. 그렇다면 나머지 1인의 표기는 이 원상 이외에 대신할 것이 없다. 원상이 단장을 표시한 것이 아니라면 최초 단조직은 단장이 없는 9인 조직이 되어야 하는데 성립할 수 없는 논리다. 원상은 단장의 자리를 대신한 것일 수밖에 없다. 그것이 한 개이든 여러 개든 무관하다. 원상은 단장이자 동시에 진리당체이며 이를 깨친 자이기 때문이다. 한 개가 아닌 여럿을 둔 이유는 물론 중요 핵심 부위를 강조한 의미를 동시에 가진다.[16]

다만 『옥경해 초』에서 원상을 그려놓고 장이라는 문자를 확정하지 않았는데 그에 대해서는 기획의 과정이라 볼 수도 있고, 우리가 알 수 없는 다른 의도가 있을 수도 있다. 언급했듯이 원상의 부분

---

15 삼정과 구룡에 대한 자세한 것은 여기서 다룰 주제는 아니나, 영혼육을 관장하는 주요 신기에 관한 중요성을 지적한 것이다. 이들을 부르고 매달리면, 즉, 정신을 집중하고 정성을 모으면 심신의 원활함을 다시 얻는다는 내용이다.

16 심사 과정에서 다음과 같은 지적이 있었다. "진리당체를 '소태산 자신'과 연결하는 부분을 이해하는 과정에서 소태산이 추구한 방향과 달라질 수 있다고 본다. 예컨대, 제자 입장에서 그렇게 연결하고 싶은 마음이 '붓다의 신격화'처럼 이루어질 수 있는데, 소태산의 사상은 후기로 갈수록 '법신불(진리불)'과 '처처불'을 동시에 드러내며 강조하고 있다. 그래서 단장은 스승의 지위(사요의 '지자본위')이기에 이 점에서 소태산은 단원들의 안내자라는 역할로 언급될 때, 더 논리적이며 타당하지 않을까 생각된다." 논자는 이 의견에 전적으로 동감하고, 그런 의미가 포함된 개념으로 사용하였다. '도가도비상도'이지만 이를 인식한 자는 또한 그렇게 표현할 수도 있는 여지가 없지 않다.

은 단장이라는 사람을 지정하기보다 진리당체이며 동시에 한 집단을 의미하고 있었다는 의미였는지도 모르기 때문이다. 그렇다면 이 원상의 의미는 개인에게만 귀속시킬 일은 아니라는 뜻을 같이 포함한 것이다. 소태산을 대표자나 지도자로 내세우는 대신 동시적으로 십인 전원이 여기에 해당된다는 뜻이기도 하다.[17] 즉, 초의 원상 체계는 수직적 체제가 아니라 수평적 체제를 지향하였다. 집단 지도체제, 집단지성, 집단경영, 집단책임, 집단주인 등 오늘날 주로 사용되는 개념과 충분히 비교할 수 있다. 다음의 글귀를 생각나게도 한다. 즉, '일원은 일체중생의 심인이요'나 '처처불상'과 '인간부처님' 등이다. 철저하게 수평적 진리적 사실에 근거하여 수평적 현실의 구조를 구상하였던 것이다. 그러나 이는 해석의 한 가능성으로 열어놓아야 하며 훗날 심도 있는 논의가 이루어지기를 기대한다.

『옥경해 초』 원상 표시의 의미

대체로 원상 '○'이 가지는 의미는 언어로 표현할 수 없는 어떤 경지를 가리키곤 했다. '시공초월'과 '언어도단'의 지점이기 때문이다. 진리당체이기 때문이고 그의 묘유적 현현이기 때문이기도 하다. 그런 연유로 불교, 도교와 유교에서 진공과 자성불, 무극-태극-황극의 의미로 이 원상을 두루 사용하였다. 원불교의 일원상은 그 연장선

17 보경에는 이 부분이 '장'으로 표기되었으나 이는 말소표기의 원문이 아니다. 말소표기가 '장'의 표시가 아니거나 다른 용어로 표기되었다면, 이 집단의 의미를 다시 거론할 수 있다.

에 위치한다. 소태산의 깨침과 자신을 나타내기도 하며 진리당체를 상징하여 표기한 것이기도 하다. 또 처처불상의 상징적 집단적 단조직을 더 들 수 있겠다. 대종경 일원상 개념 규정에 나오는 다음의 대목이 잘 설명하고 있다.

"대소유무에 분별이 없는 자리며, 생멸거래에 분별이 없는 자리며, 선악업보가 끊어진 자리며, 언어명상이 돈공한 자리로서…."

"일원은 언어도단의 입정처이요, 유무초월의 생사문인 바…."[18]

언어명상이 돈공한 자리로서, 언어도단의 입정처, 유무초월의 생사문 등의 표현은 그 핵심적 내용이다. 원상이 이런 의미와 상통하는 표현이기 때문에 단조직의 기획 단계에서부터 원상을 사용하였다고 할 수 있다. 그러나 조직이 구체화되고 단기도의 실현 단계에 들어서면서 언어와 명상(名相)으로 또한 구분되어야 한다. 그래서 초의 원상을 지나 '보경'의 단계에서는 '長 1'이라는 구체화된 표기를 가한 것은 아닌가 한다. 돌이켜보면 단의 '장' 명칭은 처음에는 없었고 뒤에 선택된 것으로 다른 선택도 가능했다. 이 용어 '장'을 천(天), 원(圓), 종(宗), 극(極), 일(一), 주(主), 상(上) 등 다른 무엇으로든 표기할 수 있었을 것이다. 원래 팔괘에는 이 '단장'의 명칭이 없었던 지위이기 때문이다. 형이상의 원상에서 언어명상으로 규정된 내력에는 이외의 것들도 생각하게 한다. 또 단조직의 용어 '단'의 소종래에 대한 것도 마찬가지로 훗날의 고구를 기다려야 한다.

아울러 『옥경해 초』와 『옥추보경』의 첨부표식 사이에는 『옥추보경』의 말소표식이 있다는 점을 상기해야 한다. 이에 대한 문제가 해

---

18 『대종경』, 제2교의 편, 제1장 일원상, 제1절 일원상의 진리-제4절 일원상서원문.

소되어야 앞의 원상과 언어적 표현의 과정을 온전히 설명해낼 수 있을 것이다. 다음과 같은 진화 과정을 단계적으로 검토해야 하는 이유가 여기 있다. 즉, '옥경해 초→옥추보경 말소표식→옥추보경 별도표식'의 과정이다. 말소표식이 드러나면 이 셋의 상관성은 물론 상징의 원상과 언어적 표현 '장 1' 등이 어떤 의미를 지니는지 명백하게 알 수 있을 것이라 기대한다.

박용덕은 금산사에서는 벽에 '○'을 그려 붙였다(1919)[19]는 내용에서 일원상의 대 사회적 선언 의미를 찾았다. 그러나 조성훈은 일원의 사용은 그 이전부터 있었다며 다음 예를 든다. 즉, "구간도실 상량문에 '圓機日月'을 썼으며(1918)"[20]나 "소태산은 정산에게 '一圓'으로 시를 짓게 했고(1918)"[21] 등에 보이는 글자 '원(圓)'의 지적이 그것이다. 그러나 언어적 표현은 도형으로서의 원상과는 큰 차이를 가진다. 언어 '원'의 사용은 그 의미의 심천과 활용의 정도가 다양하기 때문이다. 도형의 원상은 앞서 본 바 그 뜻이 분명하다. 단순한 글자인 '원'자보다 원상 그림은 훗날 일원상과 더욱 긴밀한 관계가 있다. 『옥경해 초』는 이 시기(1918-1919년)에 혹은 이보다 이른 시기에 작성되었을 가능성이 짙다. 그렇다면 1919년 가을에 그린 금산사의 원상은 『옥추경』에서 유래하였을 가능성이 짙어 보인다.

소태산이 『상밀주해 옥추보경』을 참조한 시점은 1922년이다. 앞선 글에 살폈듯이 최병두가 펴낸 이 책은 불연 『옥추보경』과 깊은 관련이 있다. 그 이전 자료인 『옥경해 초』와 『보경해』는 이보다 시기를

19 『대종경』, 〈교사〉 제1편 개벽의 여명, 제5장 교법의 초안, 2. 봉래산 법회와 일원상 구상.

20 『대종경』, 서품 12장.

21 『정산종사법어』, 제2법어 기연 편 2장.

앞선다. 1919년 길룡리 구인기도와 1919년 봉래정사 시기에 작성되었을 개연성이 매우 높다. 이것은 1920-22년도에 몰려드는 제자들의 훈련(참동학 연계의 주문수행)에 주로 사용되었다. 1922년도 『옥추보경』의 새로운 체제를 갖추기까지, 앞의 『옥추보경』 장절 말소 부위 이전 단계의 시기다. 돌이켜보면 구인기도 시 활용되었던 팔괘기는 『옥경해 초』의 단조직으로부터 기인한다. 그 시점은 당연히 1919년 봄으로 거슬러 올라가야 한다.[22]

『옥경해 초』를 기준으로 단원별 기도문을 설정하였고 팔방의 방위를 정하고 십인일단의 조직을 구성한 것으로 보인다. 그 모든 것이 『옥경해 초』에 기재되어 있기 때문이다. 이 자료가 더 의미가 있는 것은 최초로 일원상을 선보였다는 점이다(지금까지 발견된 자료에 근거할 때). 1919년 가을 금산사 별채 문미에 그린 원상은 이 『옥경해 초』에 그렸던 원상의 연장선에 위치한다. 『옥경해 초』에 보이는 단조직의 팔괘와 일원상의 병용은 이후 발전 단계를 거치며 오늘에 이른다. 그러나 자세한 설명은 아직 이루어지지 않았다.

다음 두 인용은 팔괘와 일원의 병용과 활용, 발전 과정을 일부 설명하고 있다.

---

22 상당히 근거 있는 유추를 다음과 같이 그려볼 수 있겠다. 즉, 소태산의 명에 의해 정산이 길룡리 토굴 당시 〈옥추경〉을 번역한다. 방언공사 시기 이미 단기도의 계획은 짜여 있었다. 이 번역본을 1919년 봄 구인기도에 사용한다. 기도가 끝나고 월명암으로 가서는 이를 다시 이춘풍이 정리한다(옥경해 초까지의 필사는 그의 필체로 확인 가능). 이 본이 지금까지 남아 있는 『보경해』와 『옥경해 초』가 된다. 이것을 신룡동에서 주산이 다시 정리한 것이 말소표식을 하기 전의 『옥추보경』이다. 이것을 훗날 소태산은 최병두의 『상밀주해 옥추보경』을 참조하여 장절표식를 말소하고 장 1에서 중앙단장까지의 십인일단의 단조직 체계로만 남긴다. 물론 이는 동시에 단기도의 기도문이 되었고 주문수행의 기준이 되었다.

도형화한 팔괘기가 초기교단 활동에서 제자들을 조직화하는 데 중요하게 활용하고 있음이 발견된다. 교단창립의 여명기에 활용한 팔괘방위도는 '문왕팔괘방위도'로 보인다. 불법연구회를 상징하는 깃발에 이를 새겨넣고 대내외 활동에 이를 게양하였다. 팔괘방위도의 활용 의미는 두 가지의 측면에서 살펴볼 수 있다. 하나는 교단조직과 활동의 방편으로 활용한 것이며 다른 하나는 진리의 상징으로 일원상을 형상화하는 과정에서 활용한 점이다.[23]

대각전에 일원상을 봉안하고 공식교서인 『조선불교혁신론』을 통해 '등상불 숭배를 불성일원상으로'라고 선언한 1935년 4월은 '일원상'이 교단적으로 천명된 사건으로 준비기와 체계화기의 단계를 나누는 시점이 된다.[24]

두 인용문에 따르면 〈팔괘도〉는 일원상이 정립되기 전에 불법연구회를 대표하는 상징으로 사용되었다. 1935년 일원상의 대 사회적 천명 이후에도 팔괘기는 여기저기서 두루 사용되었다.[25] 그렇기에 일원상 봉안의 과정에는 과도기가 있었다고 봐야 한다. 이 과도기는 두 가지 층위를 가진다. 하나는 대외적 상징으로, 다른 하나는 진리적 표상으로서이다. 상징과 달리 진리적 표상은 과도기가 허용되지 않는다. 그러므로 둘은 공히 진리당체를 표상하고 있다고 보아야 한다. 중요한 점은 대외적 천명의 과정이다. 즉, 〈팔괘도〉와 일원은 같은

23 이성전, 「선천·후천론과 원불교 팔괘기의 의미」, 『원불교사상과 종교문화』 44, 61쪽, 2010.
24 조성훈, 「『불교정전』「일원상」장 성립의 의의」, 『원불교사상과 종교문화』 67, 40쪽, 2016.
25 이성전, 앞의 글, 62-66쪽.

의미가 있었으나 활용처는 달랐다. 〈옥추경〉의 단조직과 원상이 병용되던 과도기를 지나 정전의 '일원상 장'으로 정착하게 된다.[26] '일원상 장'의 정착은 1935에서 1943년까지 약 9년에 걸쳐 이루어진다. 그 이전은 둘의 과도기이며, 쓰임의 과도기였던 것 같다.

육대요령의 교리도에 보이는 (일원상 대신 그려진) 팔괘는 〈옥추경〉과 일원의 과도기와 상관성을 명확히 보여준다. 일원상과 팔괘방위가 동시에 등장하는 자료는 지금까지로는 『옥경해 초』가 유일하다. 이 점은 모두를 증명하는 강력한 단서가 된다. 이때까지는 십인일단의 단조직과 『옥경해 초』의 원상은 같은 의미로 볼 수 있다.

한편 일원과 관련된 언급은 빈번히 있었으나 대각 초기부터 1935년 대각 전 봉안의 확정까지는 15년 이상의 세월을 지내야 했다.[27] 일원의 정립에는 그에 상응하는 이론적 뒷받침과 설명이 필요했기 때문이다. 그래서 과정을 확립하는 데는 많은 시간이 걸렸다. 그러나 일원에로의 방향은 『옥경해 초』에 근거할 때 이미 정해져 있었다고 봐야 한다. 일원 외에 팔괘는 단조직의 활용 수단으로 지금도 여전히 유효하다.[28] 형이상과 형이하 즉, 이론과 실재라는 틀로 이미 단기도의 단계였던 『옥경해 초』 시기부터 일원과 팔괘는 확정되었다. 일원상에 대한 이론적 정립이 마련된 후에야 비로소 교단 대외적 상징으로 천명될 수 있었고 팔괘와 단조직은 그 활용으로 정착된 것이다.

『옥경해 초』에 그려진 원상이 다수인 점을 들어 서로 무관하다고

---

26 『대종경』, 정전, 일원상 진리.

27 조성훈, 앞의 글, 41-44쪽.

28 이성전, 앞의 글, 63쪽, "팔괘기의 사용이 재개된 것은 이단치교의 교단활동을 강조하면서 조직화된 단기에서 선명하게 확인되고 있다. 단기로서 팔괘기의 제작은 2000년 수위단회 사무처의 발의로 제작되어…1995년에 제작하여 사용되기 시작하였다."

할 수 있겠으나 그렇지는 않다. 오히려 단장과 진리당체를 더욱 강조한 것으로 봐야 한다. 우선 '長 1'에 해당되는 부분은 단장의 의미이자 소태산 자신, 진리당체란 상징을 내포하고 있다. 이 원상은 다수의 다른 원상과 적용 수위가 다르다. '장 1'의 원상과 나머지 내용상의 원상은 '단조직상의 중심 진리'와 '경의 진리적 내용의 중요도' 정도를 지칭하는 것으로 이해된다.

또한 금산사에 그린 원상과 단조직 단장으로서의 원상과는 어떤 차이가 있는 것일까. 차이점은 그 시기와 시점, 교단 창립, 새진리의 선언, 대선생의 상징과 그의 새로운 혁신, 제자들과의 결속, 집단기도, 전통계승에 따라 다양할 수 있다. 둘의 관련성도 적지 않다. 즉, 각 후 조만의 차이, 단조직 결성의 양상 및 전통계승에 따른 새회상 창건 등이다. 그리고 『옥경해 초』의 원상은 각 후 즉석 확정이란 완결성이 돋보인다. 이런 세목은 모두 검토되어야 할 사항이지만 여기서 다룰 순서가 아니나 대각 초기부터 짜인 틀이었다.

금산사의 원상은 〈옥추경〉의 원상을 다시 세상에 가져와 보여준 의미가 더 크다. 또 다른 의미는 외면적 세상에의 선포에 해당한다. 십인제자들과 같이 이루어낸 단기도는 내면적 결속과 진리적 실체의 확증이다. 어느 시점에 이르자 세계적 선포로 이어진 것이다. 원상의 재출현은 이런 단계적 의미가 있다고 할 수 있다.

앞서 언급했듯 당시 구인제자들은 팔괘기를 사용하였다. 초창기는 단조직의 결속이 강조된 시기였다. 그러나 이때 이미 소태산은 원상을 팔괘의 중심에 두고 판을 짰다. 일원상은 이로부터 출현하였다고 할 수 있다. 이는 그 연원이 〈옥추경〉 단기도와 그곳에 그렸던 원상과 무관치 않음을 의미한다. 교리도에 나오는 '원상'과 '일원상진리'

도 함께 가져와 비교할 필요가 있으나 역시 훗날의 보강이 필요하다.

불법연구회 시기에는 〈옥추경〉의 원상보다는 단기도와 팔괘기가 강조되었다. 조직 다지기의 시기였기 때문이다. 정전 시기의 일원상은 교리적 일원상의 확정 의미가 있으며, 해방 후 원불교기에는 종교적 상징체로서의 기능이 강화된 단계[29]라고 봐야 한다.

시기적으로 보면 해방 전에는 정전 전과 정전 후로 나눌 수 있고, 이는 각각 외적 팔괘기 시기와 내적 일원상 교리화 시기가 되고 해방 후에는 종교적 상징화의 일원상이 더 강조되는 변화로 이어졌다고 볼 수 있다. 조성훈은 이를 더 세분하여 나누고 있다.[30] 그런데 이런 세분화가 온전하기 위해서는 그 이전의 일원상 성립 과정이 먼저 밝혀졌어야 했는데 이를 밝히지 않아 그 순서가 바뀐 우를 범하였다. 그리고 더욱 중요한 점은 교리도의 체계와 틀에 대한 변화를 같이 설명했어야 했는데도 이를 빠트렸다. 틀의 변화는 일원상과 같이 맞물려 설명되어야 할 필수사항이다.

금산사에 그려진 원상은 단조직의 장에 해당되는 원상과 가까워 보인다. 그러나 다른 원상들이 전혀 다른 것을 가리킨다고는 할 수 없다. 하나의 진리를 알았고 그 적통을 계승하였다는 의미로도 이해할 수 있을 것이다. 그것은 증산의 적통임을 의미하기도 한다. 이 점은 매우 추론적이라 할 수 있으나 다음의 자료에 근거할 때 터무니없는 것은 아니다. 즉, 1916년 8월경 길룡리에서 거행된 증산도식 천

---

29 조성훈, 「『불교정전』 「일원상」장 성립의 의의」, 『원불교사상과 종교문화』 67, 2016.

30 조성훈, 위의 글, 40쪽, "논자는 이 중 일원상 체계화기에 해당하는 1935-1943년까지에 집중하여 이를 네 단계로 구분해보고자 한다. 첫째는 대각전에 '일원상'을 공식적으로 봉안한 1935년, 둘째는 '심불일원상내역급서원문'이 등장한 1938년, 셋째는 '일원상 법어'와 '게송'이 등장한 1941년, 마지막으로 「일원상」장의 체계가 완성된 1943년이다."

제와 이를 통한 개안과 도통이 인정된 사례가 있기 때문이다.[31] 이는 이후의 연구를 위해 시론적 제안의 의미는 지울 수 없으나, 〈옥추경〉으로 이어지는 점은 매우 시사적이기에 언급이 필요하다. 소태산의 입장에서 진리당체는 '진리-옥추경-원상-금산사-소태산'으로 이어진다. 그런데 강증산의 입장에서는 다음이 가능하다. 즉, '진리-옥추경-금산사-미륵불(혹은 옥황상제)-강증산'으로의 연결이다.[32] 둘을 비교할 때 원상과 미륵불을 빼면 일치한다. 둘을 잇는 연결고리는 금산사에 그린 원상과 미륵이다. 소태산은 강증산 제자들의 본거지였던 금산사에 가서 미래불의 부활 혹은 강증산의 부활을 원으로 상징화하였던 것은 아닌가 한다. 그것은 진리의 부활이기도 하다. 원상은 진리의 표식이기도 하지만 진리적 적통의 계보임을 선언한 것이기도 하다. 동시에 우주적 독존임을 밝힌 것이기도 하다. 물론 이 모두는 단기도를 통해 처처불로 보편화되기도 하였다.[33] 그런데 이런 모든 것이 역시 〈옥추경〉으로 이어지고 있으니 그 전통과 도가적 사상성과 민간신앙적 상관성을 살펴보는 일은 간과할 수 없는 일이다.[34]

〈옥추경〉에 표시한 원상을 단순히 중요한 요점 표식 정도로 축소 해석할 수 없다. 원의 형상이 다양하기 때문이다. 그리고 원상 이외에 세모 표시도 있어서 더욱 그렇다. 즉, 이것이 가능하기 위해서는

31 박용덕, 『원불교 초기교단사』 1권, 원광대학교출판국, 1997, 249-250쪽.

32 이런 순차는 매우 추상적이다. 여기서는 〈옥추경〉의 원상과 금산사의 원상을 중심에 두고 구성한 순서로 한정한다.

33 증산과 소태산의 관계는 여러 곳에 기록되어 있다. 대표적으로 다음과 같다(『선외록』 21. 교단수난장 3절, 『대종경』 제6 변의품 32장, 『대산종사법문집』 3집 제1편 신성 90 법연의 땅 원평). 강증산과 박중빈의 생전 교차 시기는 1909년 6월 24일 증산의 소천 직전인 1907-09년 정도이다. 둘의 생존 시기 만남의 가능성과 기록 등은 충분하나 아직 본격적으로 다루어지지 않았다. 추후의 연구가 기대된다.

34 필자가 여기서 의도하는 바는, 이론적으로 경도되어 있는 근대적 인문학 전통과 학문방법을 넘어 체험적이고 경험적인 영역을 포함한 통합적인 고찰을 아울러야 한다는 점을 강조하고자 한 것이다.

그렇다면 그 많은 기호 중에 왜 하필 원상으로 표시했는가 하는 점에 대한 설명이 필요하다. 표시는 원상 이외에도 점이나 선, 중요 표시 혹은 보충 설명 등으로 다양하게 할 수 있었기 때문이다.

이런 표식의 변수를 고려할 때 원상의 의미는 한 번에 굳어진 상징이라 할 수 없다. 원불교의 일원상과 일원상의 진리로 형상화되기까지는 앞서 보았던 일련의 과정이 있을 수밖에 없기 때문임을 고려할 때 원상의 상징적 진화 과정이 존재했음을 인정할 수 있다. 그렇다 하더라도 이 원상의 출발은 〈옥추경〉으로부터 비롯되었음을 벗어나기 어렵다. 최초 구인기도를 고려할 때 실로 〈옥추경〉의 역할은 매우 크다 할 것이고, 〈옥추경〉의 재발견과 재평가가 반드시 이루어져야 할 것으로 판단된다.

또한 적어도 원상을 금산사에서 최초로 그렸다는 교사의 기록은 수정되어야 한다.[35] 그것이 어떤 의미를 담고 있든 둘의 내용은 서로 다르지 않고 상보적이기 때문이다. 원상에 대한 논의가 주요한 이유는 원불교는 일원상 신앙과 수행을 일원상 진리에 따라 실천하고 있기 때문이다. 그러나 원상에 대한 기록은 알 수 없는 과거로부터 근래에 이르기까지, 거의 모든 종교에서 사용하고 강조하였다. 그가 의미하는 바도 서로 크게 다르지 않다. 다만 원상을 한 단체의 표상으로 설정한 점이 유일한 특이점이다.

원상의 드러냄은 그의 보편성과 후천의 진리성을 대승적으로 내세운 선언으로 해석되어야 한다. 불법연구회(원불교)의 사상성 연구에서 원상의 논의가 중요한 이유가 여기 있다. 원상을 어느 시점에 그

35 원불교 교사 제1편 개벽의 여명 제5장 교법의 초안 2. 봉래산 법회와 일원상 구상.

렸냐는 중요하지 않다. 그러나 처음부터 진리적 표상을 원으로 상정하였던 점과 그 실체와 활용의 현장은 눈여겨볼 부분이다. 그의 실증이자 실현인 십인일단 단조직이 관여되어 있기 때문이다.

단조직은 그 자체가 원의 성격을 포함한다. 팔방과 상하를 더해 평면적 원을 넘어 온전한 구의 형상 혹은 원의 다층·다원성을 지향하고 있는 점은 이런 생각을 더 확고하게 한다. 〈옥추경〉에 그려넣은 원상이 가지는 의미는 십인단조직의 구도와 함께 일원상진리와도 완전히 일치하는 맥락이다. 이런 관점에서 볼 때 아무 맥락이 없어 보이는 금산사의 일원상보다는 〈옥추경〉이라는 연원을 더해 그려내는 일원상이 더 긴요하다 할 것이다.

일원상은 현재 신앙과 수행의 표본이다. 그런데 이는 〈옥추경〉의 체제(〈천경〉, 〈지경〉)와 동일한 점도 간과할 수 없다. 〈천경〉은 진리를 천명하여 신앙으로 인도하고, 〈지경〉은 지극한 원시천존의 호명신앙과 독경신앙으로 수행의 길을 제시하고 있다. 둘의 상관성이 어디서 어디까지인지는 더 살펴야 하겠으나 그 내용적 체계는 완전히 일치한다. 둘의 사상성에서도 유사성이 보이나 좀 더 심도 있는 논의를 요하므로 훗날의 검토가 요구된다고 하겠다.

맺음말

『보경해 합부』『옥경해 초』『옥추보경』으로 이어지는 불법연구회 소장본을 살피다 보면 본문 이외의 여러 표시가 있음을 알 수 있다.

이들은 십인일단 단조직을 전제한 것이었다. 그런데 『옥경해 초』에 보이는 원상들이 가지는 의미는 단순한 표시가 아니었음이 드러났다. 이에 대한 논의가 전혀 이루어지지 않은 것은 아쉬운 점이다. 일원상진리를 천명하고 법인절, 나아가 일원상 진리로 이어지는 여정이 모두 이 한 권의 책에 녹아 있기 때문이다.

〈음부경〉과 〈옥추경〉을 묶어 엮은 『보경해 합부』에는 보이지 않던 팔괘와 단조직 표식이 『옥경해 초』에서 일 차로 기획되었고, 『옥추보경』에서 확실하게 정착되는 과정이 있었음을 알 수 있었다. 『옥경해 초』에서는 〈천경〉에 해당되는 부분이 원상으로 표시되었고, 후에 『옥추보경』에서는 '장'을 위시하여 팔괘와 중앙으로의 단조직이 확정된다. 즉, '단장'이란 공식 명칭을 사용한 셈이다.

팔괘의 순으로 정리된 마지막 『옥추보경』으로 확정되기 전의 모습으로 『옥경해 초』를 이해할 수 있고, 이는 단조직의 기획 단계를 보여주는 자료다. 단조직의 결성은 단박에 이루어진 것이 아니라 『보경해 합부』에서 『옥경해 초』와 『옥추보경』에 이르기까지 팔괘를 기초로 한 '○' 원상, '장'과 '중앙'의 배정 과정으로 이어지는 십인일단의 결과를 얻는 과정이 있었다. 이 과정에서 주목된 것은 『옥경해 초』에 새겨진 원상에 대한 것들이다.

원불교는 그 상징이 일원상인바, 『옥경해 초』에 이 원상들이 다수 나타난 점을 간과할 수는 없다. 원상이 표시된 경의 각 부분을 검토하면 진리의 당체를 설명하고 있음이 밝혀짐은 물론, '장'에 해당되는 부분이 원상으로 표시되어 소태산 당체를 상징하는 것으로 해석되었다. 언어명상을 떠나서 표시된 원상은 구인기도의 실천 단계에서 장의 이름으로 이어졌음을 볼 수 있었다. 또한 '원상'에서 '장'으로의 진화는 진리에서 집단으로의 해석도 가능함을 살폈다. 초기의 조직 결성 단계와 일원상 천명은 일 진행의 수순을 보여주는 것으로 팔괘의 강조와 일원상의 드러냄이 순차적으로 이어졌음을 살펴봤다.

금산사의 일원상이 가지는 의미는 깨침과 진리당체, 불법연구회의 상징적 의미 외에 강증산의 적통을 선언하는 의미를 더 가진다고 보았다. 이 점은 다분히 추론적이지만 미진한 부분은 추후 보강되어야 할 것이다.

『옥추보경』이 초기와 후기로 구분됨은 확실하다. 먹으로 지우기 전에는 별도의 첨부표식을 하지 않았을 것이기 때문이다. 이 표식은 말소함과 동시에 팔괘에 따른 순을 재확인하기 위해 첨부한 것이었을 것이다. 아마도 말소 부분은 팔괘의 표시와 함께 다른 내용이 더 들어 있었을 것이다. 왜냐하면 『옥경해 초』를 계승하였을 것이기 때문이다. 앞에서 추정한 과정순을 염두에 두면 구인기도 명단과 관련이 있었던 것은 아닌가 생각할 여지가 있다. 별도의 첨부표식은 그러므로 이후에도 이 책을 계속 사용하기 위함이었다. 이공주와 김영신의 사례가 이를 입증한다. 특히 이공주의 경우 중앙으로 받았던 자료는 『보경해 합부』나 『옥추해』, 『옥경해 초』보다 『옥추보경』에 가깝고 나아가 문장과 토씨 등이 거의 일치한다. 이는 봉래정사 시기에 이어 한성과 신룡동으로 이어지는 〈옥추경〉 집단기도의 실제를 뒷받침한다.

아울러 『옥추보경』 초기 단장에 해당되는 말소 부분이 어떻게 표기되었는가는 이후 '원상 ○ -(말소)-단장'으로의 진화 과정을 밝히는 중요 대목이 될 것이고, 아울러 단조직의 본래 의도가 무엇인가를 밝히는 열쇠가 될 것이다.

『상밀주해 옥추보경』〈옥추령부〉

V

불법연구회와 〈옥추경〉의 상관성

1. 『옥추보경』 말소 부분과 구인 산상기도문 전문 복원
2. 원불교의 〈교리도〉와 〈옥추령부〉

1

『옥추보경』 말소 부분과 구인 산상기도문 전문 복원

앞서 살펴보았던 것처럼 〈옥추경〉은 구인 산상기도 시 사용된 핵심 경이었다. 아무도 다루지 않았던 영역이라 다소간의 어려움이 있었지만, 나름의 연구 성과 중 하나는 구인기도의 실제를 어느 정도 밝힐 수 있었다는 데에 있었다. 그 계획, 방법, 절차, 사용한 경책, 법인절의 새로운 의미 탐색에 이르기까지 초기 교단사의 중요 부분과 관련이 되는 것이다.

불연 소장 〈옥추경〉은 여러 종으로 일목요연한 진화 과정을 보여주고 있다. 그 과정은 〈옥추경〉의 한글화와 단조직에 따른 독경수련의 상관성에 잘 드러나 있다. 그런데 그 추적에 있어 『옥추보경』에 보이는 '먹줄로 지워진 부분' 소위 '말소 부분'은 분석의 커다란 장애 요소였다. 이제 이 말소표식의 전모를 밝혀 이본 간의 온전한 진화 과정을 구축할 수 있게 되었다. 본 서에서는 불법연구회 소장 『옥추보경』의 먹줄 부분을 복원한 후, 가장 널리 알려진 『그림옥추경』과의 상관성을 살펴 그 특징을 다시 한번 확인하고 구인 산상기도문 전문을 확정하는 데 집중했다.

복원된 『옥추보경』은 기존 단조직과 다른 체제를 보였다. 그 상세한 분석은 별고에서 다룰 일이나, 현저하게 다른 '단장'과 '중앙'의 부분을 필자의 관점으로 해석하였다. 초기의 단조직 모습은 단순하지 않았다. 수평적이고 입체적인 면모를 보여주고 있다. 복원된 『옥추보경』은 자료적 가치가 워낙 크기 때문에 기도문 전문(영인본)을 남겨두고자 한다.(도서 말미 부록/영인 『옥추보경』)

불법연구회 〈옥추경〉 연구와 복원의 필요성

그동안 주로 다루었던 자료는 〈자료 1〉 『구천응원뇌성보화천존옥추보경』, 〈자료 4〉 『보경해 합부』, 〈자료 2〉 『옥경해 초』, 〈자료 5〉 『옥추보경』이다.[1] 첫 '구천'은 순 한문 목판본이고 『보경해 합부』는 〈음부경〉과 〈옥추경〉을 묶어놓은 것으로 한글 번역이 병서된 것이다. 단락별로 원문과 한글을 병치하였다. 『옥경해 초』는 『보경해 합부』 중에 〈옥추경〉 부분만을 옮겨놓은 것이다. 역시 원문과 번역이 병술되었다. 『옥추보경』은 이 『옥경해 초』에서 한문 본문을 빼고 한글 부분만

1 자료 번호는 『고서 목록』의 순을 따랐다. 병기한 '자료 4, 2, 5'는 논문 간 통일성을 기하기 위한 것이다(김오봉, 『고서 목록』, 원광대학교 중앙도서관, 1994).

을 다시 옮기고 독자적인 장절로 구분한 것이다. 이 과정으로 한글본으로의 번역이라는 1차 목적 이외에도 또 다른 목적이 있었음을 알 수 있다. 즉, 『옥추보경』이 보여준 장절의 구분은 어떤 활용 즉, 구인단기도를 위한 것으로 드러났다. 그런데 여기에 먹으로 지운 부분이 있어 이런 곡절을 일목요연하게 분석하는 데에 걸림돌이 되었다.

한편 각 이본은 순차적 단계를 보여주는 동시에 각자가 나름의 특징을 보여준다고 했는데, 그것은 책 안에 표시된 별도의 표식에서 기인한다. 이미 살핀 바 단조직과 그에 따른 기도문 구분에 관한 것이었다. 그런데 이 구분 또한 단순한 것이 아니다. 단조직 이후 그에 따른 산상 구인기도(길룡리), 이어지는 집단단기도(만덕산, 경성, 신룡동 등) 등의 증거로 분석되었기 때문이다. 자세한 것은 앞서 다루었다.

『옥추보경』의 말소표식 분석 전에 먼저 그 특징을 살펴볼 필요가 있다. 『옥추보경』에는 이 말소 부분 이외에 별도의 장절을 추가적으로 표시한 '첨부표식'이 있고, 이는 말소 부분과 상관되어 있기 때문이다. 첨부표식은 다음과 같다([그림 Ⅴ-1-1] 참조).[2]

(長 一), (乾 三), (坎 六), (艮 七), (震 九), (巽 十), (离 十), (坤 十三), (兌 十四), (中 十五)[3]

2 [그림 Ⅴ-1-1]은 〈자료 5〉에 해당되는 『옥추보경』이고, 불법연구회 인장이 보인다. [그림 Ⅴ-1-2]는 각각 먹줄과 중 15의 단조직 표식이 보인다.

3 원본에도 괄호로 표시하였다.

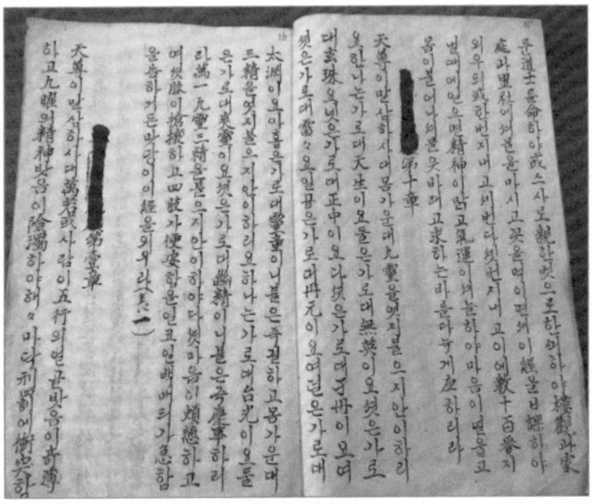

[그림 Ⅴ-1-1]
〈자료 5〉『옥추보경』의 17번째 장, 두 개의 먹줄과 왼쪽 장에 (장 1) 표식이 보인다.

[그림 Ⅴ-1-1]에서 보는 바처럼 먹으로 지운 말소 부분과 별도의 괄호 표시를 확인할 수 있다. 둘의 순서는 애초의 장절을 지우고 추가로 괄호 부분을 적어넣은 것으로 보인다. 괄호로 묶어 나열한 순서는[4] 먹붓으로 썼고 본문 필체와 다르다. 이것은『옥추보경』을 필사한 자와 추후에 이를 활용한 사람이 서로 달랐음을 의미한다. [그림 Ⅴ-1-1] 〈자료 5〉에서 '장 1'의 표식이 보이고 [그림 Ⅴ-1-2] 〈자료 5〉에서는 마지막 부분 '중 15' 표식이 보인다. 이런 식으로 '장 1'에서 '중 15'까지의 단락 구분이 매겨졌다.

[그림 Ⅴ-1-1] 〈자료 5〉『옥추보경』의 17번째 장, 두 개의 먹줄과 왼쪽 장에 (장 1) 표식이 보인다.

여기에 나오는 10개의 추가 표시는 일반적인 〈옥추경〉 장절 구분이 아니다. 먹으로 지워놓은 부분도 10개의 단락으로 나눠진 것으로 보여 같은 단구성의 다른 표현이 아닌가 한다. 하지만 일단 확인하기

4 말미에 제시한 부록(영인『옥추보경』전문) 참조.

팔방의 산봉우리에 기도처를 마련한 것도 같은 의미를 지닌다. 너른 평지에서 방위를 정하여 할 수도 있는 것을 굳이 그렇게 해야 했던 이유는 무엇일까. 산이 가지는 상징, 전통, 문화 등 여러 요소를 고려할 수 있겠으나, 모두를 아우르는 용어로 '초월성'을 들 수 있겠다. 즉, 성속(聖俗)의 구분과 동시에 합일이다. 성속은 본래 둘이 아니고 공존하는 것이나, 선도자들은 탈속의 상징을 부여받아야 한다. 음부의 인증은 그 결과가 된다. 이런 점이 산상기도를 평지가 아닌 팔방의 산으로 선택해야 했던 근거다.[10] 모두 단조직의 현상적 상징화가 된다.

〈자료 5〉에 새긴 별도표식은 문왕 팔괘의 팔방에 중앙과 단장을 더한 초기교단의 십인일단 조직법과 일치할 뿐만 아니라, 이공주와 김영신 및 이경순의 중앙단원 〈옥추경〉 기도문도과도 일치한다. 이공주가 언급한 바와 같이[11] 구인기도 당시 〈옥추경〉을 독송경으로 활용했다.

앞서 보았듯이 〈자료 4〉『보경해 합부』는 〈음부경〉과의 합철 원문 수록 번역본이고, 〈자료 2〉『옥경해 초』는 그중 〈옥추경〉만 떼어낸 것이다. 〈자료 5〉는 〈자료 4〉와 달리 한문 원문을 빼고 순 한글만으로 이루어졌다. 즉, 〈자료 4〉→〈자료 2〉는 〈옥추경〉만 활용하기 위해서 〈음부경〉과 분리한 것이고, 다시 〈자료 2〉→〈자료 5〉 과정은 불필요한 한문을 뺀 것이다. 활용도의 측면에서 독

10 이런 전통은 물론 조선대 마을마다 존재했던 동제나 천제 등의 전통에 기반한 것이다.

11 "원기 13년 4월 15일경에 대종사님께서는 이공주 선생과 4-5인의 여자회원들에게 말씀하시기를 '여자 중에서도 초창기 구인기도 시와 같이 기도를 드려보면 어떻겠느냐?' 하시었다. 이에 여자회원들이 '지시해주시면 그대로 거행하여보겠습니다' 하고 말씀을 드리니…"(청하문총간행회 편, 『구타원대봉도 일대기, 한마음 한길로』, 원불교출판사, 1984, 75쪽).

경용으로 사용하기 위한 목적이라 지적했는데, 사실은 구인 산상기도를 목적으로 한 특수 편집이었다. 자료의 진화는 4→2→5의 과정을 거쳤는데 〈자료 2〉인『옥경해 초』는 기획 단계의 이본이란 점이 드러났고, 이에 대한 심도 있는 분석은 앞서 '일원상과 〈옥추경〉의 상관성 연구'에서 다룬 바 있다. 이『옥경해 초』는 다음의 표와 같이 원상으로 표시되어 주목되었다.

[표 Ⅴ-1-1] 후기『옥추보경』과『옥경해 초』

경/단원	1	2	3	4	5	6	7	8	9	10
『옥추보경』(후기)	長	乾	坎	艮	震	巽	離	坤	兌	中
『옥경해 초』	○	震	坎	兌	坤	離	乾	艮	巽	中央

원상 '○'은 다른 팔괘처럼『옥경해 초』원문의 상단 여백 부위에 표시하였다. 팔괘의 여덟 자(震, 坎, 兌, 坤, 離, 乾, 艮, 巽,)와 '중앙' 등 총 9자를 모두 문자로 적은 바와 달리 '장'의 위치에는 문자가 아닌 상을 그려넣었다. 그리고 이 원상은 하나가 아니고 여럿이었다. [그림 Ⅴ-1-3]에서 보듯이 원상들은 진리적 내용을 설한 부위에 정확히 표시되었다.

한편 첨부표식의 팔방과 장과 중앙까지의 명칭 뒤에 붙은 1에서 15까지의 숫자가 무엇을 의미하는지 불분명했는데, 앞서 밝혔듯이『그림옥추경』의 최초 번역서인 최병두 장절 구분을 옮겨놓은 것임이 밝혀졌다. 최병두의 자료를 참고하였다는 점은 또 다른 논의점이 된다. 일단 최병두본을 참고한 이유는 구인기도식 이후 몰려

드는 제자들의 훈련과 관련된 것이다.(앞서 '집단단기도'로 명명한 〈옥추경〉 기도를 일컫는다.) 당시 〈옥추경〉은 조선에 널리 알려져 있었고, 도를 공부한다는 사람들에게 '〈옥추경〉 독경수행'은 거의 필수 과정이었던 것 같다. 조선 후기 부쩍 늘어난 다양한 이본의 등장은 이를 반증한다. 이 혼돈을 통일시키기 위해서 어떤 기준이 필요했는데 최병두의『상밀주해 옥추보경』이 이를 충족시켰다. 최병두 활판이 나온 이유는 혼란을 바로잡는 효과 이외에 그 세력을 한데 모으려 했던 데도 있었던 것 같다. 즉, 조선말 〈옥추경〉 신앙의 세력을 한 곳으로 모으는 구심점 역할을 하고자 했다.[12] 이런 정황은 불법연구회의 '〈옥추경〉 기도'와도 무관하지 않다. 1922년 정도에 나온 이 책과 비교해볼 때『옥경해 초』와『옥추보경』의 한글화 번역과 장절 구분은 소태산에 의해 창의적으로 이루어진 것이다. 서로 다른 두 종의 책에 보이는 장절 구분은 서로 유사점이 있지만 이본 간의 혼선을 피하기 위해 1-15라는 최병두식 장절 구분을 가져와 표시한 치밀함을 엿볼 수 있다.

보경의 말소 부분은 진즉 복원되었어야 했으나, 먹이 워낙 짙어서 그 뒤의 글자를 확정하는 데 시간이 걸렸다. 한편 지웠던 이유는 장절의 구분을 이전과는 다르게 하기 위함이었고, 그것은 후일의 재사용을 염두에 둔 것이란 점을 언급할 필요가 있다. 먹줄로 그은 것이 무엇을 숨기기 위한 비밀은 아니었다.

12 최병두가 쓴 서문을 보면 그 의지가 잘 드러나 보인다. 또 그의 창작물로 보이는 '옥추령부'의 설정은 이를 단적으로 드러낸 것이다.

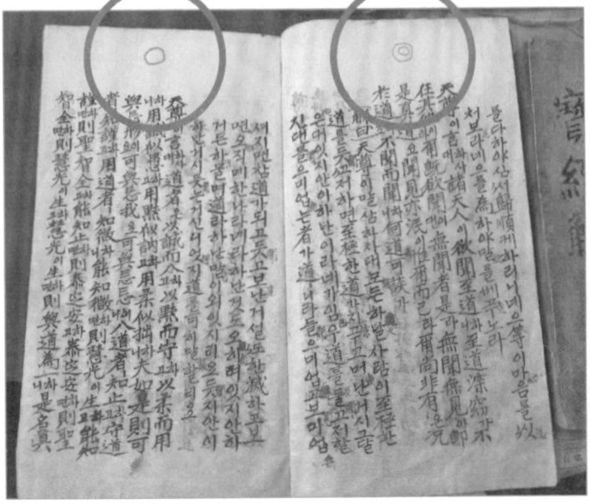

[그림 V-1-3]

『옥경해 초』 상단의 원상 표시

『옥추보경』 말소 부분 복원

먹줄로 그은 말소 부위의 복원 과정은 여러 차례의 답사를 거쳐 이루어졌다. 밝은 빛으로 비추기도 하고 창문에 투과된 빛으로 유추하기도 했다. 한 번에 모든 글자가 드러난 것은 아니었다. 쉽게 드러난 글자를 바탕으로 비교와 유추를 거쳐 다시 확인하는 과정을 반복하였다. 아예 안 보일 줄만 알았던 말소 부분의 글씨는 조금씩 그 모습을 드러내기 시작했다. 이러한 작업은 여러 차례의 확인을 더 거쳐 '말소 부위 전문' 확정이라는 결과를 얻게 되었다.[13] 확정 과정에서 확실치 않은 부분이 전혀 없는 것은 아니었으나 미미한 것으로, 비교와 해석을 통해 충분히 극복할 수 있었다.

여기서 한 가지 짚어야 할 것은 『옥경해 초』와 『옥추보경』 장절

13 최근의 것(2020.8.11)은 원광대학교 중앙도서관에서 박용덕 교무와 진행하였다.

구분에 관한 것으로, 왜 굳이 복잡한 구분을 선택하게 되었나 하는 점이다. 즉, 『옥경해 초』와 같은 간단한 구분을 두고 굳이 먹물 처리를 한 다음 별도의 첨부표시를 하였나 하는 것이다. 뒤에서 보겠지만 『옥추보경』에서의 '총단문'이라는 용어는 『옥경해 초』의 '○' 원상을 대신하고 있다.

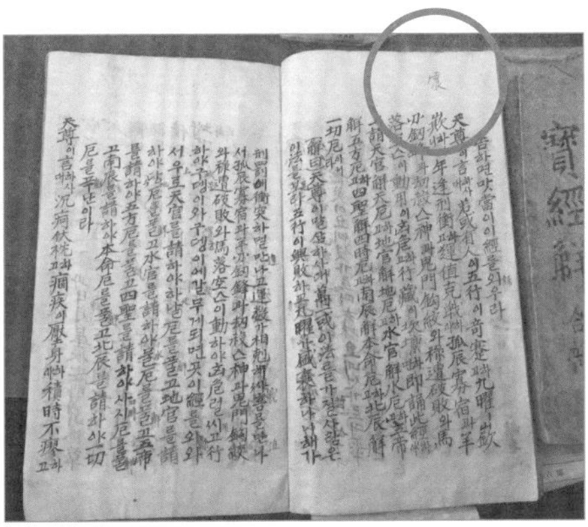

[그림 V-1-4]
『옥경해 초』 상단 팔괘단 표시

두 이본 순서도 재고할 필요가 있다. 단조직을 이미 구성했고 그에 따른 조직의 체계화는 필수적이었다. 문왕 팔괘도의 순을 그대로 계승한 것도 그렇다. 『옥경해 초』의 원상과 단표식은 확실히 이를 위한 사전 기획에 해당된다. 그러나 둘의 순서는 앞뒤가 바뀌었을 수도 있기에 다시 한 번 짚고 넘어갈 필요가 있다. '『옥경해 초』→『옥추보경』'이 아닌 '『옥추보경』→『옥경해 초』'로 진화했을 수도 있기 때문이다. 『옥경해 초』와 『옥추보경』의 장절 구분을 제시해보면, 다음의 [표 V-1-2]와 같다.

『옥추보경』을 초기와 후기로 나눈 것은 두 구분 사이에 분명한 차이가 있기 때문이다. 초기와 후기의 순서는 아직 논의 대상이다(초기를 '원본', 후기를 '말본'으로 구분해 사용하기로 한다). 상식적으로 볼 때 일단 말소하고 부가하여 첨부표기를 하였다고 볼 수 있다. 하지만 그렇지 않을 수도 있다. 그래서 이들 자료가 어떤 순으로 전개되었나를 한 번은 살필 필요가 있다. 이들은 다음의 순으로 진행되었을 것으로 보인다.

1. 팔괘 순서 없음(상단에 표기/『옥경해 초』)

↓

2. 『옥추보경』 장 · 절 표시(즉, 복원된 원본의 장절)

↓

3. 장 · 절 없음(먹줄 표시 유지)

↓

4. 먹줄과 동시에 첨부된 팔괘순(하단에 표기 즉, 장 1 … 중앙 15)

필자는 이렇게 구분하였으나, 이 순서는 앞뒤가 바뀔 수도 있다(작성 연대 기록이 없기 때문이다). 예를 들면 2-1-4-3 혹은 4-3-2-1 등이다. 일단 3과 4는 동시에 이루어진 것으로 봐도 무방할 것 같다. 장 · 절을 지운 상태로 전문을 통으로 활용하였을 가능성은 낮기 때문이다. 그렇다면 1-2-4의 순으로 볼 수 있다. 다만 1과 2의 순서가 다를 여지가 없지는 않다. 그러나 앞서 밝혔듯이 〈자료〉 4-2-5라는 순은 한글화와 단조직화, 독경기도 목표하 체계적 진행이라는 논리를 거스르기는 어렵다. 또한 필체를 비교할 때도 이춘풍-송도성-소태산(?)의 순서가 어느 정도 드러난다. 다른 가능성이 아예 없는 것은 아니나, 앞선 1-2-4의 순에 논리적 오류가 없다는 가정하에 연구를 진행했음을 밝혀둔다. 이 점이『옥추보경』을『옥추보경』초기와『옥추보경』후기로 나눈 이유다. 이는 말소표식이 드러나면 좀 더 분명해질 것이다.

[표 V-1-2]『옥경해 초』,『옥추보경』초기와 후기 비교

『옥경해 초』 첨부표식	『옥추보경』 초기 말소표식	『옥추보경』 후기 첨부표식
○	말소표식 第壹章 , 第二章, 第三章, 第四章, 第五章, 第六章, 第七章, 第八章, 第九章, 第十章	長 一 第壹章 , 第二章, 第三章, 第四章, 第五章, 第六章, 第七章, 第八章, 第九章, 第十章
震	말소표식 第壹章, 第二章, 第三章	乾 三 第壹章, 第二章, 第三章
坎	말소표식(장 · 절 생략)	坎 六
兌	말소표식 第一章, 第二章,	艮 七 第一章, 第二章,
坤	말소표식 第一章, 第二章	震 九 第一章, 第二章
離	말소표식 第一章	巽 十一 第一章
乾	말소표식 第一章	離 十 第一章
艮	말소표식 第一章	坤 十三 第一章
巽	말소표식 第一章, 第二章	兌 十四 第一章, 第二章
中央	말소표식 第一章, 第二章, 第三章, 第四章	中央 十五 第一章, 第二章, 第三章, 第四章

굳이 팔괘 지정을 지워야 할 이유는 무엇인지는 여전히 모호하다. 표가 보여주듯이 초기와 후기의 순서는 다르지도 않았다. 복원 부분을 지우지 않고 그대로 사용하면 그만일 수도 있었다. 그렇게 하지 않은 이유는 무엇이었을까. 뒤에 나오지겠만, 맨 앞에 있는 '총단문'이란 표시에서 빌미를 찾을 수 있다. 더구나 이를 '총단원'이라 하지 않고, '총단문'이라 한 점이 더욱 그렇다. 물론 '중앙'과 '중앙단장'의 차이도 같이 고려되어야 한다.

말소된 부분은 다음과 같이 복원되었다. 먹줄 부위는 짙은 기울임 글씨 부분이고, 나머지는 이를 알아보기 용이하게 하기 위해 덧붙였다. 그러니까 이 체제가 최초의『옥추보경』체계였고 '원본'이었던 것이다. 체계를 보면 일목요연함을 알 수 있다.

[표 V-1-3]『옥추보경』 원본(초기)과 후기

『옥추보경』 원본(초기)	『옥추보경』 말본(후기)
總團文 祝願 第壹章[14]	***長*** 一 第壹章
上同文 祝願 第二章	第二章
上同文 祝願 第三章	第三章
上同文 祝願 第四章	第四章
上同文 祝願 第五章	第五章
上同文 祝願 第六章	第六章
上同文 祝願 第七章	第七章
上同文 祝願 第八章	第八章
上同文 祝願 第九章	第九章
上同文 祝願 第十章	第十章
乾方團員 祝願 第壹章	***乾*** 三 第壹章
上同文 祝願 第二章	第二章
上同文 祝願 第三章	第三章

14 나머지는 거의 확실하게 복원하였으나, 맨 앞에 있는 '總團文/員 祝願 第壹章'은 확정하기 어려웠다. 즉, '총단문'인지 '총단원'인지 모호하였다. 체계상으로는 '총단원'이 옳은 듯한데 먹물 뒤의 글자는 '총단문'으로 읽히기 때문이다. 여기서는 읽힌대로 '총단문'으로 보고 진행한다.

『옥추보경』 원본(초기)	『옥추보경』 말본(후기)
坎方團員 祝願章	*坎 六*(생략)
艮方團員 祝願 第壹章 *上同文 祝願* 第二章	*艮 七* 第一章 第二章
震方團員 祝願 第一章 *上同文 祝願* 第二章	*震 九* 第一章 第二章
巽方團員 祝願章	*巽 十一 第一章*
離方團員 祝願章	*離 十 第一章*
坤方團員 祝願章	*坤 十三 第一章*
兌方團員 祝願 第一章 *上同文 祝願* 第二章	*兌 十四* 第一章 第二章
中央團長 祝願 第一章 *上同文 祝願* 第二章 *上同文 祝願* 第三章 至心歸命禮 *上同文 祝願* 第四章 讚辭	*中央 十五* 第一章 第二章 第三章 至心歸命禮 第四章 讚辭

먹줄로 지운 부분은 위 표에서 보이는 짙은 기울임 표시다. 왼쪽이 보경 초기 체계의 전모이고, 오른쪽은 보경 후기의 체계다. 둘이 일치하는 것은 나열되어 있는 장, 즉, 제일 장 제이 장 … 등의 중복이다. 그런데 여기서 언급할 부분이 있다. '坎方團員 祝願章'은 '艮方團員 祝願 第壹章'이나 '震方團員 祝願 第一章'과 같이 복수의 장이 아니기 때문에 '-축원장'과 같이 붙여 썼다. '축원'과 '축원장'의 용어 차이다. 이런 형식은 '巽方團員 祝願章', '離方團員 祝願章', '坤方團員 祝願章' 등 총 4곳이다. 그런데 후기에서 장절 재편성을 시도할 때는 이 부분이 문제가 된다. 먹줄로 지워버렸으니 장의 표시가 없어졌다. 그래서 후기의 해당 4곳을 보면 '第一章'을 각각 가필하

여 적었다. 이를 짙은 글씨로 구별하여 오른쪽 해당 부분에 표시하였다. 이런 부기는 전체의 체계를 맞추기 위해 어찌할 수 없는 부분이었을 것이다. 그런데 감방단원의 경우는 '第一章'의 가필이 생략되어 있다. 이는 편집의 복잡성에서 온 단순 실수라 여겨진다. 눈에 띄도록 괄호하여 '생략'이라 적었다.

초기 '원본'과 후기 '말본'의 『옥추보경』은 일치되는 부분이 더 있다. 팔괘에 따른 구분이 그것이다. 좌측의 건방단원, 감방단원 … 등의 순서와 후기의 건, 감, 간, 진…등의 순서는 서로 일치한다. 이는 맨 밑의 중앙에까지 이어진다. 그러므로 가장 크게 다른 점은 맨 위에 있는 '총단문 축원'의 부분이 된다. 이 부분을 오른쪽의 후기에서는 '장'으로 대치했으니, 둘을 등치했을 때 전체적인 체계와 틀은 서로 다르지 않다. 그런데 후기는 왜 굳이 번거로운 먹줄 작업을 할 수밖에 없었는가 하는 점이 다시 의문이다. 이를 설명하기 위해서는 둘 사이에 보이는 차이를 세밀히 관찰해야 한다.

가장 먼저 눈에 띄는 것은 맨 처음에 나오는 '總團文 祝願'이다. 그 다음으로 보이는 차이는 건방단원, 감방단원… 등처럼 팔괘에 '—방단원'이 붙여진 점이다. 그리고 마지막으로 '중앙단장'과 '중앙'의 차이다. 물론 각 단에 보이는 '상동문 축원'이란 문구도 크게 다른 점이나 이 부분은 그 상위에 있는 '총단문 축원'이나 '건방단원 축원' 등을 지웠을 때 남겨둘 수 없는 부분이다. '--축원'이 지워지면서 당연히 지워질 수밖에 없는 부분이라서 논의 대상은 아니다. 한편 마지막 '중앙단장'이 '중앙'으로 바뀐 점을 사소한 압축 정도로 생각할 수 있겠으나 그렇지는 않다. 후기의 체계에서 맨 위에 '장'이란 용어가 사용되었기 때문이다. 후기에 가서는 전기의 '중앙단장'

이 '장'과 '중앙'으로 분리되는 양상을 보인다. 그런데 이 장의 자리가 『옥경해 초』에서는 원상(◯)으로 표기되어 있었다. 즉, 원상이 후기에는 장으로 명명된 셈이다. 이들은 서로 긴밀한 관계가 있으므로 간과할 수 없는 부분이다. 아울러 이공주와 이경순, 김대거의 글에서 보이던 중앙단원, 중앙단장, 중앙교주 등의 직명처럼 활용이 확장이 되고 있던 점을 같이 살펴볼 때 결코 압축이거나 우연한 것이 아님을 알 수 있다.[15]

전후기 구분의 필연성을 살피기 위해서는 위의 변화 요소들을 면밀히 분석해야 하나 이 논의는 많은 양의 설명이 요구되므로 여기서 다 다룰 수 없다. 그 방향성만 언급하고 넘어가기로 한다. 가장 크게 드러나는 부분은 '總團文 祝願'과 함께 '--方團員'이란 용어다. 특히 후자는 전기에서 후기로 넘어가는 가장 큰 이유가 되었다. 즉, 원본 체계를 지울 수밖에 없던 이유가 여기서 포착된다. 전기와 후기의 '건방단원'과 '건', '감방단원'과 '감'은 팔괘의 괘를 사용한 점이 같아서 큰 차이가 없다. 그러나 팔괘의 순은 같지만 방향을 정했다는 점의 여부에서는 차이가 있다. 즉, 이 둘의 차이는 방향의 지정에 있다. 단원이란 용어를 사용한 이유가 여기에 부합한다. '그 방향에 해당하는 단원 누구(그것도 1인)'라는 확정이 들어있는 체계라는 점이다. 한편 '건'과 '감'은 방향성과 단원의 확정이 필수적으로 전제되어 있지는 않다. 상당히 추상적인 의미로 작용하고 있고, 단조직의 구성원이라는 점이 더 부각되는 의미를 지닌다.[16] 전자는 구인 산상기도를 염

---

15 이들 중앙-과 관련된 용어에 대해서는 추후의 분석이 요구된다.

16 이런 철저한 단원별 방향성과 개별성이 부여된 단기도의 형식을 활용한 사례가 길룡리 외의 다른 지역에서 있었던가를 생각할 때 이 원본은 구인 산상기도와 직접 연관이 있음을 알 수 있다. 이 논의는 추후의 분석을 더 기다리기로 한다.

두에 둔 것이고, 후자는 집단단기도를 위한 것임이 다시 한번 확인된다. 그것이 이를 고칠 수밖에 없었던 이유임을 알 수 있다.

맨 앞에 놓인 '總團文 祝願'도 같은 맥락이지만 다른 것들을 더 생각하게 하는 용어다. 후기의 장에 해당하는 자리이니 '총단장 축원'이나 '총단원 축원' 등의 명칭을 사용했을 법한데 그렇게 하지 않았다. 총단장은 뒤에서 중앙단장이란 직명을 사용했으므로 형식상 사용할 수 없었다고 이해한다고 할 수 있지만, 그렇다면 왜 단장이란 용어를 굳이 내려서 중앙에 부여했는지가 의문이다.[17] 이는 장에 대한 인식이 달랐던 것은 아닌가 하는 발상을 가능하게 한다. 그렇다면 '總團文 祝願'은 문자 그대로 총단원이 모두 같이 구송했던 기원문이었다는 의미로 사용되었을 가능성이 있다. 앞서 언급했듯이 이 부분은 아직 단'원(員)'과 단의 기도'문(文)'이 열려 있는 상태라서 단언하기는 어렵지만 '총단문'과 '총단원'의 거리는 '총단장'보다는 훨씬 가깝다. 또 '총단원문'의 압축으로 '총단문'을 사용할 여지도 있다고 보인다. 그러나 총단원이어야 한다면 밑에 나열된 구인제자들의 방위별 지정과 상충될 여지가 없지 않다. 즉, '총단문 축원'은 방위가 지정되기 이전 상태인 총단의 기도문이 되는 것이고 '총단원 축원'은 방위가 지정되어 있으므로 서로 상충하기 때문인 것이다. 즉, 총단문은 방위지정의 이전 상태인 '총단'을 순수히 의미하는 것이다. 확실한 것은 방위지정 그렇지 않음의 차이다. 이 점이 중요한 것은 단장격인 소태산의 소속이 모호하기 때문이다. 소태산은 정해진 방위가 없었으나 단조직의 구성원이다. 그래서 총단

17 오늘의 단조직은 단장과 중앙이 엄밀히 구분되어 있다. 그래서 이는 용어 선택 정도의 작은 차이가 아니다.

보다는 총단문이 합당하게 보인다. 앞선 '-- 방단원'의 의미는 방위와 인원의 배정이라는 조건이 충족된 개념이었기 때문이다. 아무튼 '총단문'은 소태산을 포함해 모든 단원이 공동으로 축원문을 암송했던 부분임을 가리키고 있다.

이를 달리 표현하면 소태산은 한 구성원인 동시에 총단원과 동격인 셈이다. 주객이 둘이 아닌 한 가지 자성불의 현현임을 상징하고 있다. 구인기도를 거쳐 훗날 지정되는 단조직의 단장은 그래서 단순한 구조가 아닌 것이다. 단장 스스로 자성불 자체가 되어야 하기 때문이다. 그 차원에서는 9인 모두가 역시 동일하다. 전 단원 총단문에의 참여가 이를 상징한다. 〈옥추경〉 이 부분의 내용 즉, 총단문의 내용은 진리당체를 논하고 있는 대목이기 때문이기도 하다. 진리에 있어서는 서로 구분될 수 없음을 의미한다. 이들이 기도를 통해 하나가 되었을 때 비로소 완전한 10을 이루는 구조의 의미를 10인 단조직은 가지는 것이라 할 수 있다.

아울러 총단문 이후 팔괘 단원에서 중앙단원까지 각 단원별 주어진 기도문은 각자 산정에 올라가 15송의 송경을 해야 했다. '중앙단장'은 중앙이면서 단장의 역할을 같이 한 내용을 담고 있다. 그러나 후기에 가서는 역할이 둘로 나뉘어 '장'과 '중앙'이 된다. 이런 관계는 이후 단순한 중앙단원 혹은 더 강화된 '중앙단장' 그리고 '중앙교주'라는 명칭으로 변화되어갔던 것 같다.

이렇게 보면 단장격인 소태산은 산상기도의 상징적인 존재일 뿐이다. 같이했지만, 실제 기도에는 참여하지는 않았다. 왜냐하면 그 자체가 완전한 10수를 향한 기준점으로 작용했기 때문이다. 진리 본체인 총단문을 같이 독송하였던 근거가 여기 있다. 10은 사실 움직일 수 없는 개념이다. 중앙이 단장이 될 수밖에 없던 이유가 여기 있다. 모든 기도의 실천은 중앙단장이 도맡아 진행한다. 소태산의 기도처는 따로 지정되지 않았다. 10장은 완벽한 존재로 기능할 뿐이다. 나머지 9인은 그를 따라 닮아야 하며, 그와 합일하여 완전한 10수를 완성해야 한다. 그래서 이 단조직은 평면적이지 않고 입체적이고 중층적이라 할 수 있다.

9인 단원의 지향할 바는 상징인 단장이 되는 것이고 그와 합일을 이루어야 한다. 그랬을 때 그는 스스로 차기 9인 조직의 단장이 될 수 있다. 이런 경우 이 조직은 내용적으로는 10과 함께 수평적이지만 형식적으로는 중앙을 위시한 수직적 구조가 되는 셈이다. 즉, 진리적으로는 같지만, 수행 과정에서는 차이가 있는 구조다. 여기서 수직은 하향식이 아니라 상향식이고 자율적이어서 단순 수직구조가 아니다. 그래서 중앙이 단장으로 나서 자발적으로 임했다. 소태산은 진리적 상징이자 세속의 단장인 셈이다. 즉, 횡적 · 종적 이중구조를 함유한 존재였다. 초기의 단조직은 진리적으로는 횡적이지만 실천적으로는 종적인 중층적 구조를 가진 개념이 아니었나 한다. 이 점은 매우 미묘한 부분으로 추후 심층 논의가 더 요구된다. 아무튼 초기 단조직을 고려할 때 오늘의 단조직은 단순하고 경직된 느낌을 받는다.

구인 산상기도 기도문 전문

여기에는 초기 『옥추보경』 각 장절에 따른 기도문 내용을 정리하였다. 이는 동시에 산상기도 시 십방단원의 기도문이기도 하다. 『옥추보경』 원본이 복원된 상태에서 그에 따른 해당 경문의 배열은 자료적 의미이므로 이를 제시하는 것은 필요하다. 알아보기 쉽게 쪽수에 따라 구분하여 정리하였다. (다만 원문은 부록에 첨부한 영인 『옥추보경』 사진으로 대신한다.)

표지에는 굵은 글씨로 '옥추보경'이라고 한자로 쓰여 있으나 그 위에 누군가 펜글씨로 가필한 흔적이 있다. 선해(鮮解)라는 글씨를 적어놨다. 이것은 제목이라 할 수 없다. 조선말로 번역되어 있다는 의미를 덧붙인 것에 지나지 않는다.

1쪽 우측 상단에는 '佛法硏究會藏書官印'이라는 인주 도장이 찍혀 있다([그림 Ⅴ-1-5] 참조).

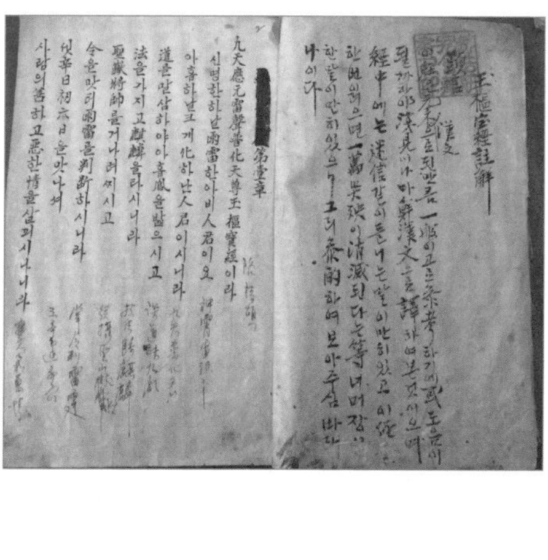

[그림 Ⅴ-1-5]
『옥추보경』 첫 장, 『옥추보경』 두언과 제일 장

1쪽은 '옥추보경주해 두언'이란 제목으로 여섯 줄의 권두언이 적혀 있다. 내용은 한문이 어려우니 한글로 번역하였고, 내용이 엄중하므로 참고할 만하다는 당부의 말이다. 이 부분 필체는 본문과 다르다.[18] 본문을 필사한 후 본 저자 인증을 거친 절차에 해당된다 하겠다. 이에 대한 상세한 분석은 다음 기회에 하기로 한다.

기도문은 2쪽에서부터 시작한다. 순서는 '총단문 축원' 이하 '중앙단장 축원'까지 총 10개의 구분을 갖추고 있다. 십인일단의 기도축원문 배열이다. 2쪽에서 40쪽까지 총 39장의 분량이고 두언까지는 40쪽이다. 각 장마다 우측 상단에 쪽수를 적어놓았는데, 이는 훗날의 참고를 위해 누군가 가필한 것으로 보인다. 여기서는 편의상 1-10까지 번호를 붙여 나열한다.

한 가지 언급할 부분이 있다. '곤방단원 축원문'과 '태방단원 축원문' 구분에 관한 것이다. 원본에는 다음과 같이 '(坤十三)'이 위치하지만, 문맥상 그다음 단락에 위치해야 한다. 즉, '천세(千歲)에 연(延)하리라(坤十三)'가 되어야 한다. 이는 단순한 표기 실수로 보인다(부록 영인 『옥추보경』 참조). 기도문의 할당량이나 문장의 내용상으로 볼 때도 그렇고 원래 초기 구분도 그렇게 되어 있다. 그러므로 이를 고쳐 배열하면 이렇게 되어야 한다.

'坤方團員 祝願 第一章(29-31쪽) 천존(天尊)이 말삼하사대~마음을 북두(北斗)에 떤지면 곳 자연(自然)한 감화(感化)가 잇으리라(坤十三) 북두가 하날지도리가되고~수(壽)를 가히 천세(千歲)에 연(延)하리라'

18 필자는 이를 다음과 같이 추정하였다. 본문은 송도성이, 두언과 별도표식은 소태산이 적은 것 같다고 하였다. 추후의 논의가 더 필요하다.

표지; (鮮解) 玉樞寶經

玉樞寶經註解 頭言(1쪽)

1. 總團文 祝願 第壹章(2-16쪽)

구천응원뇌성보화천존이라~일홈을 일칼코보배 경을 외우시나니라

上同文 祝願 第二章

때에 구천응원뇌성보화천존이 옥청(玉淸)천중(天中)에 계시사~하날이 삼계(三界)에 다다른 자니라

上同文 祝願 第三章

천존지황(天尊至皇)이 마음으로 모든 정사(政事)를~귀를 소사 묵묵(默默)하드라

上同文 祝願 第四章

천존(天尊)이 안진자리난~너히를 위(爲)하야 말삼을 베푸노라

上同文 祝願 第五章

천존(天尊)이 말삼하시대~어찌 도(道)를 가(可)히 말하리요 하시드라

上同文 祝願 第六章

천존(天尊)이 말삼하사대~즉 한나요 둘이 업나니라

上同文 祝願 第七章

천존(天尊)이 말삼하사대~사면(四面)에서 다질거하더라

上同文 祝願 第八章

천존(天尊)이 말삼하사대~화(化)하야 미진(微塵)이 되리라

上同文 祝願 第九章

천존(天尊)이 말삼하사대~구(求)하는 바를 다늑게 응(応)하리라

上同文 祝願 第十章
천존(天尊)이 말삼하사대~맛당이 이 경(經)을 외우라

2. 乾方團員 祝願 第壹章(16-20쪽)
천존(天尊)이 말삼하사대~일겁액(一劫厄)을 푸나니라

上同文 祝願 第二章
천존(天尊)이 말삼하사대~병(病)이 물약(勿藥)자력(自朸)하리라

上同文 祝願 第三章
천존(天尊)이 말삼하사대~기리 쉼을 어드리라

3. 坎方團員 祝願章(20-21쪽)
천존(天尊)이 말삼하사대~백사(白事)가 다 금하고 기(忌)함이 업스리라

4. 艮方團員 祝願 第一章(22-24쪽)
천존(天尊)이 말삼하사대~드듸여 편안(便安)함을 어드리라

上同文 祝願 第二章
천존(天尊)이 말삼하사대~사람과 물건(物件)이 다가치 편안(便安)하리라

5. 震方團員 祝願 第一章(25-27쪽)
천존(天尊)이 말삼하사대~천지(天地)만물(萬物)이 날을 응(應)함이 할양업으리라

上同文 祝願 第二章
천존(天尊)이 말삼하사대~태장군(太將軍)을 보내여써 살피게 하엿나니라

6. 巽方團員 祝願 第一章(27-28쪽)

천존(天尊)이 말삼하사대~화(和)하고 길(吉)함을 어드리라

7. 離方團員 祝願 第一章(28-29쪽)

천존(天尊)이 말삼하사대~이 경(經)으로 가히써 근치게 하나니라

8. 坤方團員 祝願 第一章(29-31쪽)

천존(天尊)이 말삼하사대~마음을 북두(北斗)에 떤지면 곳 자연(自然)한 감화(感化)가 잇으리라

북두가 하날지도리가되고~수(壽)를 가히 천세(千歲)에 연(延)하리라

9. 兌方團員 祝願 第一章(31-34쪽)

천존(天尊)이 말삼하사대~일만(一萬)신령(神靈)이 머리를 꾸푸렷다나의 명(命)을 들으리라

上同文 祝願 第二章

천존(天尊)이 말삼하사대~절하고 일어나 거듭 고백(告白)을 올리더라

10. 中央團長 祝願 第一章(34-40쪽)

천존(天尊)이 말삼하사대~설(說)하야 맛치니라

上同文 祝願 第二章

천존(天尊)이 말삼하사대~구천응원뇌성보화천존옥추보경이시니라

上同文 祝願 第三章

지심귀명례(至心歸命禮)

구천(九天)응원(應元)부(府)에 우업난 옥청(玉淸)왕(王)이~구천응원뇌성보화천존이시니라

上同文 祝願 第四章 찬사(讚辭)

옥추대제(大帝)시여~대성(大聖)뇌성(雷聲)보화(普化)천존(天尊)이시니라

맺음말

불법연구회 소장『옥추보경』은 구인 산상기도가 어떻게 이루어졌고, 그 사상적 기반을 어디에 두고 있으며, 또 기도 과정과 결과는 어떠한지 가늠할 수 있는 중요한 자료다. 그런데 이 자료에는 짙은 먹줄로 가려놓은 부분이 있어 분석과 연구의 장애 요소가 되었다. 단 조직과 단원의 배정과 관련이 있는 것으로 추정하였으나, 워낙 진하게 가려져 쉽게 드러낼 수 없었다. 이제 그 전모를 밝힐 수 있게 되어 연구의 진척과 완결을 꾀할 수 있게 되었다. 본 서에서는 지워진 부분의 복원 과정과 결과에 집중하였다. 먹줄이 복원된 결과는 다음과 같다(진하게 밑줄).

(鮮解) 玉樞寶經

總團文 祝願 第壹章, 上同文 祝願 第二章, 上同文 祝願 第三章,
上同文 祝願 第四章, 上同文 祝願 第五章, 上同文 祝願 第六章,
上同文 祝願 第七章, 上同文 祝願 第八章, 上同文 祝願 第九章,
上同文 祝願 第十章,

乾方團員 祝願 第壹章, 上同文 祝願 第二章,
上同文 祝願 第三章

坎方團員 祝願章

艮方團員 祝願 第一章, 上同文 祝願 第二章

震方團員 祝願 第一章, 上同文 祝願 第二章

巽方團員 祝願 第一章

離方團員 祝願 第一章

坤方團員 祝願 第一章

兌方團員 祝願 第一章, 上同文 祝願 第二章

中央團長 祝願 第一章, 上同文 祝願 第二章, 上同文 祝願 第三章, 上同文 祝願 第四章 찬사(讚辭)

기존 단조직과 가장 큰 차이를 보이는 부분은 크게 맨 앞 '총단문 축원'과 맨 아래 '중앙단장 축원'이다. 단장의 자리에 '총단문', 중앙의 자리에 '중앙단장'의 지위가 부여된 점이다. 이는 오늘날 단조직의 모습과 많이 다르므로 추후 심도 있는 논의가 요구된다.

총단문은 방위지정 이전 상태인 '총단'을 순수하게 의미하는 것이고, 소태산은 여기에 녹여져 있다. 그래서 중앙이 단장 역할을 하였다. 이런 구조를 어떻게 이해해야 할까. 필자는 당시 단조직은 오늘처럼 평면적이고 수직적이지 않았다고 파악했다. 내용과 형식이 중층적으로 결합이 된 조직이었다. 즉, 초기 단조직은 진리적으로는 횡적이지만 실천적으로는 종적인 중층 구조를 가진 개념이 아니었나 분석했다. 상기의 기도문 배분은 물론 산상 단기도를 겨냥하여 직조된 것이다. 단조직 자체의 모습은 아니다. 그러나 그 정신은 서로 통하는 것으로 봐야 한다. 이에 대한 연구는 경직된 오늘의 단조직을 개선할 계기를 제공한다 하겠다.

이상 복원된 체계에 따라 다시 다른 이본들과의 온전한 비교가 가능하게 되었다. 그 진화의 과정 정립과 기존 〈옥추경〉과의 구체적 상관성도 살펴볼 수 있다. 복원된 장절의 구분에 따른 산상기도

기도문 전문을 제시하고, 또 기도문 전문(영인)은 부록으로 처리하였다.

2

원불교의 〈교리도〉와 〈옥추령부〉

오늘의 일원 〈교리도〉(이후 괄호는 생략함)로 정착되기까지 여러 차례 변화가 있었던 것은 잘 알려진 사실이다. 절대불변의 진리도로 인식된 교리도가 변화를 거쳤다니, 혹여 진리 자체도 변화하는 것인가? 하는 의문이 생길 수도 있고, 또 그것이 원불교에서는 만고불변의 진리도로 인식되고 있어 그 접근이나 후속 설명에 조심스럽지 않을 수 없다. 그러나 확실히 변화 과정을 거쳐왔고 단계를 밟으며 발전한 측면이 있다. 그 변화는 외적인 요인이 있기도 하였고 내적인 요구가 있기도 하였다. 내용적 변화와 형식적 변화가 교차되며 진행되었는데 그 변화는 내외적 상황의 변화에 부응하기 위해 진행된 것이다. 그러므로 교리도를 연구할 때는 형식과 내용 모두의 변화에 주목해야 한다.

그간 교리도에 대한 연구 대부분은 교리적 해석을 다각적인 관점에서 풀이한 내용적 연구였다. 형식적인 변화를 언급한 경우도 없지 않으나, 대부분은 내용적 풍요를 더하기 위한 부수적 시도였다. 교리도의 변천 중 획기적인 것은 한 차례에 걸친 큰 틀의 변화였다. 이를 이해하고자 〈태극도설〉과 〈심학도설〉의 예를 들어 조선 유교의 영향을 받아온 것으로 분석하곤 하였으나, 그 상세한 비교는 물론 본격적인 구조 비교도 이루어지지 못했다. 거기에는 크게 두 가지의 이유가 있어 보인다. 비교 분석의 역량이 부족하던지, 혹은 애초에 비교의 대상이 되지 못한 것이다. 이 둘은 다음의 조건을 생각해볼 때 이해되는 면이 있다.

〈태극도설〉이나 〈심학도설〉 등은 주렴계의 그림을 이어 만든 이황의 〈성학십도〉를 계기로 조선 중후기까지 널리 유행하던 것이어서 구한말까지도 그 영향이 있었을 가능성이 있다. 그러나 양명학과 실학, 서학이 우세하던 조선 후기 상황은 이를 무력화시킨다. 그렇다면 거북 모양을 한 도상으로의 혁신적인 변화는 어떤 천재적 구상가의 자체 노력으로 이루어질 수밖에 없겠으나 이에 대한 기록은 찾아볼 수 없다. 이외에 한 가지 가능한 추정은 다음의 것이다. 즉, 아직 우리가 접하지 못했던 제3의 도상이 있고 그 영향을 받았을 가능성이다.

교리도 변화 연구의 대강은 네 단계를 걸쳐 이루어졌다고 연구되고 있다. 그러나 필자가 볼 때는 한 차례 큰 변화가 있었고, 나머지는 소소한 내용 첨삭이 있었을 뿐이다. 대대적인 틀의 변화를 다른 소소한 것들과 같은 수준에 놓고 논의하는 건 바람직하지 않다. 여기서는 그동안 소홀히 다루었던 이 문제를 적극적으로 다루기로 한다. 큰 변화를 이룬 것은 무엇이고 이유는 어디에 있으며, 방법은 어떠했는가 등을 차례로 살펴본다.

한 가지 지적할 점으로 본 연구는 교리도의 전체적인 변화 과정을 연구하는 데 있지 않고, 도상적 도약 부분만을 집중적으로 다루고 있다. 그러므로 전체 교리와의 상관성을 포괄하지 않는 제한과 한계가 있다. 그런 접근은 이미 다른 선학들의 연구에서 확인할 수 있으므로 중복을 피한다.

교리도의 변천사

교리도의 변천은 대체로 4단계 과정을 거쳐 완성된 것으로 연구되었다.[1]

첫째 단계로는 원기 17년(1932)『육대요령』에 수록된 최초의 교리도였고,
둘째 단계로 원기 28년(1943)『불교정전』 초판본과『근행법』의 교리도였다.
셋째 단계로 원기 30년(1945)『불교정전』 개쇄본의 교리도였으며,
넷째 단계로는 원기 47년(1962)『원불교교전』의 교리도였다.[2]

---

1 노권용, 「교리도의 교상판석적 고찰」, 『원불교 사상과 종교문화』 45, 2010, 255-301쪽. 김도공, 임병학, 「원불교 사은의 연원에 관한 고찰」, 『원불교 사상과 종교문화』 67, 2016, 7-35쪽. 이원진, 「원불교의 유가적 연원에 대한 도상학적 고찰 -퇴계 〈天命圖〉와 소태산 〈敎理圖〉 간 매체적 유사성을 중심으로」, 『원불교 사상과 종교문화』 78, 2018. 유성태, 「원불교 교리도에 대한 연구-변천 과정의 쟁점을 중심으로」, 『원불교 사상과 종교문화』 75, 2018.

2 유성태, 「원불교 교리도에 대한 연구-변천 과정의 쟁점을 중심으로」, 『원불교 사상과 종교문화』 75, 2018, 94쪽.

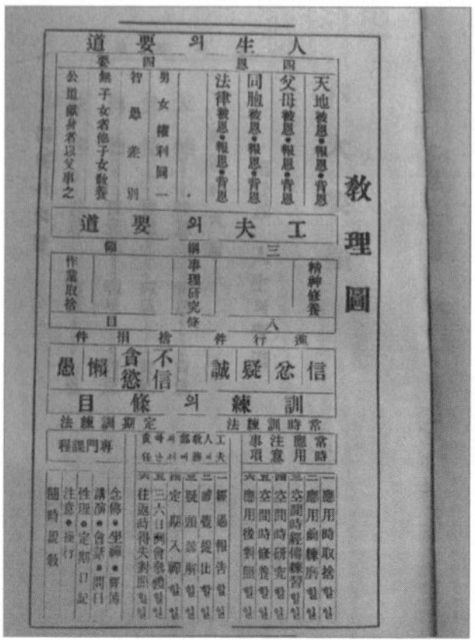

[그림 Ⅴ-2-1]

『육대요령』〈교리도〉(1932)(무원교리도)

변천의 네 단계는 교리도의 내용 변화를 기준으로 나눈 것이다. 형식적인 큰 변화는 첫째에서 둘째 단계로 나아가는 사이에 이루어졌다. 이 단계에서 마련된 도상학적 틀은 넷째 단계를 이어 지금까지 변함이 없다. 둘째에서 셋째는 시대 상황의 변화로 인해 유발된 것이고([그림 Ⅴ-2-2], [그림 Ⅴ-2-3] 참조), 셋째에서 넷째는 현대적이며 탈 불교적 지향을 한 변화였다([그림 Ⅰ-3-1] 참조). 모두 작지 않은 변화이고 분명한 곡절이 없지 않지만, 둘째 단계의 변화에 비하면 사소한 것들이다.

첫 번째에서 두 번째 단계에 있었던 가장 큰 변화는 형식적 변화([그림 Ⅴ-2-1] → [그림 Ⅴ-2-2])였고, 단 한 번에 걸쳐 이루어졌다. 그 도상학적 틀을 얻은 후에 소태산은 모양이 거북이를 닮아 있다며 흡족해하였던바, 매우 중요한 변화였다. 교리의 내용이 형식의 틀을 만나 더욱 완벽하게 드러난 형국이다. 그런데 그간의 연구에서는 이 부분이 소홀히 다루어져 아쉬움이 많았다.

거북형의 교리도는 오늘에 보아도 그 모양이 교리와 매우 부합하

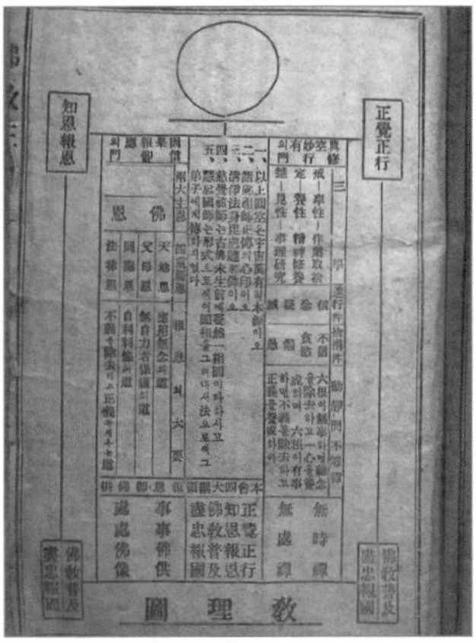

[그림 V-2-2]

『불교정전』 초간본(1943, 신앙문 바로 아래의 양대주은 중 '황은'은 오려져 있음)의 〈교리도〉(일원교리도 1)

며 군더더기 하나 없는 진리도 그 자체로 손색이 없는 도상이다. 내용 충실도는 물론 그에 맞춘 형식적 틀이 아름답기까지 하다. 이를 초기의 교리도와 비교하면 그 차이를 확연히 알 수 있다(초기 교리도 [그림 V-2-1] 참조). 초기의 것을 오늘의 것과 비교해보면 수준 차이가 너무 큰 것을 알 수 있다([그림 V-2-1], [그림 V-2-2] 비교 참조). 만약 초기 교리도가 오늘의 『정전』 앞 장을 장식하고 있다면 내심 실망스러움을 감출 수 없을 것이다.

무엇보다 눈에 띄는 것은 일원상의 등장, 횡적 구성에서 종적 구조와 구성으로 바뀌었다는 점이다. 그리고 그에 따른 나머지 사요와 팔조 및 강령들의 일목요연한 정돈이다. 과연 이런 기발한 구상은 어떻게 이루어진 것일까. 몇 편의 연구가 이를 다루고 있다.

노권용은 교상판석적 관점으로 교리도를 심도 있게 다루었다. 눈에 띄는 부분은 다음이다.

"원불교의 교리도는 특히 조선 후기 유학자들 사이에 널리 유행했던 〈태극도설〉이나 〈심학도설〉 등에서 간접적인 영향을 받았으리라 본다."[3]

논문이 교상판석적 고찰이라면 이 부분을 집중적으로 고찰하였어야 했으나 그렇지는 못했다.

"〈교리도〉와 〈태극도〉는 그 상단의 태극-일원상을 비롯하여 대칭적 형태가 유사한 점이 많다."[4]

정도의 언급만 하고 말았다. 물론 본격적인 비교고찰이 아니었기 때문이지만 기왕에 논제처럼 '교리도의 교상적 해석'이 목표였다면 그 상관성을 어느 정도 언급했어야 했다. 논문의 전체적 내용은 교판적이라기보다 교리적 해석의 심화를 지향하였다. 즉, 형식과 틀보다 내용 비교에 집중하였다.

이런 아쉬움은 이후 이원진의 글에서 어느 정도 해소되었다. 그는 교리도의 일원상이 한국적 고래의 원형상징을 계승하였다고 언급하면서 이를 유가적 전통에 있는 도상인 주역의 〈하도낙서〉, 〈태극도〉와 〈천명도〉 등의 계보를 통해 유사성과 영향 관계를 설명하는 시도를 하였다.[5] 그는 먼저 〈천명도〉에 보이는 원형과 네모가 가지는 상징성이 교리도에서 관찰되고 있는 점에 착안하였다([그림 V-2-5] 참조). 그리고 이것을 하늘과 땅, 체와 용의 관계로 일원상과 그 아래 네모의 형상과 비교하고자 하였다. 하늘과 땅의 상징은 원형(圓形)과 방형(方形)으로 나누어 원리 혹은 진리, 그 운용 및 실천의 항목으로 대응시켜 비교하였다. 그런데 접근방식의 미숙함처럼 그의 비교고찰은 많은 아쉬움을 남겼다. 특히 논제와 달리 도상적 비교가 아닌 교

---

3 노권용, 「교리도의 교상판석적 고찰」, 『원불교 사상과 종교문화』 45, 2010, 259쪽.

4 노권용, 같은 글, 259쪽

5 이원진, 「원불교의 유가적 연원에 대한 도상학적 고찰 -퇴계 〈天命圖〉와 소태산 〈敎理圖〉 간 매체적 유사성을 중심으로」, 『원불교 사상과 종교문화』 78, 2018, 72-74쪽.

리와 사상적 비교에 주로 지면을 할애하여 더욱 그랬다. 그가 비교를 통해 도출한 결과는 다음의 두 가지에 대한 것이었다. 원형과 방형의 비교로, 하늘을 뜻하는 원형(圓形)은 유가의 태극과 법신불 일원상을 비교한 것이고, 땅을 상징하는 방형(方形)은 유가의 사단-사덕과 사은의 비교가 가능하다는 것이었다. 그런데 정작 중요한 삼학이나 사요, 사대 강령 등에 대한 언급은 어디에서도 찾을 수 없는 점에 아쉬움이 컸다. 이런 식의 비교고찰이라면 오히려 주렴계가 제시한 〈태극도설〉을 교리도와 비교하는 것이 더 효과적이겠다 싶다. 풍부한 상징과 사상이 들어 있기 때문이다.

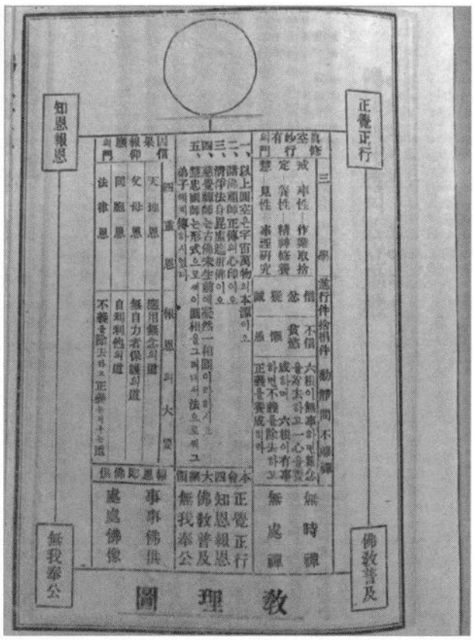

[그림 V-2-3]
『불교정전』(1945년판), 해방 후 빠른 수정을 거쳐 만들어진 <교리도>(일원교리도 2)

이원진의 글이 나오기 몇 달 전에 나온 유성태의 글도 언급하지 않을 수 없다. 그는 논문 제목을 '원불교 교리도에 대한 연구', 부제로 '변천 과정의 쟁점을 중심으로'를 발표하였다.

그는 연구 목적으로 "첫째 교리도가 교서에 등장한 이래, 원불교 교리도의 변천 과정을 살펴보는 것이다. 교리의 체계를 도해로 나타내는 교리도는 한 번에 정립되는 것은 아니라는 점에서 그 변천의 궤적을 더듬어 보는 일이 필요하다"[6]고 했다.

교리도의 교상적 접근이 있나 하는 기대로 논문을 읽어보았으나 역시 약속과는 달랐다. 부제 그대로 내용적 변화에 집중하고 있었다. 그러나 도상적인 부분을 완전히 간과할 수는 없어 다음과 같은 설명을 하지 않을 수 없었던 듯하다.

"이러한 『육대요령』(원기 17년)의 최초 교리도가 변천의 과정을 겪었다. 그것은 원기 28년(1943년) 계미 1월에 편찬된 『불교정전』의 교리도로 등장한다. …『불교정전』의 교리도는 『육대요령』과 달리 체계화가 다소 가미되었다."[7]

이것은 이 글의 초입에서 언급한 다음의 내용 이상도 이하도 아닌 것으로 심도 있고 날카로운 분석이나 지적이 없어 또한 아쉬움을 더했다.

"원불교의 교리도는 조선 후기 유학자들 사이에 널리 유행하던 태극도설이나 심학도설 등에서 간접적인 영향을 받았으리라 본다. 형성 과정에서 볼 때 원불교 교리도와 태극도는 그 상단의 ○(태극-일원상)을 비롯하여 대칭적 형태에 유사성이 있다는 점도 관심을 끌 만한 일이다."[8]

이 문제제기는 몇 달 후 이원진에 의해 다루어졌으나 앞서 보았듯 만족할 만한 결과를 보지 못한 상태다. 이원진과 달리 유성태는 초판 『육대요령』에 보였던 〈팔괘도〉를 일원상과 비교하여 도상적 유사성

6 유성태, 앞의 글, 91쪽.

7 유성태, 앞의 글, 96쪽.

8 유성태, 앞의 글, 91쪽.

을 꼼꼼하게 살핀 성과가 없지 않다.[9]

"첫째, 원불교 최초의 경전 성격인『육대요령』교리도에 팔괘가 그려져 있다는 것으로, 첫 교리도에 팔괘가 있다는 것은 교리의 정체성과 관련할 경우 쟁점으로 거론될 수 있다."

일원상이 아닌 팔괘를 올린 것이 문제적 쟁점이 된다고 지적하면서 다음과 같은 설명을 하였다.

"일원상의 신앙화 및 봉안(원기 20년) 이전 일로서 팔괘가 등장한 것은 초기교단으로서 교리정립 과정의 단면이라고 본다."[10]

그는 이 팔괘의 존재를 일원상의 등장과 비교하여 그 정당성 여부를 설명하려는 데에 더 집중한 진지함이 돋보였다.

"따라서『육대요령』의 팔괘가 최초의 교리도 상단에 있었던 것은 유불도 섭렵에 더하여 원기 20년(1935년) 일원상 봉불이 공식화되기 전이라는 점에서 이에 대한 쟁점은 해석학적으로 접근이 가능하다고 본다."[11]

매우 조심스러운 표현을 하며 그 당위성을 내세우고 있지만, 모호한 문장이다. 왜냐하면 팔괘는 애초에 유불도를 아우르는 상징이 아니기 때문이다. 논문에서는 〈하도낙서〉 출현 당시를 언급하며 비교하는데 이는 비약이 아닐 수 없다. 일원상 봉불이 공식화되기 전(前)이라는 점에서 그렇다는 것인데 앞뒤 맥락이 이어지지 않는 문장이다. 팔괘는 일원을 대신한 것도 아니며, 과도기적 상징이지도 않으며

9 앞선 [그림 V-2-1]은 〈초기교서 1〉에서 복사한 것이다. 여기에는 〈팔괘도〉가 안 보인다. 유성태가 제시한 자료는 경전이 아닌 다른 자료 즉, 족자에 근거한 것이다([그림 V-2-4]).

10 유성태, 앞의 글, 102쪽.

11 유성태, 앞의 글, 104쪽.

일원상과는 다른 맥락을 가지기 때문이다.

필자가 연구했던바 팔괘는 〈옥추경〉 산상기도와 무관하지 않다. 제자들을 팔괘를 기준으로 산상에 자리를 배정하고 함께한 기도와의 연관성에서 그 맥을 찾는 것이 더 자연스럽다. 법인절을 이끈 구인기도는 〈옥추경〉 기도를 통해 달성되었다. 여기서 중요한 점은 음부의 인증이 있었다는 점이다. 이 사건을 기점으로 〈팔괘도〉를 불법연구회의 상징으로 삼은 것은 당연한 일이다. 팔괘는 이후 후천의 시작을 상징하며, 이때 혁신은 구인제자들로부터 시작되며, 또 독단이 아닌 공동의 책임으로 실천해가는 의미를 두루 함유한 것이다. 이때까지만 해도 공동체적 수행과 훈련을 강조한 초기의 교리도에 잘 부합한다. 이는 신앙을 강조했던 거북 모양 교리도와 매우 달랐다. 일원상의 등장은 팔괘의 상징과 달리, 신앙과 교화조직의 단계를 선언한 종교적 선언의 의미가 더 크다. 그 근거인 '일원상장'의 출현은 그래서 필수 항목이 되었다.

유성태의 〈팔괘도〉 논의에서 가장 취약한 부분은 족자에 그려진 것을 근거로 하여 논지를 전개하고 있다는 점이다. 1932년(소화7년)에 나온『보경육대요령』의 교리도에는 [그림 V-2-1]에서 보는 바와 같이 〈팔괘도〉가 나타나지 않는다. 유성태가 대상으로 한 자료는 현재 박물관에 소장되어 있는 족자다([그림 V-2-4] 참조). 그런데 족자와 경전은 구분되어야 하고, 논의에서 족자를 선택했을 때는 둘의 차이를 들어 왜 족자를 기준으로 하였는지에 대한 설명이 있어야 했으나 그렇지 못했다. 팔괘는 구인이 산상기도를 했을 때부터 사용하던 상징이다. 이후로 이것은 불법연구회를 대표하는 상징으로 두루 사용되었다.[12] 그것은 팔괘 위에 새겨진 불법연구회라는 표시에서도 알 수 있다. 팔괘와 불법연구회 그리고 무원교리도가 결합된 이 족자는 홍보와 광고 차원의 결합 혹은 불법연구회의 상징으로 봐야 한다. 이런 족자의 〈팔괘도〉를 일원상 출현이란 논의의 쟁점에 끌어들인 것은 논지의 비약이 없지 않다.[13] 가령 그의 논의를 수용한다 해도 팔괘의 의미는 일원의 의미와 기능이 앞서 논한바, 많이 달랐던 것이고, 해석도 달리했어야 했다.

[그림 V-2-4]
〈팔괘도〉와 불법연구회가 결합된 『육대요령』 〈교리도〉
(총부 역사박물과 소장)

앞선 연구들이 누차 지적한바 교리도의 형성사를 살펴보면 4단계의 과정을 거쳐 점차 정비되어왔다고 하였다. 그런데 이들 모두는 첫 번째에서 두 번째 단계의 도상학적 도약에 대한 문제제기에 예리하지 못했다. 유성태도 말했듯이 대부분은 '체계화가 다소 가미되었다'

12 박용덕, 『천하농판-원불교 초기교단사 5』, 원불교출판사, 1999, 47-50쪽.

13 교리도의 변천사를 연구한 다른 논문에도 이런 식의 전개는 찾아볼 수 없다. 그것이 새로운 자료임에는 확실하나 경전교리도와는 구별이 있어야 한다.

할 정도로밖에 인지하지 못하였으나 사실은 엄청난 변화를 가했다. 이 큰 변화의 과정은 두 가지의 방향에서 이루어졌다. 하나는 내용적으로 다른 하나는 형식적 진행이다. 그간의 연구들이 변천 과정을 다루면서 이를 인식하지 않은 바는 아니었으나, 대부분은 혼용하여 논술하였다. 내용적인 변화의 측면에서 볼 때 그 교리적 대강에는 커다란 변화가 없었다. 그러나 신앙문과 수행문을 구분하여 제시한 점은 작지 않은 변화이고 이 내용적 변화는 도상적 변화와 함께 드러난 것이기 때문에 형식적 고찰이 중요한 이유이기도 하다.

획기적인 도상적 변화는 『육대요령』에서 『불교정전』으로 진행되었던 1932년에서 1943년의 10여 년 상간에 벌어진 일이다. 그리고 이때 두 개의 문, 신앙문과 수행문이 등장한다. 이 10여 년 기간 교리도는 단순 소박한 평면도에서 구조적이고 입체적인 교리도로 완전히 탈바꿈한다.

필자는 소태산이 구인의 산상기도 시 〈옥추경〉 경문을 이용했다는 점과 불법연구회 초기 교단의 제자양성을 위해 〈옥추경〉 독송 공부를 집중적으로 시켰다는 점을 고찰한 바 있다.

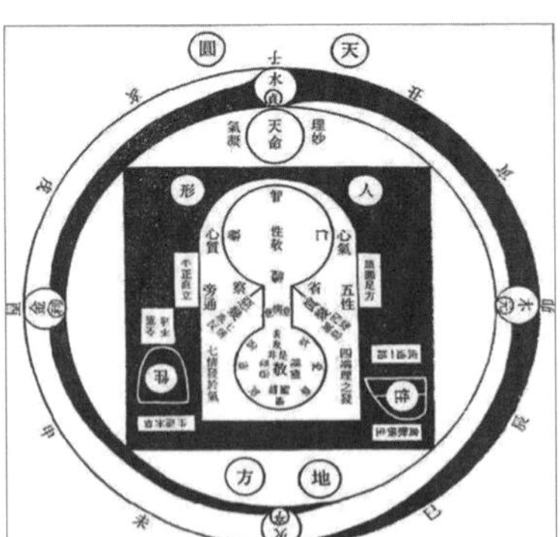

[그림 V-2-5]
퇴계의 〈천명도〉

〈옥추경〉은 초창기 불법연구회의 수행 교재로 매우 중요한 역할을 하였다. 교리도의 도상학적 혁신은 〈옥추경〉과도 무관하지 않음을 충분히 추정할 수 있다. 〈옥추경〉의 부전 중 하나인 〈옥추령부〉를 주목하지 않을 수 없고, 교리도와의 비교를 간과할 수 없다 할 것이다.

교리도의 도상적 변화와 특징

앞선 글에서 교리도별 구분을 첫째와 둘째 등으로 나누었지만 여기서는 다른 구별법을 제시한다. 첫째와 나머지 셋은 내용상 그리고 형식상의 확연한 차이를 보인다. 이를 같은 수준의 차이로 간주하기 어렵다. 가장 큰 차이는 일원의 유무에 있다. 그래서 첫째 단계의 교리도를 '무원교리도', 그다음을 '일원교리도'로 나눈다. 그리고 같은 일원교리도 즉, 둘째에서 넷째 단계의 교리도는 순차적으로 번호를 붙여 일원교리도 1, 2, 3 등으로 표기하기로 한다. 그러니까 교리도의 변화는 1-4 단계의 변화가 아니라 무원교리도와 일원교리도(1-3)의 변화가 되는 것이다. 이 모두를 아우르는 것이 일반 명칭 교리도가 되기 때문에 비교연구를 하기에 편리함이 있다. 또한 무원교리도는 그 특징이 그렇게 함으로 잘 구분될 뿐만 아니라, 초창 당시 불법연구회 본래 의도가 잘 드러난다. 여기서는 '무원교리도'와 '일원교리도 1'과의 비교를 중점적으로 진행한다. 그러므로 이후 특별한 경우 외에는 '일원', '무원' 등의 용어를 사용하기로 한다.

1) '무원교리도'의 특징([그림 Ⅴ-2-1] 참조)

'무원교리도'는 지금 전하고 있는 교리도와 크게 다르다. 내용은 물론 그 형식과 구조, 배태된 사상도 매우 다른 특징을 지닌다. 이 교리도가 가지는 의미는 최초의 교리도란 점도 있지만, 그것이 가지는 사상적 기반이 이후의 것과 격차가 크다는 사실에서 찾아진다. 우선 무원교리도의 특징을 요약해보자.

'무원'은 당시의 『정전』인 『보경육대요령』의 내용을 일목요연하게 요약해놓았다는 특징을 지닌다. 일원교리도와는 달리 매우 구체적인 내용을 모두 망라하여 제시하고 있다는 점이 특징이다. 목차가 있지만 따로 교리도를 만들려고 했던 의도는 그 자체로 매우 혁신적인 발상이었던 것 같다. 교리도 없이 바로 본문으로 들어갈 수도 있었기 때문이다. 더구나 기존의 어떤 경전도 이런 형식의 교리도를 제시하지 않았다. '무원'에서 일원교리도로의 도약은 이런 초기 정신에서 비롯된 것이다. 이 발상의 계기는 당시에도 유전되었고 유자(儒者)라면 모두 알고 있었을 이황의 〈성학십도〉의 영향에서 찾을 수도 있다. 그러나 그 직접적인 비교는 앞서 보았듯이 실패하였다. 간접적인 영향 정도를 넘지 못한다 할 수 있다.

교리도의 작성에는 몇 가지 원칙이 작용한 듯하다. 우선 중요한 것은 제목과 항목은 모두 넣는다는 원칙이다. 무원교리도의 맨 하단 훈련 조목이 그 대표적인 예가 된다. 상시훈련과 정기훈련에 대한 전 항목을 실어 오히려 산만한 교리도가 된 인상이 짙다. 그래서 그런지 일원교리도에서는 이 부분을 완전히 삭제한다. 그다음 원칙은 중요한 것순으로 상단부부터 채웠다. 인생의 요도, 공부의 요도 그리고 마지막에 훈련조목이 상중하로 배치된 예가 그것이다.

한 가지 특징은 이 모두를 삼단으로 구성하려 한 의지가 엿보인다는 점이다. 그리고 좌와 우의 구분은 고려하지 않았다. 상중하 삼단 구성이 전통적인 3수 사상과 어떤 연관성이 있는가의 문제는 확인하기 어려우나 무관하지는 않은 듯하다. 왜냐하면 『육대요령』 전 내용의 요약을 4단 혹은 5단으로도 나누어 배열할 수도 있었기 때문이다.

삼단을 의식했다면 각 수평단 내의 배열은 여하한가도 눈여겨볼 대목이다. 대체로 우에서 좌로 그중 요도에 따라 분포하였음을 알 수 있다. 인생요도의 경우 사은을 우측, 사요를 좌측에 배열한 것과 같다. 당시만 해도 한자문화권의 우에서 좌로 쓰는 풍습이 있던 데서 비롯된 것은 아닌가 한다. 그러나 일원교리도에 가서는 이 관습에 변화가 보인다. 좌에서 우로 진행된다.

무원교리도를 만든 의도는 종교적 신앙이나 심오한 철학적 배경을 요달시키려는 것이 아니었다. 순수하고 바른 삶과 그를 돕는 수행의 관계를 강조하고자 한 특징이 있다. 어디에도 종교성이나 신앙성의 항목을 발견할 수 없다. 오로지 바른 삶을 위해 어떻게 수행해 나아가야 할 것인가에 대한 제시가 전부다. 일원상과 그 진리관이 부재한 점은 이를 단적으로 드러내는 부분이다. 그러나 천지은에 이에 대한 내용이 어느 정도 포함되어 있음을 알 수 있다. 뒤에서도 언급되겠지만 이렇게 보면 일원교리도에서 보는 천지은과 일원상의 병치는 중복의 의미를 지닌다 할 수 있다.

'무원'에 원상이 없듯 당연히 『육대요령』의 내용에는 '일원상장'이 없다. '무원'이 가진 가장 큰 특징이기도 하다. '무원'에 있던 〈팔괘도〉는 앞서 보았듯이 일원상의 과도기적 모습이 아니다. 일원상과 비교가 되려면 적어도 간략하게라도 일원상장처럼 '팔괘상(도)장'이 구비되어 있어야 한다. 이때는 일원상 진리에 대한 개념이 아직 서 있지 않았고 신앙과 종교성에 대한 개념도 서 있지 않던 상태였다. 무원교리도는 신앙보다는 공부와 수행에 치우쳐 서술될 수밖에 없었다. 이 관점으로 다시 보면 무원교리도는 다음의 요약된 가르침을 제시한다. 먼저 '은혜 입음을 알고 그에 보은하는 삶을 살아가되 이를 위해 삼학수행과 그를 위한 훈련을 해야 한다'는 제안이다. 이것은 종교가 될 수 없는 훌륭한 윤리적 가르침이다.[14] 양심이 있고 상식적인 사람이라면 사은의 내력을 모를 수 없다. 천지은조차 지극히 상식적인 이해에 기초하여 설명한다. 따로 신앙이랄 것이 없고, 새로운 각성에 따른 온전한 삶에로의 안내를 지향했다.

초창기의 모습을 미숙한 것으로 볼 것인가, 아니면 오히려 순수한 가르침의 원형으로 볼 것인가의 문제는 더 심도 있는 논의가 요구된다. 다만 〈팔괘도〉의 8이 뜻하는 바가 천지은의 천지8도와 어떤 상관성을 가지는 가의 여부는 쉽게 간과할 일이 아니다. 이 점은 팔방의 제자들과 같이한 상징과도 관련이 있으며, 그 자체가 이미 진리당체를 동시에 의미하는 중의성을 가진다.[15] 이렇게 보면 족자에 그려진 〈팔괘도〉가 '무원'과 전혀 무관한 것은 아니다. 이 점은 그러나 뒤에서 좀 더 다루겠지만 경전의 교리도와는 구별이 있어야 한다.

---

14 노권용, 앞의 글, 277-278쪽. 노권용은 여기서 신앙과 종교성을 강조해야 하는 당위성을 앞세워 교전에 등장하는 이전의 용어 '인생의 요도'를 '인과보응의 신앙문'으로 바꿔야 한다고 했다. 용어의 혼란은 따로 논할 부분이나 수행의 의미가 더 강한 것을 종교성을 앞세워 신앙문으로 정정해야 한다는 주장은 납득하기 어려운 논리적 비약으로 보인다.

15 『정전』은 천지보은의 조목을 다음과 같이 정리하고 있다; 밝은 도, 정성한 도, 공정한 도, 순리자연한 도, 광대무량한 도, 영원불멸한 도, 길흉이 없는 도, 응용무념한 도
이것은 동시에 우주만유의 본원으로의 도이며, 제불제성과 일체중생의 본받아 실행해야 할 덕목이다. 즉, 천지은과 일원상진리는 같은 내용적 상관성을 가진다.

2) '일원교리도 1'의 특징([그림 Ⅴ-2-2] 참조)

가장 큰 변화는 일원상의 등장이다. 두 번째로 큰 변화는 틀과 구조의 변경이다. 그리고 마지막으로 훈련의 조목이 대거 빠진 부분이다. 하나를 더 추가하자면 '양대주은'의 항목이다. 양대주은에 관한 논의는 이미 다른 연구에서 설명되었으므로[16] 여기서는 생략하기로 한다. 시대적 제약과 조건에 의해 마련되었던 불가피한 것으로 이해할 수 있다. 다만 진리도라 할 수 있는 엄정한 교리도에 항목을 임의로 첨삭할 수 있는가 하는 진리성 문제는 별도의 고찰이 필요하다. 황은(皇恩)과 불은(佛恩)을 각각 '사중속은'이라 한 '동포-법률은'과 '천지-부모은'으로 묶일 수 있음을 보면 이상할 것도 없으나, 진리적 경전이라는 신성성에 비추어 볼 때 단순한 것만도 아닐 수 있다. 교리도의 본의와 『정전』의 본래면목을 잃지 않는 상태라면 큰 문제가 될 것이 없다고 보고, 문자와 그를 사용하는 시대가 가지는 굴레와 한계를 뛰어넘었던 가치를 찾아낼 혜안도 필요해 보인다. 그런데도 문자로 표기된 『정전』은 아닌 것도 아니고 그런 것도 아닌 본래 성품자리의 은현자재를 여실히 드러낸 것으로 풀이해야 사리에 맞는 것이 아닌가 하여 역시 모순이 없다 할 수 있다. 여기서 한 가지 얻어야 할 교훈은 교리도의 내용 첨삭이 본래면목을 잃지 않는 정도가 되어야 하고, 교리도 변화를 그렇게 이해하고 해석을 가해야 한다는 점이다. 즉, 일원상의 추가와 그에 따른 일련의 변화 또한 본래면목인 무원교리도의 정신에 입각해 있다는 점을 상기할 필요가 있다는 점이다.

마지막을 뺀 세 가지 큰 변화는 모두 상관성을 가진다. 즉, 일원

16 유성태, 앞의 글, 99-105쪽.

상의 등장으로 인해 틀이 바뀌었고 내용 첨삭이 있었다는 것이다. 결국 내용적 형식적인 변혁은 서로 유기적인 관계로 연계되어 있다는 점이 두드러진다.

이러한 대대적인 변화의 중심에는 신앙성의 표출이 있다. 즉, '무원'에는 없던 '신앙문'이 새로 생기면서 비롯된 것이다. 신앙이 등장하면서 자연히 그 대상이 필요했고 그에 대한 규정이 요구되었다. 일원상과 그의 진리관인 일원상장이 추가된 이유가 여기 있다. 이런 체제에 따른 내용적 변화와 항목의 이동도 자연스레 동반되었다. 그렇다고 수행과 훈련의 초기 '무원'의 요체를 버린 것은 아니었다.

인생의 요도를 〈신앙문〉으로 하였고, 공부의 요도를 〈수행문〉으로 바꾸었다. 후자는 어렵지 않게 이해할 수 있으나, 전자의 경우는 일종의 도약이 있어 쉽게 납득할 수 없다. 오늘날 여기에 대한 해석의 혼선이 막대함을 볼 때 더욱 그렇다 할 것이다. 앞서 언급하였듯이 무원교리도는 '먼저 은혜 입음을 알고 그에 보은하는 삶을 살아가되, 이를 위해 삼학수행과 그를 위한 훈련을 해야 한다는 제안이다.' 모두 훈련에 관한 것으로 신앙성을 찾아볼 수 없었다. 그런데 갑자기 신앙문이 등장한다. 이 도약에 대한 설명은 어디에도 없다. 인생의 요도가 어떤 연유로 신앙적인 것이 되어야 하는지에 대한 이해가 쉽지 않다. 물론 일원상의 등장에 대한 이유와 설명도 없다. 다만 일원상에 대한 설명이(소위 '일원상장') 이 질문들에 답변하는 형국 역시 납득이 어렵다. 이것이 궁금해선지 다른 연구자들에 의해 '일원상장'에 대한 고찰이 이루어졌다.[17] 그러나 여기서도 시원하게 해소되지

---

17 조성훈, 「『불교정전』「일원상」장 성립의 의의-1935-1943년을 중심으로」, 『원불교사상과 종교문화』 67.

않았다. 일원상의 등장과 신앙문의 등장이라는 획기적인 변화에 대한 시원한 해설은 아직 부재하다.

한편 일원상과 일원상장에 대한 추가는 신앙문을 가능하게 한 의미가 있고, 나아가 신앙과 수행의 균형을 이루려 했던 의도가 있었음도 알 수 있다. 또한 일원상 자체가 진리이며 신앙과 수행의 대상으로 정착된 선언의 의미도 있음을 알 수 있다. '무원'에는 없던 신앙과 진리관을 넣어 종교화를 꾀했다는 점은 분명히 알 수 있다. 혹자는 이런 변화 과정이 있었음을 인정하지 않고 원래부터 현재의 교리도를 기준으로 정해놓고 논지를 전개하거나, 현재의 것이 발전을 거듭한 완전한 형태이므로 모든 설명이 이것으로부터 비롯된다고 하는 논리는 불합리하다. 여기서는 교리와 교리도의 상관관계를 총체적으로 다루고자 하는 것이 아니므로 이 정도만 언급한다. 다만 신앙문의 근거가 인생의 요도에 있으므로 교리도와 일원상장의 용어 '신앙'이라는 개념을 분명히 할 필요가 있음을 지적하고자 한다. 필자가 생각하기에 여기서 사용된 개념은 중세와 기성종교적 의미를 지닌 절대 믿음의 뜻과는 다르다.

내용적 변혁에 맞춘 형식적 균형과 조화를 가능하게 하기 위해서는 종적인 배치가 필요했던 것 같다. 일원교리도에서 보이는 두 번째 큰 특징은 '무원'의 횡적 구조에서 수직적 종적 구조를 갖춘 데에 있다. 그것은 삼축의 구조를 가진다. 앞서 '무원'도 삼단의 체계를 선호하였다 했듯이 '일원'에서도 3수에 대한 의식이 반영된 일관성이 엿보인다. 각 종-축별 내용은 중요도의 순으로 위에서 아래로 배열하였다. 그것은 '무원'의 경우와 동일한 원칙이다. 축의 배치는 좀 다르다. 중요한 종축을 중앙과 좌우 배치하였다. 중앙은 그렇지만 좌측에 인생의 요도가 들어가 있어 좌축에서부터 읽어야 함을 상기할 필요가 있다. 통상 좌와 우에 신앙문과 수행문이 있어 무엇을 중요시했나 하는 의문이 들 때가 있다. '무원'의 경우를 볼 때 좌측의 신앙문이 우선되어야 한다.

종축의 순서는 좌에서 우로 단의 순서는 위에서 아래로 되어 있으나 각 축의 내부에 있는 항목들은 이와 반대로 우에서 좌로 기술되어 있다. 배열순서의 일치도가 어긋나 있음을 알 수 있다. 이는 근대기 글쓰기 관습의 과도기 현상에 의한 것이 아닌가 한다. 다만 여기서 지적하고자 하는 것은 신앙문이 먼저이고 수행문이 나중이란 점이다. 예를 들어 신앙문의 끝단에 있는 사사불공 처처불상의 경우 사사불공이 우선됨을 의미한다. 무시선 무처선의 경우도 마찬가지다. 이는 모두 시공의 구분에서 시(時)를 우선하고 있음을 알 수 있다(우주(宇宙)와 동일).

이와 무관한 자리는 중앙의 일원상장이다. '무원'에는 없었던 가장 중요한 변화이면서 신앙문과 수행문이 좌우로 균형을 이룰 수 있던 안정된 구조가 요구된 항목이다. 일원을 맨 위에 그려놓고 그에 대한 설명을 가운데로 몰아 좌우에 신앙과 수행을 자연스레 배치하였다.

평면적인 '무원'의 구도에서 이런 입체적인 구도에 이르기까지는 많은 심혈을 기울였음이 엿보인다. 우주만유의 본원인 일원상진리를 설정하고 그의 발현인 사은사요, 그를 위한 그리고 그에 근거한 삼학팔조의 수행은 마치 무극에서 양태극으로 나뉘고 이를 다시 합한 삼태극 모양의 극치를 보여준 예로 볼 수 있기 때문이다.

각 축의 구성도 삼단으로 되어 있다. 신앙문의 경우 사은-사요-훈련(사사불공, 처처불상)이나, 수행문의 경우 삼학-팔조-훈련(무시선, 무처선)과 같이 모두 3수 사상(?)을 근거로 하였음을 알 수 있다. 무극, 태극, 삼태극에 이어 오행이 안 나올 수 없다. 일원교리도는 대체로 세 개의 종축과 축별 오단의 상하배열로 이루어져 있다. 이런 전통적인 구조는 주렴계의 〈태극도설〉은 물론 동양적 모든 회화의 밑바탕이 되고 있고, 하물며 민간신앙에 해당되는 부전에 이르기까지 오랜 전통과 역사적 동일 근원과 사상성을 가진 것이다. 계룡산본 〈옥추경〉이 〈천경〉-〈지경〉-〈인경〉의 구조로 재편된 것은 그 단적인 예에 해당된다. 이는 홍범구주에서 비롯된 홍산문명의 전통(원방각 즉 천지인)을 이은 동양사상의 핵심축과 일치되는 것으로 그렇지 않으면 오히려 부자연스러운 결과가 된다.

큰 변화 중의 하나는 훈련조목의 삭제다. 그 대신 사사불공, 처처불상 그리고 무시선과 무처선을 넣었다. 이 부분은 교리도의 틀에 대한 고민이 여실히 드러나는 대목이다. 두 개의 문은 좌우로 배치가 가능하여 보기에도 무리가 없으나 훈련조목은 그 양도 많을뿐더러 양축의 구분이 어렵다. 일체의 훈련법을 아우르는 압축된 개념이 필요했다. 결국 지은보은행의 불공과 불상 그리고 정각정행의 무시처선을 넣어 해결하였다. 이러한 압축의 과정이 언뜻 보기에 쉬운 듯해도 진리를 꿰뚫어 활용까지 할 수 있는 수준에 이르지 않고는 도달하기 어려운 종착점이다. 쉽지 않은 결론을 도출한 것이다. 그런데 달리 생각해볼 때 진리라는 것이 어떤 규칙과 원칙 그리고 단순함의 결과로 드러나야 하는 것이 필연이라면, 일원교리도는 필연의 결과값이 아닌가 하는 생각도 해본다.

사소한 변화 중 하나는 수행문의 중간에 '동정간불리선'의 항목을 넣은 것이다([그림 Ⅴ-2-2]와 [그림 Ⅴ-2-3] 우측 수행문 참조).

훗날 무시선과 무처선으로 포함시켜도 무관하다고 판단하여 뺐지만, 이는 그만큼 훈련을 강조하고자 한 의지의 표현으로 볼 수 있다. 이렇게 보면 일원교리도에서도 '무원'에서처럼 수행과 훈련을 지속적으로 강조하고자 한 의도를 엿볼 수 있다고 하겠다. 그러나 결국 일원교리도는 일원상의 신앙과 일원상의 수행을 그 진리에 바탕하여 뚜렷한 기틀을 지었다는 선언을 한 것이다. 이에 대한 연구와 설명이 진지하게 논의됐어야 마땅하나, 필자가 알기로 아직까지 적절한 사례를 찾지 못했다.[18]

마지막으로 언급해야 할 변화 요소는 사대강령에 대한 것이다. 이렇게 보면 크게 달라진 변화는 6-7가지로 압축하여 볼 수도 있겠는데, 그만큼 큰 변화를 꾀했다는 단서이다. 일원교리도 1의 사대강령은 오늘의 그것과 차이가 있다. [그림 Ⅴ-2-2]에 보이는 '지은보은, 불교보급-진충보국, 정각정행, 진충보국-불교보급'의 중복표현은 무아봉공과 불법활용을 한데 묶어놓은 것으로 해석할 수 있다. 진충보국은 무아봉공 정신에 바탕하였고 불교보급은 불교활용을 전제한 것이기 때문이다. 역시 시대적 제약에서 온 표현이지만 그 본의를 잃지 않은 사례로 적합하다.

마지막으로 언급하지 않을 수 없는 문제는 두 문의 의미적 중복성에 관한 것이다. 이것은 '무원'기부터 있어왔던 것이나, 일원상을 중앙에 두어 좌우 둘을 중재하면서 이전보다 그 모호성의 대응에 유리하게 되었다는 점이다. 그러나 문제는 '무원'의 경우처럼 인생과 공부의 확연한 대치적 구분과 달리 제3의 일원상이 등장하여 새로운 비

18 노권용의 글에서 그나마 이에 대한 논리적 논의를 진행한 바 있다(노권용, 「교리도의 교상판석적 고찰」, 255-301쪽). 그러나 그 당위성만을 지적했고 원인에 대한 규명에는 이르지 못했다.

교 대상이 생겨났다는 점이다. 즉, 두 개만 가려 신경을 쓰면 되던 것과 달리 진리관이란 새로운 기준이 자칫 중재 혹은 통합하는 우를 조심해야 하는 상황에 놓이게 된 점이다. 더구나 천지은과 일원의 진리가 서로 중복되고 있다는 지적을 극복하지 못한다면 더욱 그런 형국이 된다. 또 '이 원상은 우주만유의 본원이요'는 정신수양의 정(定)과도 일치하는 면이 있다. 이렇듯 서로 간의 넘나듦과 연결됨이 인식될 때 더 복잡해질 수 있다. 이 점은 매우 예민한 문제이며 필자도 확실한 논의에는 역량 미달인 만큼 이만 줄이겠으나, 문제제기의 가치는 충분히 있음을 지적하고자 한다. 한 가지를 더하자면 본래면목이었던 무원교리도의 원시반본적 회귀의 자세를 결코 잊어서는 안 된다는 생각이다. 뒤에서 보겠지만 신앙성의 강조는 일종의 방편으로 보이기 때문이다. '무원'에서 제시하였듯이 '궁극의 진리는 사은과 수행'이다. 그것을 달성하기 위한 방편이 신앙과 종교인데 훗날 추가된 이것이 주체가 될 수는 없다는 점에 대한 재인식이다. 진충보국이나 황은과 같은 언어적 수식과 수단이 본래적인 것이 아니었던 것과 같은 논리로 '일원교리도'를 바라볼 가능성을 간과할 수 없다.[19]

3) 〈무원교리도〉와 〈일원교리도〉의 비교와 변화의 분석

'무원'은 수행과 훈련 위주의 요약과 제시를 기본으로 하고 있고, 그 구성은 〈팔괘도〉를 빼면 상중하 삼단으로 나누어 기술되었다고 했다. 이에 비해 '일원'은 신앙문을 강조하여 새로운 종교적 발돋움을 목표로 하였음을 알 수 있었다. 그리하여 이 둘을 비교할 때 같은 점

---

19 수행의 목적은 생사해탈과 자유를 얻는 것이다. 한 종단이나 종교의 구성원이 되거나, 그를 위한 전사가 되는 것은 한 방편일 뿐이다. 공부를 위한 신앙이 되어야지 종교를 위한 신앙이 되어서는 본말의 전도라고 소태산은 경계하였다. 그러므로 무원교리도의 본래 의미를 잊어서는 안 될 것이다.

보다는 다른 점이 더 많을 정도로 큰 차이를 보였다.

큰 차이는 '일원'의 등장과 그로 인해 비롯된 '일원상장'의 성립이다. 이는 역으로 일원의 성립은 신앙문을 두기 위한 것이었고, 나아가 그를 발판으로 한 종교성을 강조하고자 한 것이었다는 해석이 가능하다. 이는 '무원'에서는 볼 수 없었던 매우 전향적인 조치였다.

일원과 일원상장의 신설 같은 큰 변화에도 불구하고 변화된 것이 없는 점은 인생요도와 공부요도에 대한 핵심 틀의 불변성이다. 인생의 요도를 신앙문으로 바꾼 것은 핵심 교리를 바꾼 것이 아닌 부차적인 것이라 했다. '교의편 제6장 인생의 요도와 공부의 요도'를 신앙과 수행으로 바꾸지 않고 그대로 둔 것은 이와 관련하여 재고할 필요가 있다.[20]

둘의 공통점과 차이점은 한마디로 '공부와 수행의 강조'와 '더 많은 생령을 구제하기 위한 신앙문 강조'가 되겠다. '무원'으로도 만생령의 구제가 불가능한 것은 아니나, 기존 불교를 혁신하면서 더 효과적인 목표달성을 꾀하였다는 해석이 가능한 대목이다. 이는 이미 노권용이 언급한 바와도 일치하는 내용이다.[21] 두 교리도에 보이는 현저한 차이는 앞선 연구들에서 보았듯 〈태극도설〉이나 〈성학십도〉의 영향 관계로 보고자 하였으나 긴밀한 상관성을 증명하지는 못하였다. 필자는 그 대안으로 제3의 가능성으로 전래의 부전에 관심을 가질 필요가 있다고 하였다.

---

20 교의편 6장에서는 이 둘을 환자를 치료하는 의술과 약재로 비유하였는데, 이에 근거하면 공부가 인생의 요도보다 앞선 시급한 일이라 할 수 있다. 이는 교리도의 우선순위와 연관하여 별도의 논의가 필요하다. 보통은 먼저 수술과 시술을 하고 이후 약재를 써서 치료하는 것이 순서이기 때문이다. 또 의술은 과감한 결단과 조치 및 치료를, 약재는 꾸준하고 안정된 변화를 꾀하는 점을 볼 때도 그 경중의 중요도에서도 차이가 난다. 그렇다면 신앙보다는 수행이 시급한 일이되는 것이다. 서둘러 그리고 먼저 견성을 하고, 이후 꾸준히 성불을 하는 것과도 일치한다 하겠다.

21 각주 18번 참조.

일원상을 그려넣고 신앙문을 새로 두어 종교적 신앙성을 강조한 일원교리도는 누가 봐도 무원교리도와는 차원을 달리한 교리도다. 과연 이런 변혁의 목적은 어디에 있었던 것일까. 필자로서는 감당하기 어려운 과제이지만 위의 분석에 근거한 부족한 설명을 가해보기로 한다.

오로지 훈련과 수행을 강조한 무원교리도 시기는 불법연구회 시절이면서 일제의 압박이 거세던 시기다. 시간은 흘러 해방의 분위기를 감지한 연구회는 새로운 발돋움의 전기를 마련해야 할 단계를 인식하였던 듯하다. 즉, 대량 포교의 단초를 마련하는 것이다. 그러나 초기의 단순한 제안과 윤리서 수준의 내용 요약과 평이성으로는 큰 목적을 달성하기 어렵다고 판단하였다. 불법연구회의 단계에서 신앙을 기반으로 한 종교로의 발돋움을 계획하지 않을 수 없었다.

오늘의 원불교 종단과는 달리 당시 소태산은 이미 존재하는 불교라는 조직에 들어가 뜻을 펼치고자 하였다. 그것은 이미 조선불교혁신론(1935)을 부안 봉래정사에서 계획하고 백학명스님과 내장사에서 불교혁신의 공동발족을 할 때부터 가지고 있던 생각이었다. 즉, 혁신불교로의 종교이자 신앙의 모습을 구축함을 의미한다. 이미 불교에 있는 두 항목, 종교성과 신앙성에 맥을 대는 것은 자연스러운 귀결이다. 그 목적은 기존 불교를 혁신하여 많은 생령을 극락인도로 안내하려 하였던 것이다. 혁신의 핵심은 부처상은 원상으로, 타력신앙을 자력신앙(인생의 요도/신앙문)으로, 전문가수행을 일반인수행(수행문)으로였다.

그러나 해방 후 한국의 불교계 종단에 소속되지 못하면서 새로운 종단 원불교를 만들었다. 이때 원불교의 정체성과 관련하여 진행될 논의의 대상은 일원교리도 3-4의 변화과정이다. 이 또한 매우 중요한 논쟁점이다. 기존의 조직에서 독립한 새로운 조직으로의 전이 문제가 대두되는 데에서 비롯된 교리도의 수정이었기 때문이다. 즉, 불교친화적인 일원교리도 2에서 독립적인 종단의 모습인 일원교리도 3([그림 I -3-1])으로의 변신이기 때문이다. 예를 들어 4대강령 중 하나인 불법활용이 당시에는 불교보급이었던 점이다. 불교와 같은 배를 타고 있다는 관점이 아니고는 사용할 수 없는 강령이다.

일원교리도 2에서 3으로의 변화는 앞서 지적한 불교 종단과의 상관관계와 그 변화의 여정을 잘 보여주는 단서다. 즉, 해방 후 불법연구회가 원불교로 발돋움한 상황에서는 불법활용 정도의 변화가 아닌 다른 변신이 필요했던 상황이었다. 구조와 테두리의 안과 밖이 달라졌기 때문이다.

우리는 무원교리도의 본래 의도를 상기할 필요가 있다. 본래에는 종교성이 없었다. 상황적 필요에 이를 넣게 되었다. 그런데 기존 불교와의 행정적 정치적 상황이 바뀌면서 본 취지와는 다른 형국을 맞이하게 되었다. 그러나 여기서 진정으로 중요하게 여긴 것은 종교성이나 신앙성이 아니라 수행과 훈련이었다. 그래서 무원교리도는 그 자체로 큰 의미를 지닌다.

교리도와 옥추령부의 비교와 상관성

'무원'에서 '일원'으로의 변화는 '수행-훈련'에서 '신앙-수행'으로의 방향 전환이었다. 이 신앙성은 다시 종교성의 방향을 겨냥한 것이었다. 그에 걸맞은 교리도의 제작은 큰 과제였다. 즉, 신앙과 종교성 강조를 합리화하는 교리도 제작이 관건이었다. 이것이 '무원'에서 '일원'으로 도약을 가능하게 했던 바였다. 필자는 불법연구회 시기 〈옥추경〉 수행과의 상관성을 여러 차례에 걸쳐 논구한 바 있다. 교리도 혁신 과정에서도 그 영향 관계를 간과하기 어렵다.

조선 후기 소위 도꾼들에게 〈옥추경〉 독송 염불이 도통의 한 방식이었음이 널리 알려졌고 유전되었다. 강증산이 제자들을 훈련시킬 때 이 경을 열흘 보름 한 달씩 외우게 하였던 실례에서도 확인되는 바이다. 팔산이 앞산에 들어가서 수행공부를 하였던 것도 이 도통공부였던 것으로 추정된다. 최병두는 이런 흐름을 간파하고 활자본 『옥추경』을 간행하고 나아가 〈옥추경〉 독송을 신앙화하였다. 최병두는 이 『상밀주해』를 〈옥추경〉 신앙의 경전으로 활용하였다. 그 근거는 이 책 첫 부분을 살펴보면 알 수 있다. 어떤 방식으로 경을 독송하고 신앙할 것인가 하는 점을 상세하게 소개하고 있다. 그 증거의 또 다른 일단은 부전 〈옥추령부〉를 들 수 있다. 『상밀주해』는 신앙의 대상으로 이 부전을 활용하였다([그림 Ⅴ-2-6] 참조). '구천응원뇌성보화천존'이나 '옥황상제'를 대상으로 하지 않고 부전을 활용한 점은 그의 혁신적 모습이라 하겠다. 물론 거의 같은 시기 소태산과 불법연구회는 구인의 산상기도와 초기 제자들의 훈련에도 〈옥추경〉을 두루 활용하였다. 동시대에 진행되었으나 둘의 영향 관계는 서적의 참조 외에 미상이다.

[그림 V-2-6]
『상밀주해 옥추보경』의 <옥추령부>

〈옥추경〉 독송 훈련의 통일을 기하기 위해 불법연구회는 1922년에 나온『상밀주해 옥추보경』을 활용하였다. 그 증거는 이미 앞서 밝힌 바 있다. [그림 V-2-6]의 〈옥추령부〉는 최병두가 만든 것이다. 그의 저서에 유일하게 등장하기 때문이다. 그는 부전에 대해 전문적 지식을 가지고 있었던 듯하다.『옥추보경』에 나오는 다른 부전의 기호들을 활용하였던 점에서 이를 알 수 있다. 즉, 〈옥추령부〉는 이들 부전에 나오는 기호 및 상징들과 관련이 있으며, 그 구조의 틀에서도 일치된 면모를 보인다. 아직 학계에서 부전 연구는 전무한 상태이지만, 〈옥추경〉에 전하는 것들을 면밀하게 살펴보면 거기에는 일련의 규칙이 있다. 음양오행과 재래의 3수 사상과 원방각의 상징, 그리고 뿌리 깊은 홍범사상이 두루 들어 있다. 이에 대한 구체적인 내용은 후고에서 다룰 것이다.

[그림 V-2-6]에서 보듯이 〈옥추령부〉는 전체적으로 사람이나 거북의 모양이다. 맨 위 머리에 해당하는 삼각형은 삼태극을 함유한 무극의 뜻을 가진다. 중앙을 기준으로 우선 좌와 우의 음양으로 나누

어지고, 이는 각각 오행의 운행을 거친다. 이는 주렴계나 이황이 그린 〈태극도설〉의 사상과도 일치한다. 다음 단계는 그 결과로 우주와 세상은 제모습을 드러내며 전개된다. 그런데 그 드러남은 평정과 광대함을 원칙으로 한다는 글자를 새겼다.[22] 평정은 참자아를 의미하고, 동시에 〈옥추경〉 〈천경〉의 핵심 내용이다. 광대함은 〈지경〉과 〈인경〉을 융합한 것으로 세상이 공명정대하게 상생적 광대함을 이룬다는 뜻이다. 이렇듯 〈옥추령부〉는 총 5단의 구성, 3수 사상의 함유, 무극–태극–음양오행의 원리와 드러남을 두루 담고 있다.

이를 다시 풀어보면 하나의 점(공, 진공, 무극, 태초, 삼태극, 한얼님, 우주만유의 본원, 인간의 본래 성품…)에서 음양으로 나뉘고 그 연합작용인 오행으로 운용되어(진공묘유) 만물과 인간이 생기는 내력을 밝힌 것이다. 그리고 결말의 운용은 평안과 공존의 광대함이다. 인간은 우주의 정칙인 이 뜻에 따라 살아가야 한다는 의미를 제시하는 것이라 할 수 있다.

도안적으로 볼 때 〈옥추령부〉는 무극–음양–오행–만물–교시의 5단계를 가진다. 그리고 중앙과 좌우의 3축 대칭 구조를 지닌다. 이는 음양을 기준으로 하지만 3수 체계를 함유하고 있다. 이를 다음과 같이 일원교리도와 비교할 수 있겠다.

맨 위에 있는 삼태극의 삼각형은 일원상과 같은 위치에 있다. 좌, 중앙, 우는 신앙문, 일원상 설명문, 수행문의 3구분으로 〈옥추령부〉의 그것과 일치한다.

중앙의 음양오행 원리는 일원상진리의 설명과 게송으로 이어지

---

22 이 문자를 횡으로 읽을 수도 있겠으나, 전체적인 틀을 볼 때 종으로 읽는 것이 바람직하다. 구중회는 이를 횡으로 읽어 대정(大正)이란 일제 연호를 사용했다는 입장이다(구중회, 『옥추경 연구』, 동문선, 2006).

고, 좌우의 신앙과 수행은 부전의 음양오행적 변화를 거친 것(S자 모양)과 같다. 부전은 상하 두 단계의 음양오행적 그림으로 표시하였고, 일원교리도는 사은–사요와 삼학–팔조의 구체안으로 제시하였다. 그 밑에 있는 사사불공과 처처불상, 무시선과 무처선은 부전의 밑 부분에 적은 광대와 평정과 비교된다.[23]

한편 〈팔괘도〉와 천지8도와의 관계를 중심으로 해서 일원교리도로의 도약을 구상해볼 수 있다. 팔괘와 8도를 일원과 그 진리적 요약으로 대치시키면 서로 상응하는 모습이 되기 때문이다. 그러나 이는 앞서 지적한바 중복을 피하기 어렵다는 취약점이 있다. 그런데도 불법연구회는 신앙성의 드러냄과 그를 기준으로 하는 종교성의 두각을 장점으로 선택했다. 이런 구상이 가능하기 위해서는 역시 〈옥추령부〉의 도움이 필요했다. 종 3축의 구조를 갖추고 있기 때문이다.

이렇게 빠르고 거칠게만 보아도 〈옥추령부〉와 〈일원교리도〉 이 둘은 그 모양과 구조가 거의 동일하다. 하나는 도안과 문자를 사용한 것이고, 다른 하나는 상징과 그림을 주로 사용하였다는 점이 다를 뿐이다. 좌우 모습이 대칭이지만 읽기는 교리도와 반대로 읽어야 한다.

---

23 평정(平正)은 平定이나 平靜이 아니다. 대체로 平定은 바르게 정하다(반란이나 소요를 누르고 평온하게 진정함, 적을 쳐서 예속시킴), 平靜은 바르게(고) 고요하다(평안하고 고요함)의 뜻으로 후자는 평정심과 같이 편안한 감정을 유지하는 것의 의미를 지닌다. 반면 平正은 바르게 바로잡다 혹은 평평하게 바로잡다의 뜻을 지닌다. 그러나 국어사전에 이런 단어는 없다. 그러므로 이 둘을 떼어서 풀이할 필요가 있다. 앞의 평은 평정심의 뜻으로, 뒤의 정은 바르게 하다라는 뜻으로 읽을 수 있다. 마음을 바르게 안정시켜 일을 바르게 한다는 뜻으로 〈천경〉과 〈지경〉의 사상을 함축하고 있다(이는 나아가 삼학의 골격과도 상관된다). 광대(廣大)는 '광'자로 풀이한 그림이 일단 불분명하기 때문에 해석의 한계를 가질 수밖에 없다. 다만 한 가지를 고려할 때 나름의 근거를 가짐을 알 수 있다. 원방각(ㅇㅁ△)의 상징이 그것이다. 이는 각각 하늘, 땅, 인간을 상징한다. 〈옥추령부〉는 물론 〈옥추경〉의 다른 부전들에 보이는 원방각은 대체로 이런 뜻을 상징하고 있다. 이를 미루어 볼 때 네모의 그림은 바탕인 땅과 넓고 크다는 의미를 같이 가진다 할 수 있다. 뒤에 붙은 대(大)가 이를 암시하고 있다. 그러므로 이를 광대로 읽고 뜻은 넓고 크다는 의미를 그대로 사용해도 될 듯하다. '사통팔달이 되면 크고 넓어진다는 의미로, 우주같이 넓고 크고 밝고 광대하면 크게 이룰 수 있다'의 뜻으로도 확대하여 풀이할 수 있겠다. 이는 우주자연의 은혜를 알고 그 원리를 활용하여 쓰면 모든 것이 순조롭게 된다는 사은사요의 대체와도 통한다. 모든 것이 신성한 부처이니 온전히 정성을 드리는 불공을 해야 한다는 처처불상 사사불공의 뜻이 함축된 단어가 된다.

이는 당시 전통적 글쓰기의 과도기적 변화에 의한 것이다.

이전의 『보경육대요령』(1932)에 등장하는 무원교리도는 매우 평면적이었고 평범하였으나 불법연구회가 최병두의 『상밀주해 옥추보경』을 구입해본 이후[24] 완전한 변화를 맞이한다. 결국 『불교정전』(1943)에서는 위와 같은 거북(혹은 사람) 모양의 교리도를 얻기에 이른 것이다. 이런 착안이 있지 않고는 등장하기 어려운 도안이었다. 〈옥추령부〉가 가지는 신앙성의 의미도 일원교리도의 의도와 잘 부합한다. 여기까지는 거친 비교에 불과하다. 좀 더 구체적이고 체계적인 비교고찰이 이루어져야 할 필요성이 있다. 이를 위해서는 〈옥추경〉의 사상에 대한 검토와 그에 근거한 각종 부전에 대한 이해와 설명, 그리고 최병두가 다시 그에 근거하여 만든 〈옥추령부〉에 대한 종합적인 검토가 병행되어야 할 것이다.

혹자는 이를 두고 너무 과도한 추정이 아니냐 평할 수도 있겠다. 충분히 일리가 있는 말이다. 원래 도상적 비교는 논리와는 다른 이미지와 구조의 직관적 비교가 주를 이루기 때문이다. 한편 이런 질문에 대해 필자는 우선 그간 비교 시도를 했던 〈태극도〉와 〈천명도〉 대조를 상기해본다. 비교 대상이 반드시 기존 고등종교적 권위에 대응되어야만 하는 것이 아닐진대 대상의 선택에 우선순위를 부여할 수 없다. 어찌 되었든 이들의 연구는 너무 피상적인 비교에 머물렀다. 그에 비하면 〈옥추령부〉와의 비교는 훨씬 구체성을 띨 뿐만 아니라 사상적 구성적 일치도에 있어 더 신빙성을 더한다. 물론 압권인 것은 둘의 이미지와 구조의 닮은꼴이라 하겠다. 앞서 보았듯이

---

24 이 부분에 대해서는 앞서 구체적으로 논의를 한 바 있다.

우연이라 하기에는 구조와 상징이 너무 유사하다. 앞선 〈태극도〉나 〈천명도〉와의 비교에서 시도한 분석과 비교할 때 그 차이는 현저하다. 더구나 불법연구회 시기 〈옥추경〉의 활용은 매우 빈번하였기 때문에 다른 어떤 비교보다 훨씬 합리적 추론이다.

진리도란 결국은 이렇게 보나(사상적, 원리, 도통) 저렇게 보나(신화적, 신통, 영통) 같은 모습으로 나타난다는 점을 상기하고 싶다. 그런 비유에 해당되는 것이 하도낙서라 할 수 있겠다. 보통 진리도는 인간의 의지나 아이디어로만 얻을 수 있는 것은 아니다. 무신도나 성화를 그릴 때 어떤 초월적 계시가 있는 경우가 대부분이다. 신령을 동반해 무신도나 부전을 그리는 영매들이 오늘도 상존하는 것은 그 전통이 살아 있음을 보여준다. 〈옥추령부〉와 〈교리도〉는 그런 관계로 연결된 것은 아닌가 한다. 즉, 신령스러운 초월적 영감과 인간의 순수하고 완전한 깨우침이 온전히 결합이 된 상태를 증명한 것이다. 이런 풀이는 오히려 교리도의 진리성을 더욱 증거하는 근거가 됨직하다. 〈옥추경〉 경문을 가지고 구인제자가 산상으로 올라가 기도를 올리다가 음부의 인증을 받은 사실은 이를 위한 하나의 복선이었다. 즉, 이미 〈옥추경〉에 근거한 교리도의 밑그림이 전제되어 있었고, 신인합일과 우주합일의 온전한 실증이며 만법귀일의 실상이 된 것이 아니었나 하는 추정을 해본다.

맺음말

그간 교리도 변천은 네 단계에 걸쳐 이루어졌다고 했으나, 필자는 편의상 이를 크게 '무원'교리도와 '일원'교리도 두 단계로 나누었다. 일원교리도는 다시 세 차례에 걸친 변화를 한다. 이를 일원교리도 2-3이라고 하였다. 여기서는 무원교리도와 일원교리도 1을 중심적으로 다루었다. 그리고 '무원'에서 '일원' 1로의 도약은 '일원' 2, 3으로의 변화와는 본질적인 차이가 있음을 지적했다.

일원교리도는 '무원'에서 질적인 도약을 한 결과였다. 그 도약은 수행에서 신앙과 종교성으로의 발돋움이다. 무원교리도는 수행과 훈련만을 중점적으로 다루었다. 즉, 어떻게 하면 인간이 올바른 삶을 살아갈 것인가에 대한 진리를 담고 있다. 그래선지 '무원'의 교리도는 일원교리도와 달리 특별한 도상이 필요하지 않았다. 제목을 삼단으로 나누어 기술하면 그만이었다. 여기에 팔괘를 두었더라도 그것은 일원상과 연관성이 적다. 이는 구인 산상기도 시 팔방으로 제자들을 나누어 기도식을 행한 공동체성의 한 의미를 더 담고 있다고 보았다. 즉, 종교적 의미보다는 수행과 공동체의 의미를 더 담고 있었다.

한편 〈팔괘도〉와 천지8도와의 관계를 중심으로 해서 일원교리도로의 도약을 구상해볼 수도 있었다. 그런데도 이런 구상이 가능하기 위해서는 역시 〈옥추령부〉의 도움이 필요하다. 그것이 종 3축의 구조를 갖추고 있기 때문이다. '일원'이 수행을 경시하거나 간과한 것은 아니다. '일원'을 두어서 신앙성을 더 강조하고자 하였다. 그 이유는 공동체적 수행의 단계에서 거시적 후천세계를 담당하는 종교와 신앙 단계로의 도약을 목표로 한 것이라고 했다. 그것은 당시 불교 행정과 정치 상황 때문이었다. 기존 조직인 불교에 영입되어 세력을 확장하고자 하였으나, 행정적 상황이 바뀌면서 그 의도는 무산되고 새로운 종단을 만드는 상황에 이르게 되었다. 이 과정에서 빚어진 혼란이나 정체성의 문제는 오늘도 여전히 논란거리다. 이 시점에 필요한 자세는 무원교리도에 대한 회고다.

'무원'에서 '일원'으로의 도약에는 그에 걸맞은 교리도 제작이 필요했다. 당시 불연에서 수행교서로 활용하던 최병두의 〈옥추경〉에 나오는 부전 〈옥추령부〉와의 비교를 통해 그 상관성을 타진한 결과 모양이나 틀과 구성의 형식, 배태되어 있는 사상성 등 거의 모두가 일치하는 놀라운 모습을 보여주었다. 신화적 사상적 일체성 그리고 태고와 현재의 동질성을 보여주는 특별한 사례다. 이는 또한 그동안 필자가 연구한 구인 산상기도를 비롯한 초기 불법연구회가 지닌 〈옥추경〉과의 상관관계와 영향이 더욱 공고함을 방증하는 또 하나의 자료이기도 하다. '무원'에서 '일원'으로의 도약은 내외적 혹은 시대적 요구였으나 도약과 그에 따른 도상의 확정 과정에서 『옥추보경』의 영향은 여전히 중요했다.

참고문헌

(중요도/ 가나다순)

II. 전통적 독경문화와 불법연구회 구인기도

불법연구회 구인기도 기도문 연구

* 원불교정화사, 「원불교교사」, '구인단원의 기도', 『원불교전서』, 1977.

* 불법연구회 교무부. 「고 삼산 김기천선생 역사선」, 회보 20호, 1936.

* 청하문총간행회 편, 『구타원대봉도 일대기, 한마음 한길로』, 원불교출판사, 1984.

구중회, 『옥추경 연구』, 동문선, 2006.

김태곤, 『한국무속연구』, 집문당, 1981.

박용덕, 『원불교 초기교단사 1-소태산의 대각 방언조합운동의 전개』, 원광대학교 출판국, 1997.

서대석, 『한국 신화의 연구』, 집문당, 2001.

이한길, 「양양군 서낭제 축문형식연구」, 『강원문화연구』 24, 2015년.

이정재, 「소태산 구도과정의 민간신앙 상관성 연구」, 『한국신종교학회』 34, 2016.

이정재, 「구사고행 일화의 의미연구-민속문화론적 분석」, 『원불교사상과 종교문화』 64, 2015.

이정재, 「소태산의 구사일화 분석과 백학명과의 관계 연구: 법일화 '부처를 시험한 일' 중심으로」, 『원불교사상과 종교문화』 62, 2014.

장진수, 「불법연구회 교화단사-단조직의 변천 과정을 중심으로」, 『정신개벽』 17.

표인주, 『공동체 신앙과 당신화연구』, 집문당, 1996.

황내진, 『그윽한 소리』, 대전기획, 1991.

허시성, 『도교 경전의 정수 옥추보경』, 경서원, 2009.

전통적 독경방식에 따른 불법연구회의 『옥추경』 기도' 연구

* 이경순, 『보경』 12장 필사본, 연대 미상(1928년경).

김석, 『프로이트 & 라캉』, 김영사, 2010.

박문호, 『뇌, 생각의 출현-대칭, 대칭의 붕괴에서 의식까지』, 휴머니스트, 2008.

박용덕, 「원불교 초기교단사 1권-소태산의 대각, 방언조합운동의 전개」, 원광대학교출판국, 1997.

베르트랑 오질비, 『라캉, 주체 개념의 형성』, 동문선, 2002.

알랭 바디우 외, 『라캉, 끝나지 않은 혁명』, 문학동네, 2013.

엔드류 뉴버그 외, 이충호 옮김, 『신은 왜 우리 곁을 떠나지 않는가』, 한울림, 2001.

원불교신보사(박혜명 편집), 『구도역정기(원불교신서2)』, 원불교출판사, 1988.

이정재, 「소태산 구도과정의 민간신앙 상관성 연구」, 『신종교연구』 34, 한국신종교학회, 2016.

이기목, 『연해옥추보경』, 온고당, 1991.

장익, 『불교 유식학 강의』, 정우서적, 2012.

조지프 캠벨, 『신화의 이미지』, 살림, 2006.

조지프 캠벨, 『신화와 인생』, 갈라파고스, 2009.

조지프 캠벨, 『신화의 힘』, 21세기북스, 2020.

조지프 캠벨, 『천의 얼굴을 가진 영웅』, 민음사, 2018.

조현설, 『우리신화의 수수께끼』, 한겨레출판, 2006.

청하문총간행회 편, 『구타원대봉도 일대기, 한마음 한길로』, 원불교출판사, 1984.

캔 윌버(Ken Wilber), 조옥경 옮김, 『캔 윌버의 통합심리학-의식 영 심리치료 통합』, 학지사, 2008.

프리초프 카프라, 이성범, 구윤서 옮김, 『새로운 과학과 문명의 전환(The Turning Point)』, 범양사, 2007.

프리초프 카프라, 김재희 옮김, 『신과학과 영성의 시대』, 범양사, 1997.

프리초프 카프라, 『생명의 그물』, 범양사, 1999.

Ⅲ. 한반도의 〈옥추경〉과 불법연구회 소장 〈옥추경〉

불법연구회 소장본 『옥추경』 연구

- 자료

원광대학교도서관 소장, 九天應元雷聲普化化天尊玉樞寶經, 필자 미상, 필사본.

원광대학교도서관 소장, 九天應元雷聲普化化天尊玉樞寶經, 필자 미상, 필사본, 표제; 옥추해(玉樞解).

원광대학교도서관 소장, 『옥추보경(玉樞寶經)』, 박해창 사(寫), 필사본, 개성 : 박해창(朴海昌), 1934.

원광대학교도서관 소장, 『옥추보경(玉樞寶經)』, 필자 미상, 필사본, 표제; 보경해(寶經解).

원광대학교도서관 소장, 『옥추보경주해(玉樞寶經註解)』, 필자 미상, 필사본, 표제; 옥추보경(玉樞寶經).

원광대학교도서관 소장, 『옥추보경(玉樞寶經)』, 『옥추보경문(玉樞寶經文)』.

국립중앙도서관 소장, 『옥추경』 내외합부.

국립중앙도서관 소장, 九天應元雷聲普化天尊說玉樞寶經, 저자: 白眞人.

국립중앙도서관 소장, 九天應元雷聲普化天尊說玉樞寶經, 저자: 雷聲普化天尊, 발행연도: 光海君4(1612).

서울대학교 규장각한국학연구원, 玉樞經, 雍正十一年癸丑(1733)孟夏 寧邊妙香山 普賢寺開刊.

단국대학교 율곡기념도서관, 『옥추경』.

전남대학교 도서관, 玉樞經, 발행처: 守靜菴, 발행연도: 隆熙 3(1909).

국민대학교 소장, 九天應元雷聲普化天尊說玉樞寶經 [著者未詳].

영남대학교 소장, 九天應元雷聲普化天尊玉樞寶經.

1570년 목판 무등산 안심사 집주본, 책 제목 모름, 원본 한문 표기.

1570년 목판 무등산 안심사 집주본, 책 제목 모름, 수정본 한문 표기.

1612년 목판 진안 반룡사 요약본, 『구천옥추경(九天玉樞經)』, 국한문 혼용 표기.

1733년 목판 묘향산 보현사 집주본, 『그림옥추경』, 원본 한문 표기.

1733년 목판 묘향산 보현사 집주본, 『그림옥추경』, 수정본 한문 표기.

1838년 목판 묘향산 보현사 집주본, 『그림옥추경』(1736년 간행본) 원본 한문 표기.

1888년 필사 계룡산, 『옥추보경(玉樞寶經)』, 한문 표기.

1922년 활자판, 『상밀주해 옥추보경(詳密註解玉樞寶經)』, 추정 최병두, 국한문 표기.

1991년 활자판 번역본, 『그윽한 하늘의 소리(玉樞寶經)』, 옮긴이 황병진(黃炳震), 대흥기획(大興企劃).

1991년 활자판 번역본, 『옥추보경연해(玉樞寶經演解)』, 옮긴이 이기목(李奇穆), 온고당(溫古堂).

허시성, 『도교 경전의 정수 옥추보경』, 경서원, 2009.

이규경, 『오주연문장전산고』, 민족문화추진회 편, 민족문화문고간행회, 명문당, 1992.

· **논문 및 단행본**

원불교정화사, 「원불교교사」, '구인단원의 기도', 『원불교전서』, 1977.

원불교신보사(박혜명 편집), 『구도역정기(원불교신서2)』, 원불교출판사, 1988.

청하문총간행회 편, 『구타원대봉도 일대기, 한마음 한길로』, 원불교출판사, 1984.

구중회, 『옥추경 연구』, 동문선, 2006.

김태곤, 『한국무속연구』, 집문당, 1981.

박용덕, 『원불교 초기교단사 1-소태산의 대각 방언조합운동의 전개』, 원광대학교 출판국, 1997.

이정재, 「구사고행 일화의 의미연구-민속문화론적 분석」, 『원불교사상과 종교문화』 64, 원광대학교 원불교사상연구원, 2015.

이정재, 「소태산의 구사일화 분석과 백학명과의 관계 연구: 법일화 '부처를 시험한 일' 중심으로」, 『원불교사상과 종교문화』 62, 원광대학교 원불교사상연구원, 2014.

이정재, 「소태산 구도과정의 민간신앙 상관성 연구」, 『신종교연구』 34, 한국신종교학회, 2016.

이능화, 『조선도교사』, 보성문화사, 2000.

장진수, 「불법연구회 교화단사-단조직의 변천 과정을 중심으로」, 『정신개벽』 17.

황내진, 『그윽한 소리』, 대전기획, 1991.

허시성, 『도교 경전의 정수 옥추보경』, 경서원, 2009.

고시용, 「원불교 교리형성과 도교사상」, 『도교문화연구』 24, 도교문화학회. 2006.

구중회, 『옥추경 연구』, 동문선, 2006.

구중회, 『옥추경 48신장의 변천과 도상』, 대진대학교 대진사상학술원, 2015.

김낙필, 「도교와 한국민속」, 『비교민속학』 23, 비교민속학회, 2003.

김낙필, 「초기교단의 도교사상 수용」, 『원불교사상』 10, 원불교사상연구원, 1987.

김낙필, 「조선 후기 민간도교의 윤리사상」, 『한국문화』 12, 서울대학교 한국문화연구소, 1991.

김승동, 『도교사상사전』, 부산대학교 출판부, 2004.

안상경, 「벽사치병 전통과 문화콘텐츠 가능성」, 『인문콘텐츠』 8, 인문콘텐츠학회, 2006.

임승범, 「충청굿의 설경 연구」, 『한국무속학』 18, 한국무속학회, 2009.

이슬, 「도교경전 옥추경의 민간전승에 대한 고찰」, 『동아시아 문화와 예술』 5.

거자오광, 이등연 외 옮김, 『중국사상사』 2권, 일빛, 2013.

거자오광, 김규호 옮김, 『도교와 중국문화』, 동문선, 1993.

구보, 『중국의 종교개혁』, 동경, 법장관, 1967.

모종감, 이봉호 옮김, 『중국 도교사』, 예문서원, 2015.

복단문웅(福丹文雄)의 「도교와 불교」, 『도교 2』, 평하출판사, 1983.

청하문총간행회 편, 『구타원대봉도 일대기, 한마음 한길로』, 원불교출판사, 1984.

『상밀주해 옥추보경』과 『옥추보경』 비교연구

1570년 무등산 안심사 집주본, 『책제목 미상』, 원본 한문 목판본.

1733년 묘향산 보현사 집주본, 『그림옥추경』 한문 원본 목판본.

원광대학교도서관 소장, 『九天應元雷聲普化化天尊玉樞寶經』(필자 미상, 필사본).

__________, 『九天應元雷聲普化化天尊玉樞寶經』(필자 미상, 필사본, 표제: 玉樞解).

__________, 『玉樞寶經』(박해창 寫, 필사본, 개성: 朴海昌, 1934).

__________, 『玉樞寶經』(필자 미상, 필사본, 표제: 寶經解).

__________, 『玉樞寶經註解』(필자 미상, 필사본, 표제: 玉樞寶經).

__________, 『玉樞寶經』, 玉樞寶經文.

『구천응원뇌성보화천존옥추보경 집주(九天應元雷聲普化天尊玉樞寶經 集注)』(출전; 정릉도장(正綾道藏) 통진부 통(洞眞部) 옥결류(玉訣類)).

이규경, 『오주연문장전산고』, 민족문화추진회 편, 민족문화문고간행회, 명문당, 1992.

허시성, 『옥추보경』, 명문당, 2017.

이경순, 『보경』 12장 필사본, 연대 미상(1928년경).

박용덕, 『원불교 초기교단사 1권-소태산의 대각, 방언조합운동의 전개』, 원광대학교출판국, 1997.

원불교신보사(박혜명 편집), 『구도역정기(원불교신서2)』, 원불교출판사, 1988.

이기목, 『옥추보경연해』, 온고당, 1991.

장익, 『불교 유식학 강의』, 정우서적, 2012.

청하문총간행회 편, 『구타원대봉도 일대기, 한마음 한길로』, 원불교출판사, 1984.

이정재, 「소태산 구도과정의 민간신앙 상관성 연구」, 『한국신종교학회』 34집, 2016.

최병두, 『상밀주해 옥추보경』, 한림서원, 1922.

구중회, 『옥추경 연구』, 동문선, 2006.

Ⅳ. 〈옥추경〉 사상과 단조직 형성

불법연구회 단기도의 〈옥추경〉 기도문 자료와 그 분석

구중회, 『옥추경 연구』, 집문당, 2006.

법무실 편집부, 『대산종사법문집』 5, 원불교출판사, 1994.

불법연구회, 『보경삼대요령』, 불법연구회, 1934.

원광대학교도서관 소장, 『옥추보경(玉樞寶經)』, 필자 미상, 필사본, 표제; 보경해(寶經解).

원불교신보사(박혜명 편집), 『구도역정기(원불교신서2)』, 원불교출판사, 1988.

소태산, 불법연구회, 『수양연구요론』, 기독교창문사, 1927.

소태산, 불법연구회, 『보경육대요령』, 성광인쇄소, 1932.

이경순, 『보경』. 12장 필사본, 연대미상.

이기목, 『연해옥추보경』, 온고당, 1991.

청하문총간행회 편, 『구타원대봉도 일대기, 한마음 한길로』, 원불교출판사, 1984.

허시성, 『도교 경전의 정수 옥추보경』, 경서원, 2009.

황내진, 『그윽한 소리』, 대흥기획, 1991.

일원상과 〈옥추경〉 상관성 연구

1570년 무등산 안심사 집주본, 책제목 미상, 원본 한문 목판본.

1733년 묘향산 보현사 집주본, 그림옥추경, 한문 원본 목판본.

원광대학교 소장(불법연구회 소장), 『보경해 합부』, 〈음부경〉과 〈옥추경〉 합부, 한문 원문과 한글 번역 병술, 1920년대 전후로 추정

원광대학교 소장(불법연구회 소장), 『옥경해 초』, 1920년대 전후로 추정.

원광대학교 소장(불법연구회 소장), 『옥추보경』, 1920년대 전후로 추정.

『구천응원뇌성보화천존옥추보경 집주(九天應元雷聲普化天尊玉樞寶經 集注)』(출전;

정릉도장(正綾道藏) 통진부 통(洞眞部) 옥결류(玉訣類)).

허시성, 『옥추보경』, 명문당, 2017.

(추정) 최병두, 『상밀주해 옥추보경』, 한림서원, 1923.

구중회, 『옥추경 연구』, 동문선, 2006.

이경순, 『보경』 12장 필사본, 연대 미상(1928년경).

박용덕, 『원불교 초기교단사』 1권, 「소태산의 대각, 방언조합운동의 전개」, 원광대학교출판국, 1997.

이성전, 「선천 · 후천론과 원불교 팔괘기의 의미」, 『원불교사상과 종교문화』 44, 2010.

이정재, 「구사고행 일화의 의미」『원불교사상과 종교문화』 65, 원광대학교 원불교사상연구원, 2015.

이정재, 「소태산 구도과정의 민간신앙 상관성 연구」, 『신종교연구』 34, 한국신종교학회, 2016.

원불교신보사(박혜명 편집), 『구도역정기(원불교신서2)』, 원불교출판사, 1988.

이기목, 『연해옥추보경』, 온고당, 1991.

장익, 『불교 유식학 강의』, 정우서적, 2012.

조성훈, 「『불교정전』「일원상」장 성립의 의의」, 『원불교사상과 종교문화』 67, 2016.

청하문총간행회 편, 『구타원대봉도 일대기, 한마음 한길로』, 원불교출판사, 1984.

채성훈, 『홍연정결 기문둔갑 옥추경 제례』, 다크아트, 2017.

최병두, 『옥추경의 주문과 부적』, 아카식, 2015.

V. 불법연구회와 〈옥추경〉의 상관성

『옥추보경』 말소 부분과 구인 산상기도문 전문 복원

원광대학교도서관 소장, 『九天應元雷聲普化化天尊玉樞寶經』(필자 미상, 필사본).

_________, 『九天應元雷聲普化化天尊玉樞寶經』(필자 미상, 필사본, 표제: 玉樞解).

_________, 『玉樞寶經』(박해창 寫, 필사본, 개성: 朴海昌, 1934).

_________, 『玉樞寶經』(필자 미상, 필사본, 표제: 寶經解).

_________, 『玉樞寶經註解』(필자 미상, 필사본, 표제: 玉樞寶經).

_________, 『玉樞寶經』, 玉樞寶經文.

『구천응원뇌성보화천존옥추보경 집주(九天應元雷聲普化天尊玉樞寶經 集注)』(출전; 정릉도장(正綾道藏) 통진부(洞眞部) 옥결류(玉訣類)).

김오봉, 『고서 목록』, 원광대학교 중앙도서관, 1994.

구중회, 『옥추경 연구』, 동문선, 2006.

박용덕, 『원불교 초기교단사 1권-소태산의 대각, 방언조합운동의 전개』, 원광대학교출판국, 1997.

원불교신보사(박혜명 편집), 『구도역정기(원불교신서2)』, 원불교출판사, 1988.

이경순, 『보경』 12장 필사본, 연대미상(1928년 경?).

이기목, 『연해옥추보경』, 온고당, 1991.

이정재, 「소태산 구도과정의 민간신앙 상관성 연구」, 『한국신종교학회』 34집, 2016.

장진수, 「불법연구회 교화단사-단조직의 변천 과정을 중심으로」, 『정신개벽』 17.

허시성, 『옥추보경』, 명문당, 2017.

최병두, 『상밀주해 옥추보경』, 한림서원, 1922.

청하문총간행회 편, 『구타원대봉도 일대기, 한마음 한길로』, 원불교출판사, 1984.

원불교의 〈교리도〉와 〈옥추령부〉

김도공, 임병학, 「원불교 사은의 연원에 관한 고찰」, 『원불교 사상과 종교문화』 67, 2016.

구중회, 『옥추경 연구』, 동문선, 2006.

노권용, 「교리도의 교상판석적 고찰」, 『원불교 사상과 종교문화』 45, 2010.

박용덕, 『원불교 초기교단사』 1-5권, 원광대학교출판국, 1997.

이성전, 「선천 · 후천론과 원불교 팔괘기의 의미」, 『원불교사상과 종교문화』 44, 2010.

이원진, 「원불교의 유가적 연원에 대한 도상학적 고찰-퇴계 〈天命圖〉와 소태산 〈教理圖〉 간 매체적 유사성을 중심으로」, 『원불교 사상과 종교문화』 78, 2018.

유성태, 「원불교 교리도에 대한 연구-변천 과정의 쟁점을 중심으로」, 『원불교 사상과 종교문화』 75, 2018.

이정재, 「구사고행 일화의 의미」, 『원불교사상과 종교문화』, 65 원광대학교 원불교사상연구원, 2015.

이정재, 「소태산 구도과정의 민간신앙 상관성 연구」, 『신종교연구』 34 한국신종교학회, 2016.

조성훈, 「『불교정전』 「'일원'상」장 성립의 의의」, 『원불교사상과 종교문화』 67, 2016.

부록 / 영인 『옥추보경』

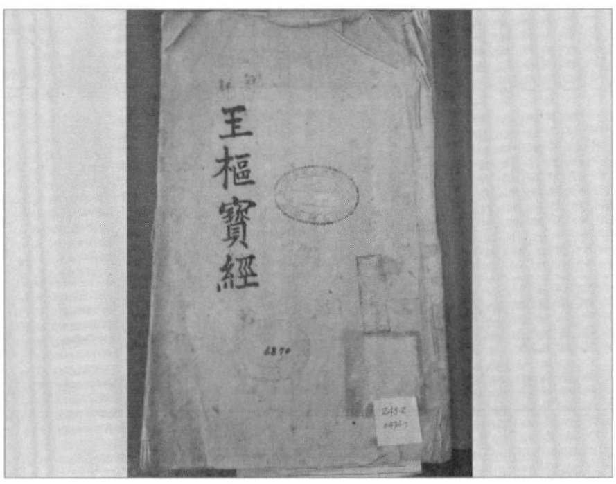

『옥추보경』 표지

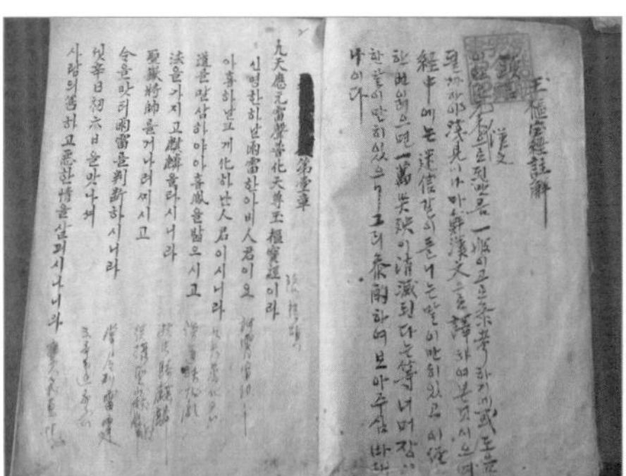

『옥추보경』 1-2쪽

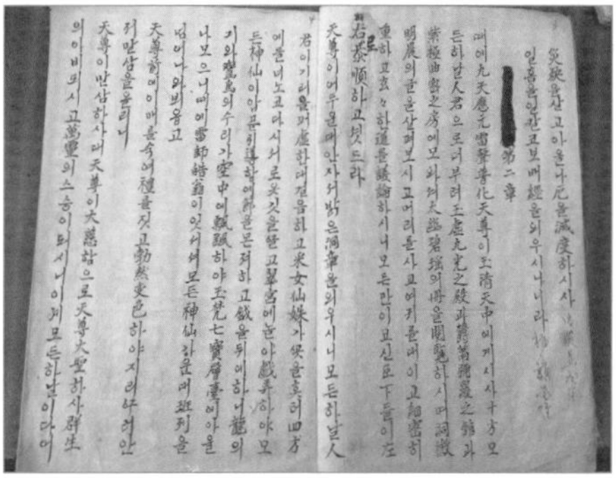

『옥추보경』 3-4쪽

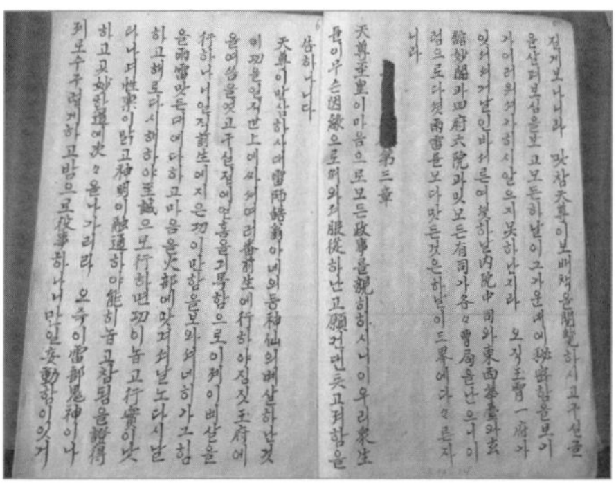

『옥추보경』 5-6쪽

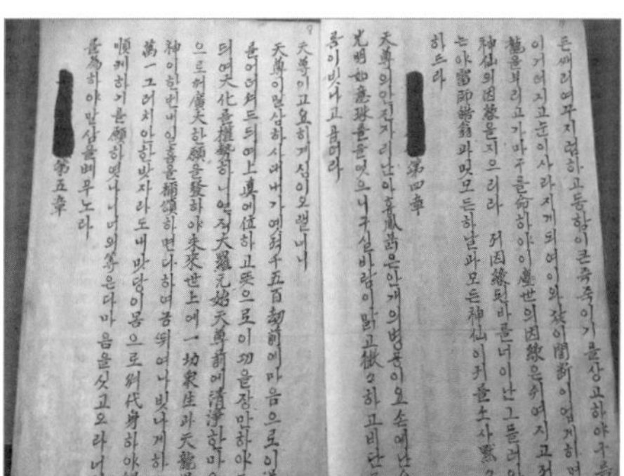

『옥추보경』 7-8쪽

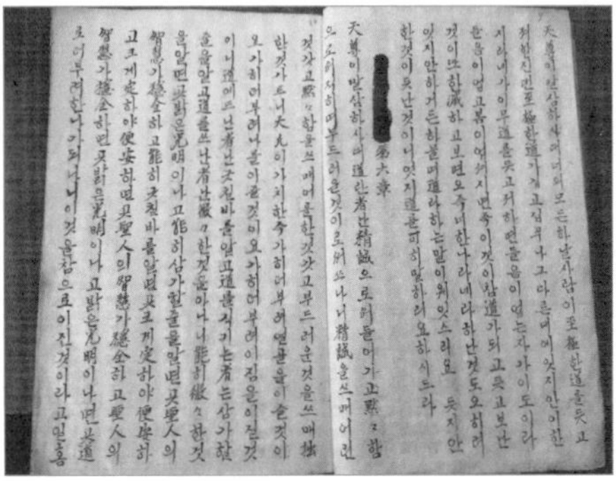

『옥추보경』 9-10쪽

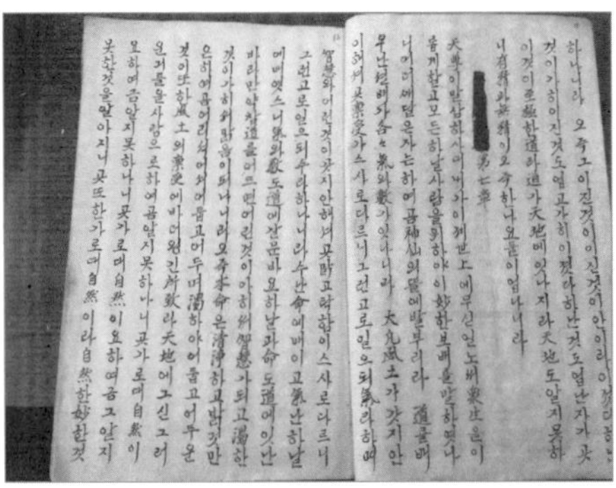

『옥추보경』 11-12쪽

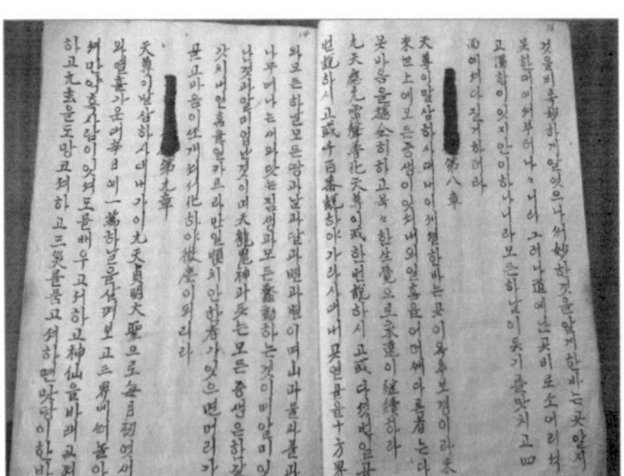

『옥추보경』 13-14쪽

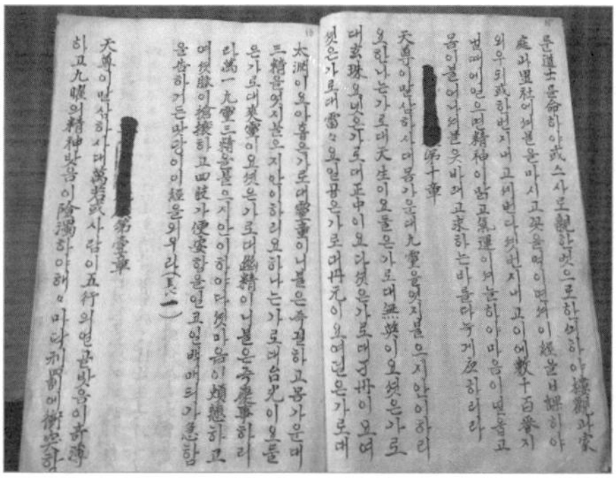

『옥추보경』 15-16쪽

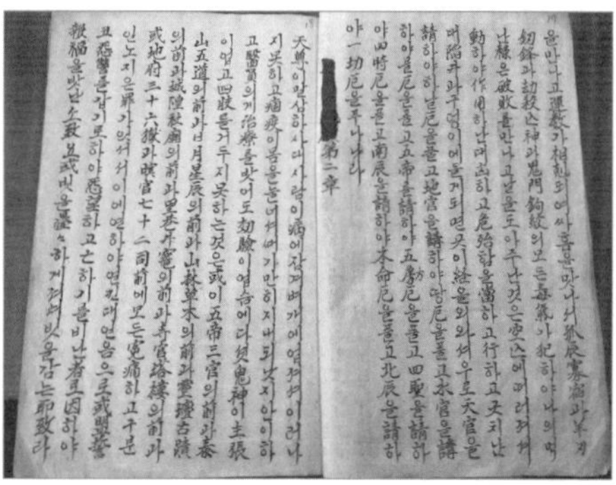

『옥추보경』 17-18쪽

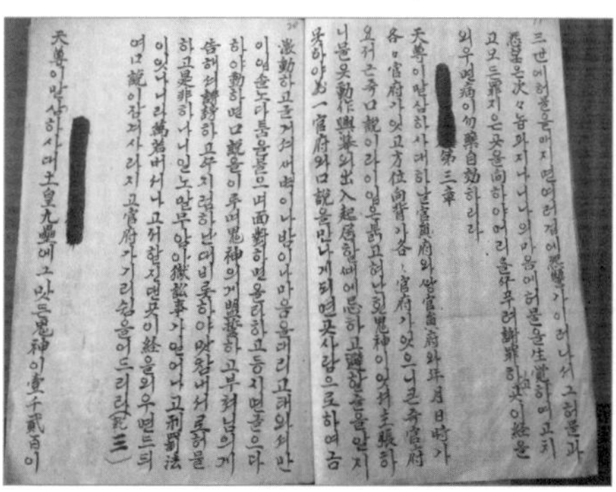

『옥추보경』 19-20쪽

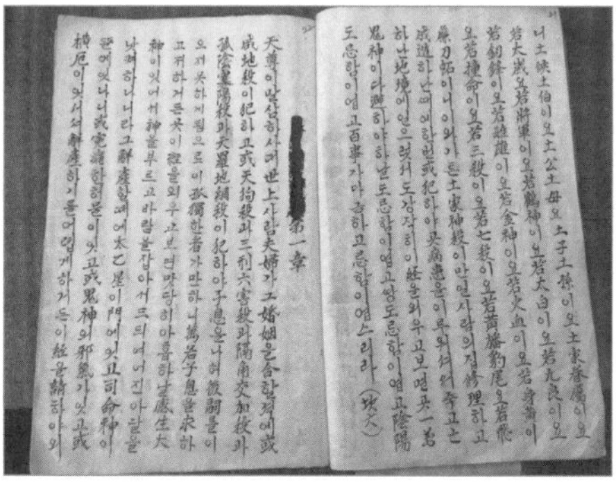

『옥추보경』 21-22쪽

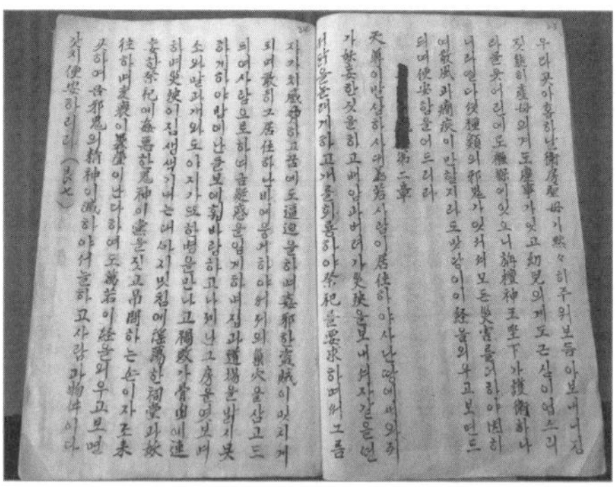

『옥추보경』 23-24쪽

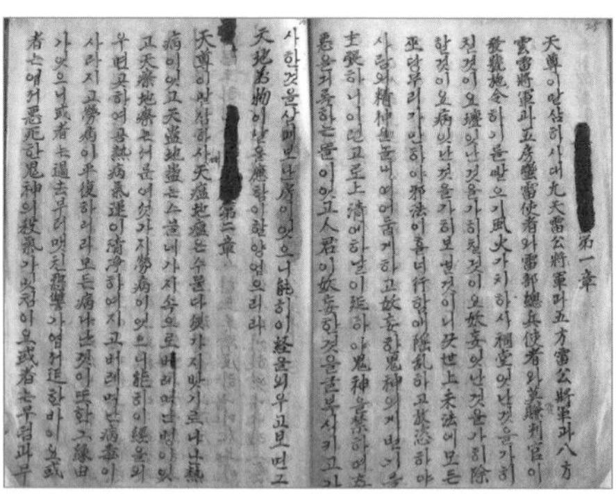

『옥추보경』 25-26쪽

『옥추보경』 27-28쪽

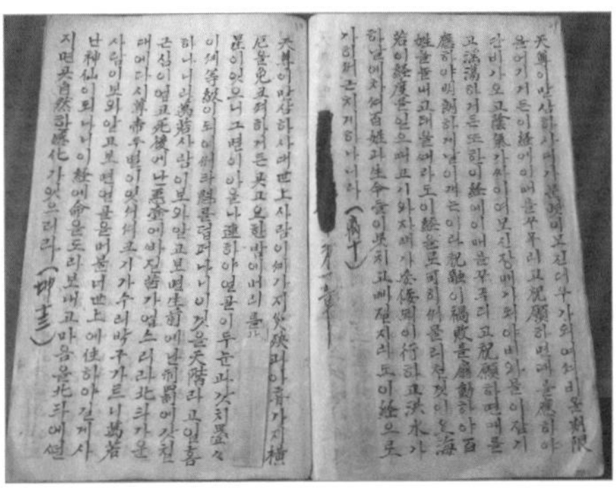

『옥추보경』 29-30쪽

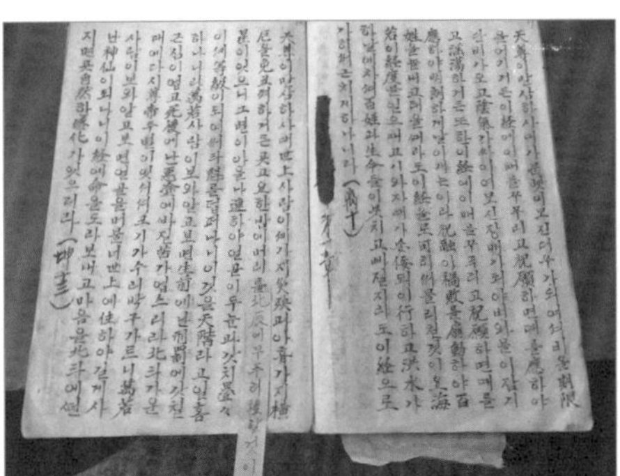

『옥추보경』 29-30쪽

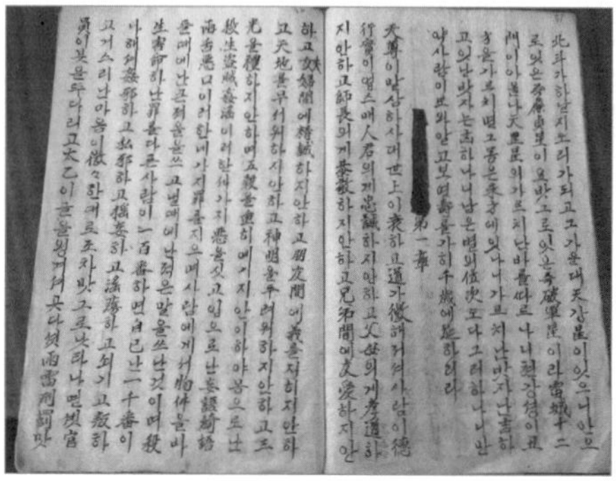

『옥추보경』 31-32쪽

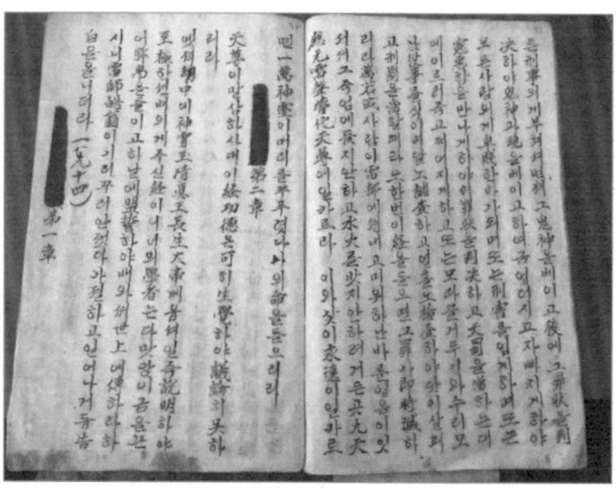

『옥추보경』 33-34쪽

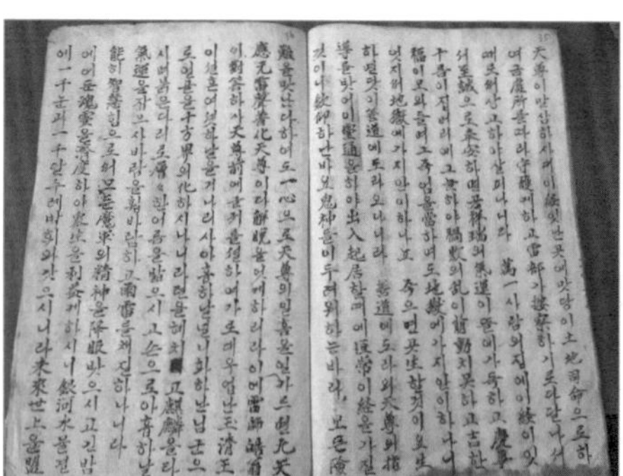

『옥추보경』 35-36쪽

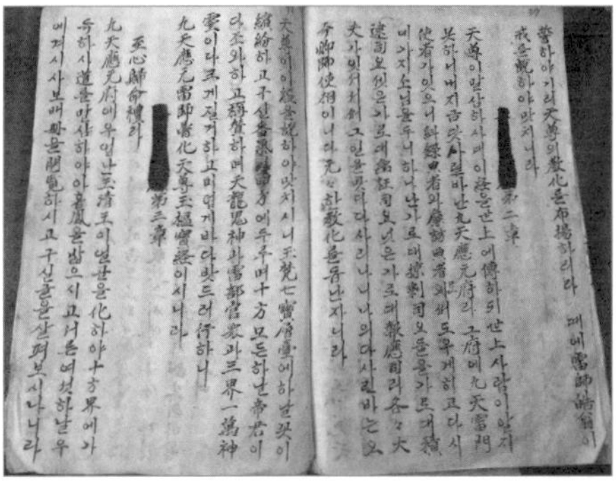

『옥추보경』 37-38쪽

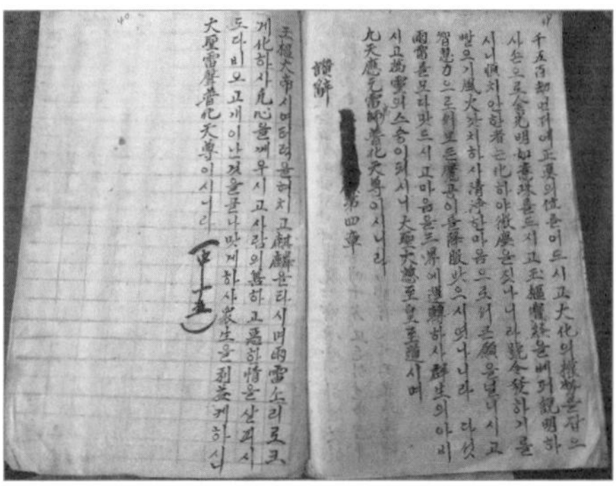

『옥추보경』 39-40쪽

『옥추보경』 마지막 페이지

〈옥추경〉을 통해 본

민속사상과 민족종교

초판 1쇄 인쇄 2023년 4월 29일
초판 1쇄 발행 2023년 5월 5일

지은이 이정재
펴낸이 한균태
책임 편집 윤민혜
디자인 이수정

펴낸곳 경희대학교 출판문화원
주소 서울시 동대문구 경희대로 26
전화 02-961-0106~8
팩스 02-961-0291
설립 1960년 9월 16일 제5-8호
등록 1977년 11월 8일 제6-5호
홈페이지 www.khupress.com
전자우편 press@khu.ac.kr

ISBN 978-89-8222-747-9 (94080)
978-89-8222-746-2 세트

* 이 저서는 2021년 대한민국 교육부와 한국학중앙연구원(한국학진흥사업단)을 통해 K학술확산연구소사업의 지원을 받아 수행된 연구임(AKS-2021-KDA-1250004)

* 책 내용 관련 문의: 저자 이정재(hogom@hanmail.net)